Florian Langenscheidt
André Schulz

Alt genug,
um glücklich zu sein

Florian Langenscheidt

André Schulz

Alt genug, um glücklich zu sein

Wie unser Leben mit
jedem Jahr besser wird

HEYNE ‹

Sollte diese Publikation Links auf Webseiten Dritter enthalten, so übernehmen wir für deren Inhalt keine Haftung, da wir uns diese nicht zu eigen machen, sondern lediglich auf deren Stand zum Zeitpunkt der Erstveröffentlichung verweisen.

Penguin Random House Verlagsgruppe FSC® N001967

3. Auflage
Copyright © 2020 by Wilhelm Heyne Verlag, München,
in der Penguin Random House Verlagsgruppe GmbH,
Neumarkter Straße 28, 81673 München
Redaktion: Evelyn Boos-Körner
Umschlaggestaltung und Motiv: Hauptmann und Kompanie
Werbeagentur, Zürich
Herstellung: Helga Schörnig
Satz: Guter Punkt, München
Druck und Bindung: CPI books GmbH, Leck
Printed in Germany 2020
ISBN: 978-3-453-20733-2

www.heyne.de

Meinem Vater gewidmet,
der auch mit 99 Jahren noch pfeifend spazieren geht
und immer etwas Positives am Leben findet.

Das Alter hat ihn milder und
liebevoller gemacht –
und ich kenne kaum ein stärkeres Vorbild.

In Liebe,
Florian Langenscheidt

Inhalt

Vorwort

Eines vereint uns alle: dass wir lange glücklich und gesund leben möchten. Um dies zu erreichen, brauchen wir eine gute innere und äußere Vorbereitung aufs Altwerden. Denn für ein langes, gesundes und erfülltes Leben gibt es weder einen Automatismus noch eine Garantie. Aber es gibt unzählige Möglichkeiten, seinem ganz persönlichen »Altersglück« so nahe wie möglich zu kommen.

Eines vorweg: Das Alter ist besser als sein Ruf. Viel besser. Und bietet in vielerlei Hinsicht Grund zur Vorfreude:

Darauf,
- endlich mehr Zeit für sich persönlich und die eigenen Hobbys zu haben;
- den beruflichen Stress hinter sich zu lassen;
- morgens ausschlafen zu können;
- tun und lassen zu können, was immer man möchte;
- mehr Zeit für die Familie zu haben.

Das sind die fünf Dinge, auf die sich die Deutschen im Alter am meisten freuen, wie eine Umfrage ergeben hat, die wir zusammen mit dem Verlag von »Apotheken Umschau« und »Senioren Ratgeber« eigens für dieses Buch durchgeführt haben, um die Gefühle unserer Leserinnen und Leser möglichst gut kennenzulernen.

Viele haben aber auch große Ängste:
Davor,

- im Alter ein Pflegefall zu sein;
- krank und gebrechlich zu werden;
- das Leben nicht mehr selbst bestimmen zu können;
- dement zu werden;
- nicht genug Geld zu haben.

Das sind die fünf Herausforderungen, vor denen sich die Deutschen im Alter am meisten fürchten, wie die genannte Umfrage ergab.

Dieses Buch ist eine Erkundungsreise durch das Alter in vierundzwanzig Stationen. Es soll Ihr Lieblingsbegleiter ins und im Alter werden und Sie äußerlich wie innerlich bestmöglich auf alles vorbereiten, was da kommen mag. Die guten Momente wie die dunklen Tage.

Wir zwei Autoren gehen aus ganz unterschiedlichen Lebenssituationen an das Thema heran. Für die Steigerung der Vorfreude ist jeder von uns Experte, denn seit über vierzig Jahren beschäftigen wir uns mit allen Aspekten der Glücksforschung und des positiven Denkens und haben viele Bücher dazu geschrieben. Im Umgang mit den Ängsten sind wir beide nicht so versiert, obwohl wir diese auch selbst haben und vielfältig im persönlichen Umfeld erleben. Hier brauchten wir Hilfe (wie jede und jeder von uns). Daher haben wir zu fünfzehn Themen ausgewiesene und ganz besondere Expertinnen und Experten gesucht und sie darum gebeten, das jeweils Wichtigste für Sie zusammenzufassen. Tausend Dank dafür!
 Da wir nicht alles zwischen den beiden Buchdeckeln unterbringen konnten und auch immer wieder Aktuelles

hinzufügen wollen, finden Sie eine Fülle weiterführender Videos und Texte unter www.florian-langenscheidt.de. Zum Beispiel Glücksmomente, wie sie nur Älteren vergönnt sind ...

Überall im Buch verteilt sind einhundert Schritte zum glücklichen Alter. Finden Sie sie – vielleicht gleich zum Einstieg! Und gehen Sie sie! Mit Optimismus, Vorfreude, Kraft und Beweglichkeit. Sie werden merken: allein dadurch leben Sie wesentlich glücklicher. Und wie uns die Forschung sagt: sogar länger ...

Wir sind alt genug, um glücklich zu sein. Beginnen wir doch einfach damit. Jetzt!

Dr. Florian Langenscheidt und André Schulz

Einhundert Schritte zum glücklichen Alter – START!

1

Das Leben ist wie ein Sessellift: Erst fahren wir hoch und entdecken staunend alles, dann runter und genießen den Überblick und ungeahnte neue Perspektiven.

2

Einatmen, ausatmen. Den Fluss des Lebens spüren und genießen. Sich am Lachen der Kinder erfreuen, am Geruch des Kaffees und am Zwitschern der Vögel. Die Sonne begrüßen und wieder verabschieden. Das immer Gleiche als neu wahr-nehmen, als sei man ein Kind. Wissen, was guttut.

3

»In sich schwimmen und dabei glücklich sein«, steht über einem Pool in den Alpen. Wir brauchen weniger zum Glück, als wir anzunehmen geneigt sind.

4

In keiner Lebensphase ist Optimismus herausfordernder als in der hoffentlich längsten Phase unseres Lebens. Plötzlich ist das Erleben geprägt von Verlusten, Niedergang, Schmerzen und Verengung. Umso wichtiger, dass wir nicht aufgeben. Wir sitzen im Fahrersitz! Wir können entscheiden, ob wir durch all die Jahre des Alterns mit innerer Sonne oder im düsteren Nebel gehen. Und wir bestimmen in dieser Freiheit entscheidend, wie wir all die Herausforderungen erleben und auch bewältigen. Wie sagte Martin Luther? »Wenn ich wüsste, dass morgen die Welt unterginge, würde ich heute noch ein Apfelbäumchen pflanzen.«

5

Das Leben ist wie eine Sanduhr. Wir haben eine ungefähre
Ahnung, wie lang der Sand
läuft, aber die Sanduhr kann
jederzeit umkippen. Genießen wir das Rieseln, solange
sie steht, lassen wir uns mit
dem Sand fallen und treiben
wie auf einer Welle an den
Strand.

6

Was zeichnet uns Menschen aus? Dass wir
am meisten für unser Glück tun, wenn wir
uns mit ganzem Herzen um das Glück anderer kümmern. An seine eigene Schulter
kann man sich nicht lehnen. Warum fällt es
uns dann so schwer, zu akzeptieren, dass wir
Hilfe brauchen? Nehmen wir sie leise lächelnd
an! Die Mitte des Lebens wird geprägt vom
Wunsch nach Unabhängigkeit und Stärke,
an seinem Anfang und Ende brauchen wir allerlei Unterstützung. Je mehr wir in der Mitte
für andere getan haben, desto mehr können
wir uns an den Rändern ein wenig fallen lassen und dankbar die Hand anderer nehmen.

7

Kinder fiebern darauf hin, wann sie endlich Filme ab zwölf oder sechzehn sehen können. Vielleicht sollte es Filme ab sechzig geben. Denn vieles im Leben erschließt sich erst dann.

8

Ja, die Augen werden schlechter und die Ohren auch. Die Knie schmerzen, die Hände tun weh und der Rücken ohnehin. Das Bücken ging mal einfacher und das Flaschenöffnen ebenso. Was mal selbstverständlich war, wird langsam zu Hürde und Hindernis. Man könnte verzweifeln – aber ändert das irgendetwas? Lassen wir ein wenig Buddhismus in unser Leben und nehmen es, wie es ist. Finden uns ab mit dem, das wir sowieso nicht ändern können, und freuen uns am dem, das noch funktioniert.

9

Einfach mal die Autobahnen des Geistes und der Gewohnheiten verlassen und das Gehirn herausfordern durch Dinge, die nur auf den ersten Blick unmöglich erscheinen …

PS: Glück ist auch eine Zielerreichungsprämie …

10

In den ersten zwei Jahrzehnten würden die meisten von uns gern älter sein, als sie sind. Dann dreht sich das unmerklich um, und fast jede und jeder freut sich, wenn sie oder er als jünger geschätzt wird, als sie oder er ist. (Fühlen tun wir uns in der zweiten Lebenshälfte ohnehin jünger, als wir sind.) Warum diese Sehnsucht nach etwas, das wir nicht haben? Warum nicht akzeptieren, was ist, sich so gut wie möglich darin einrichten und zu den eigenen Fältchen stehen? Sie sind Ausdruck gelebten Lebens, zeigen einzigartige Erfahrung und Erlebenstiefe.

11

Ersetzen wir das schreckliche Wort »Rentenalter« durch »nachberufliche Phase«! Sie kann die längste unseres Lebens sein – und auch die schönste, wenn wir sie mit den richtigen Erwartungen angehen, sie bewusst und kreativ, angenehm und stressfrei gestalten. Weniger ist oft mehr und leichtes Gepäck drückt weniger.

12

Was für ein Segen, dass Fehler und Fehlschläge hinterm Horizont versinken und Alternativen für ein vielleicht besseres Leben im Sonnenuntergang unseres Seins verblassen. Wie schön, wenn wir nichts bereuen und nichts anders gemacht hätten, wenn wir noch mal durchstarten dürften! Ein Grund zu tief empfundener Dankbarkeit ...

13

Nichts hat aus sich selbst heraus Sinn. Wir sind es, nur wir, die uns den Sinn von allem schaffen. Wir entscheiden, ob wir in die Leere starren oder voll sind von Licht, Farbe, Bewegung und Liebe.

14

Der ehemalige Vorstand eines großen Unternehmens in kurzen Hosen mit der Gießkanne in der Hand in seinem Garten voller Überzeugung auf die Frage, wie es ihm ginge: »Besser denn je!« Garten und Familie seien wichtiger als Bilanzen und Marktanteile.

KAPITEL 1

Vom glücklichen Altern

Lange, gesund und glücklich leben. Wer wünscht es sich nicht?

Der römische Philosoph Cicero konstatierte schon vor mehr als zweitausend Jahren: »Alle wünschen sich, alt zu werden, doch niemand wünscht, alt zu sein.« Recht hatte er. Was nützt uns allen ein möglichst hohes Alter, wenn wir es in Krankheit und Unglück verbringen müssen? Geprägt voll Gesundheit und Glück soll unser Lebensabend sein. Doch, und auch das wusste Cicero bereits, dieser Lebenstraum geht nicht automatisch in Erfüllung. Er bedingt etwas. Doch was genau? Wie lautet es, das Rezept des glücklichen Alterns?

Die gute Botschaft vorweg: Die Chancen auf ein langes, gesundes und glückliches Leben stehen heutzutage besser denn jemals zuvor. Vor allem, wenn wir es mit den Umständen vergleichen, die Cicero zu seiner Zeit vorfand. Und das, obwohl es auf unserer Welt zweifellos noch große Probleme, wie beispielsweise Armut, Krieg oder Umweltzerstörung, zu lösen gilt. Trotz allem verfügen wir über die bestmöglichen Voraussetzungen seit Menschenbestehen.

So lässt uns das Statistische Bundesamt regelmäßig schwarz auf weiß wissen, dass wir zusehends länger leben. Während Menschen, die um das neunzehnte Jahrhundert herum geboren wurden, nur knappe vierzig Jahre auf Erden verweilen durften, konnte man als 1930 Geborene/r im

Durchschnitt bereit seinen sechzigsten Geburtstag feiern. Heute geborene Kinder dürfen sich sogar über noch mehr Lebenszeit freuen (Jungen auf etwas mehr als achtundsiebzig Jahre, Mädchen etwas mehr als dreiundachtzig Jahre). Irgendwann werden Neugeborene vielleicht im Durchschnitt alle ihren hundertsten Geburtstag feiern. Ein immer längeres Leben ist für uns scheinbar keine Traumvorstellung, sondern wird immer mehr zur gelebten Wirklichkeit.

Zwar werden wir wohl – zumindest nach dem heutigen wissenschaftlichen Stand der Dinge – niemals ewig leben, aber der Verlauf der Menschheitsgeschichte gibt uns Mut, dass wir unsere Lebenserwartung zukünftig weiter steigern können. Wenn …, aber dazu kommen wir gleich.

Vorher müssen wir klären, wie es um unsere Gesundheit und unser Glücksempfinden bestellt ist. Gehen beide unseren länger werdenden Lebensweg im Gleichklang mit uns bis ins hohe Alter? Was brächte es uns, wenn wir zwar immer älter, aber dabei immer kränker und immobiler werden würden?

Betrachten wir nur die medizinischen Möglichkeiten, die uns, zumindest in der westlichen Welt, mittlerweile zur Verfügung stehen. Beweisen sie doch auf eindrucksvolle Art und Weise, wie gesegnet wir heute sind – auch, wenn wir es manchmal vielleicht anders wahrnehmen.

Mussten unsere Groß- oder Urgroßeltern noch unter manch (damals) unheilbarer Krankheit oder jahrelangen Schmerzen leiden, weil die damals verfügbaren Mittel keine Linderung oder Heilung ermöglichten, sind wir heute Nutznießer von den Ergebnissen intensiver jahrzehntelanger Forschungsarbeiten, neu entwickelter Heilverfahren sowie revolutionärer Medikamente.

Hinzu kommen das stetig wachsende Wissen über alle relevanten Facetten unserer Gesundheit und das Zusam-

15

An jeder Ecke des Lebens wartet die Chance, festgefahrene Meinungen über Bord zu werfen und sich neu und unbefangen einem Menschen oder einer Situation zuzuwenden. Nutzen wir sie so oft wie möglich und verlassen die eingetretenen Pfade!

menspiel von Körper, Geist, Seele und Umwelt sowie innovative Verfahren zur Lösung der noch letzten unheilbaren Krankheiten und vieles mehr. Wir können gesundheitlich aus dem Vollen schöpfen. Welch wundervolle Voraussetzungen, finden Sie nicht?

Zudem ist unser Alltag durch den technischen Fortschritt über die Jahrzehnte immer einfacher, bequemer und somit gesundheitsförderlicher geworden. Hiermit sind weniger Treppenlift, Rollator und Co. gemeint, wobei auch sie für manche Menschen eine Erleichterung bedeuten. Vielmehr geht es um die kaum aufzählbaren technischen Errungenschaften, die für uns mittlerweile schon so normal geworden sind, die aber dennoch einen Anteil daran haben, dass wir keinen Raubbau an uns treiben müssen.

Man denke nur an den Komfort des Wäschewaschens (früher nur möglich mit harter Arbeit am Fluss, heute lassen wir geräuschlose Waschmaschinen und Trockner für uns arbeiten) oder auch die maschinelle Hilfe bei anderen körperlich anstrengenden Arbeiten.

Nicht zu vergessen den Fortschritt der Mobilität. Unsere Vorfahren haben früher nicht selten täglich mehr als vierzig Kilometer zu Fuß zurückgelegt. Bewegung hält zwar gesund, aber ob wir dies heute noch in dieser täglichen Intensität wollen würden, steht zumindest infrage.

Die Voraussetzungen für ein gesundes Leben sind uns also gegeben: medizinisch, technisch und in Form von Wissen sowie intensiven Erfahrungen.

Und wer weiß, was die Zukunft uns noch bringen wird an weiteren Lebenserleichterungen und Glücksmöglichkeiten? Ob Flugtaxis, die uns stresslos von A nach B bringen. Hausroboter, die lästigen Staub putzen, kochen oder aufräumen. (Staub saugen können sie ja bereits.) Oder die Heilung von Krebs oder Aids. Alles scheint möglich, weil (fast) nichts (mehr) unmöglich ist.

Kein Wunder also, dass jeder von uns den Genuss des Lebens so lange und so intensiv wie möglich auskosten möchte. Optimismus ist aufgrund der unzähligen Möglichkeiten ausdrücklich erlaubt.

Wer dennoch ganz leise daran zweifelt, dem seien die Menschen ans Herz gelegt, die den Beweis, dass ein langes gesundes und glückliches Leben möglich ist, bereits angetreten haben: die Supercentenarians.

Dies sind Menschen, die mindestens hundertzehn Jahre alt geworden sind, und dies – soweit dies von außen überhaupt valide beurteilt werden kann – auch glücklich und bei guter Gesundheit. Vielleicht können wir von ihnen das Gewünschte erfahren, denn, darum soll es an dieser ersten Station gehen: um das Rezept zum glücklichen Altern.

Die hundertsiebzehnjährige Japanerin Chiyo Miyako beispielsweise gab als ihr »Erfolgsrezept« an: »Sushi und Aal essen, Reiswein trinken und positiv bleiben.« Ihre gleichaltrige Landsfrau Misao Okawa schwor hingegen auf

»viel schlafen«, und die dritte im Bund der Hundertsiebzehnjährigen, Emma Morano aus Italien, aß täglich zwei rohe Eier und trank selbst gebrannten Grappa.

Marie-Louise Meilleur aus Kanada, ebenfalls hundertsiebzehn, führte einen überraschenden Grund für ihr langes Leben an: »Harte Arbeit.« Verständlich, hatte sie doch zehn Kinder, fünfundachtzig Enkel, achtzig Urenkel und siebenundfünfzig Ururenkel. Unglaublich.

Jeanne Louise Calment aus Frankreich konnte sich hingegen nicht so recht entscheiden, was genau sie mit hundertzweiundzwanzig Jahren zur »Alters-Weltrekord-Halterin« hatte werden lassen. »Olivenöl, Portwein, Zigaretten und Schokolade. Oder der liebe Gott hat mich einfach vergessen.« Vielleicht lag ihr Sagenalter auch am Rauchen. Mit hundertneunzehn hörte sie nämlich damit auf – nach einhundert Jahren!

Ein »grammgenaues« Rezept lässt sich also aus alldem noch nicht ableiten. Und die »Geheimnisse« zwei weiterer »Superalter« sorgen auch nicht wirklich für mehr Klarheit, dafür jedoch für ein Schmunzeln. Und das macht bekanntermaßen wenigstens kurzfristig glücklich.

Leandra Becerra Lumbreras aus Mexiko beispielsweise, sie soll hundertsiebenundzwanzig Jahre alt geworden sein, meinte trocken: »Die Ehe vermeiden.« Manch glücklich Geschiedene werden ihr sicherlich beipflichten.

Die New Yorkerin Susannah Mushatt Jones trug auch bis ins hohe Alter von hundertsechzehn Jahren noch liebend gern Spitzenunterwäsche. Ihr Kommentar dazu: »Man ist nie zu alt dafür, ausgefallene Sachen zu tragen.« Spitze, oder?

Wer ist der älteste Mensch, den Sie persönlich kennen? Was bewundern Sie an ihr/ihm? Was kann Ihnen als Vorbild dienen?

Bei allen bisher genannten »Superalten« handelte es sich um Frauen. Statistisch gesehen keine Überraschung. Aber an dieser Stelle vielleicht doch etwas einseitig, denn es gibt auch Männer, die ein sehr hohes Alter erreichten. Zwar wenige, aber immerhin.

Übrigens: Die ältesten westeuropäischen Männer leben in der Schweiz. Ob die günstigen Steuersätze wohl eine lebensverlängernde Wirkung haben?

Der hundertsechzehnjährige Japaner Jiroemon Kimura gab als sein »Rezept« an: »Kleine Portionen essen, laufen und Zeitung lesen.«

Der mit hundertelf Jahren älteste Deutsche, Hermann Dörnemann, trank jeden Tag Altbier, das Kochwasser von Kartoffeln (wegen der Vitaminzufuhr, wie er zu Protokoll gab) und mied jede Bewegung. Genau wie Winston Churchill, dessen legendäres Alters-Erfolgsgeheimnis »No sports« ihn zu immerhin siebenundneunzig Jahren verhalf. Vielleicht halfen auch seine weiteren Wegbegleiter (Zigarren, Champagner und Whisky) ein wenig mit. Wer weiß?

16

Alter bietet oft nur noch kleines Glück. Ob das weich gekochte Ei, der Schrebergarten oder die Hand des Enkels auf dem Unterarm. Man sollte den Teufel tun und sich den dankbaren Genuss solchen Glücks durch überspannte Erwartungen, die ohnehin nicht mehr erfüllbar sind, zu verbauen. Es gibt so unendlich viele Arten des Glücks ...

Zu guter Letzt müssen wir natürlich noch Saparman So-
dimejo erwähnen (auch Mbah Gotho genannt). Zwar gibt
es an seinem kolportierten Alter von hundertsechsund-
vierzig Jahren erhebliche Zweifel, weshalb das »Guinness-
Buch der Rekorde« auch nicht ihn als ältesten Menschen
der Welt aufführt, sondern seit 2019 die Japanerin Kane
Tanaka mit ihren damals hundertsiebzehn Jahren und
achtundzwanzig Tagen. Aber dies ist für uns nicht wirklich wichtig, da die Erkenntnis Mbah Gothos, der rauch-
te, aß, was er wollte, und Alkohol trank, sehr hilfreich ist.
Er war sich sicher, dass er seine lange Erdenzeit vor allem
dreierlei zu verdanken hatte: »Geduld, Dankbarkeit und
Leute an meiner Seite, die mich wirklich lieben und sich
stets um mich kümmern.«

Kann es eine schönere Erkenntnis geben? Doch bei aller
Mitfreude: Waren die Geheimnisse der »Superalten« hilfreich auf unserer Rezeptsuche? Ermutigend, ja. Rezepttaug-
lich eher nicht.

Vielleicht hilft uns ein Ausflug in die Welt der Wissenschaft weiter, die auf so gut wie jede Frage unzählige Ant-
wortmöglichkeiten bereithält. So werden täglich beispielsweise mehr als fünfhundert neue ernährungsrelevante
Studien veröffentlicht. Wenn es unser gesuchtes Rezept
also gibt – oder wenigstens zehn garantierte Erfolgstipps –,
dann doch in der Wissenschaft, oder?

Motiviert machten wir uns bei der Erarbeitung dieser
Zeilen für Sie auf die Suche. Wir sichteten unzählige Studien und Analysen, begutachteten diverse Artikel sowie
Reportagen und kamen am Ende zu einer, im ersten Moment zugegeben ernüchternden, Erkenntnis:

Das Rezept zum glücklichen Altern gibt es … nicht.

Ebenso wenig wie ein funktionierendes Elixier für das
ewige Leben, wie es zum Beispiel Adlige in China vor zwei-

tausend Jahren glaubten, als sie sich ein Gebräu herstellen ließen, mit dem sie Unsterblichkeit erlangen würden.

Genauso, wie sich die Erfolgsgeheimnisse der »Superalten« unterscheiden, differieren auch die wissenschaftlichen Erkenntnisse. Zu fast jeder Studie findet sich auch eine Gegenstudie, die zu einer entgegengesetzten Erkenntnis kommt. Zudem ist das Wundervolle der Wissenschaft zugleich auch ihr Problem: Täglich entstehen neue Erkenntnisse und Theorien, werden bisher unbekannte Zusammenhänge festgestellt, wird Altes von Neuem infrage gestellt oder gar verdrängt.

Was also ist richtig? Was definitiv falsch? Und was davon hat wie lange Bestand? Niemand weiß es genau.

Wie sagt ein Sprichwort so schön: »Des einen Leid, des anderen Freud!« In unserem Sinne bedeutet das Nicht-Vorhandensein eines Rezepts zum glücklichen Altern, dass unser Buch eine Existenzberechtigung hat. Denn gäbe es dieses eine allumfassende Rezept, wäre an dieser Stelle bereits … Schluss!

Wie schön, dass Sie erst am Anfang des Buches sind, gibt es doch noch so viel Inspirierendes zu berichten. Dazu gehört natürlich *nicht*, dass jeder Mensch einzigartig ist, kein Leben dem anderen gleicht und ein Rezept daher schon rein theoretisch gar nicht funktionieren würde. Und ebenso, dass das Geschenk des Lebens gerade seine Unberechenbarkeit ist, die Möglichkeit, dass sich alles von heute auf morgen verändern, verbessern kann.

Wäre das Leben nicht fürchterlich, wüssten wir schon heute, was zukünftig wann genau passiert?

Wo wäre der Reiz, heute etwas für ein gutes Morgen zu tun, wäre bereits alles unveränderbar in Stein gemeißelt? Man stelle sich nur einmal, aber wirklich nur ganz kurz vor, man wüsste just in diesem Moment, dass man im Alter schwer krank, gar ein Pflegefall, arm oder einsam sein wird? Glücklicherweise folgt das Leben seinen eigenen Gesetzen!

Und jetzt? Was bedeutet das alles für unser aller Wunsch, lange, gesund und glücklich zu leben? Bleibt uns am Ende nur die Hoffnung aufs Schicksal, auf göttliche oder universelle Fügungen, hilfreiche Zufälle?

Nein, denn aus der Welt der Wissenschaft gibt es eine wichtige Erkenntnis, die uns bei unserer Suche weiterhilft:

Unsere Gene und unser Lebensstil haben einen entscheidenden Einfluss darauf, wie lange, wie gesund und wie glücklich wir leben.

Macht diese Erkenntnis nicht gleich gute Laune!? Wir sind also nicht Opfer der Umstände, sondern bestimmen – zumindest zu großen Teilen – selbst über den Verlauf unseres Lebens. Doch mit der guten Laune ist es jetzt vorbei, zumindest kurz, denn eines darf nicht unbeachtet bleiben: Die Erkenntnis, dass unsere Lebenserwartung, die in den letzten Jahren stetig gestiegen ist, stagniert, weil die Menschen mittlerweile zu viel rauchen, zu viel essen und sich zu wenig bewegen. Rund zwei Drittel der deutschen Männer sind schon zu dick (fast jeder vierte Fünfzehnjährige sogar), Bluthochdruck und Diabetes sind auf dem Vormarsch.

Daher beschäftigen wir uns kurz mit dem Thema Lebensstil. Und keine Sorge: Es folgt keine ernüchternde Verbots- oder Besserwisserliste, sondern vielmehr unterschiedliche Impulse.

Denn auch, wenn es kein garantiertes Erfolgsrezept gibt, so existieren doch eine Unmenge an Zutaten, mit denen wir die Wahrscheinlichkeit auf ein langes, gesundes und glückliches Leben erhöhen können.

Reisen wir – zumindest gedanklich – an die Orte unserer schönen Welt, in denen die Menschen überdurchschnittlich alt werden (die sogenannten Blauen Zonen). Wenn Sie die Hoffnung hegen, dass allein eine echte Reise nach Okinawa in Japan, Sardinien in Italien, Ikaria in Griechenland oder Loma Linda in Kalifornien/USA eine direkte und nachhaltige Auswirkung auf Ihr Leben haben könnte, müssen wir Sie enttäuschen. Entscheidend sind an diesen Orten nicht die klimatischen Bedingungen, sondern die Lebensweisen der Menschen dort, die laut wissenschaftlichen und demografischen Erkenntnissen offenbar für das Erreichen eines Lebensalters jenseits der neunzig verantwortlich sind. Für die Zeitschrift National Geographic untersuchte beispielsweise der Autor Dan Buettner dieses Phänomen mit einem Expertenteam von Anthropologen, Historikern, Ernährungsmedizinern und Genetikern. Seine 2005 unter dem Titel »The Secrets of a Long Life« veröffentliche Reportage brachte spannende Langlebigkeitsfaktoren zutage, wie: die natürliche Art, sich im Alltag zu bewegen (also nicht das Fitnessstudio besuchen, sondern lieber im Garten arbeiten), die Vermeidung von Hektik, gelebte Lebensfreude mit Genuss und Zeit, eine maßvolle Ernährung, Obst und Gemüse, Wein, Glauben und Vertrauen, Familie und das Leben als Teil einer Gruppe, in die man perfekt hineinpasst.

Übrigens: In Okinawa kennt man das Wort »Ruhestand« gar nicht. Auch keine Übersetzung, die seinen Sinn zumindest annähernd wiedergibt, existiert nicht. Warum auch!? Schließlich erleben die Menschen dort, dass es gerade die Arbeit ist, in Verbindung mit der damit verbundenen Freude, Wertschätzung und Resonanz, die sie so alt werden lässt.

Die glücklichen Alten haben erkannt, dass es im Leben keine Ziellinie gibt, die es gilt, so schnell wie möglich zu erreichen. Wie anders dies manche in unserer Gesellschaft betrachten, erkennen Sie, wenn Sie an das Wort »Rente« denken. Für viele ist der Renteneintritt, die Ziellinie, nach deren Passieren alles besser wird, weil man es geschafft hat. Und sein Leben dann so leben kann, wie man es wirklich möchte.

Nicht wenige werden, wenn sie ins »Rentenziel« kommen, jedoch von ihrer eigenen Vorstellung enttäuscht, weil nicht sofort und automatisch alles besser wird. Wäre dies nicht auch komisch, würde es doch voraussetzen, dass es vor der Rente nicht so schön war, wie man es gern hätte. Halten wir es doch mit den glücklichen Superalten und leben wir schon vor der nachberuflichen Phase das Leben, das wir uns wünschen.

Wenn Sie sich die Gesamtheit dessen, was Sie bis hierher gelesen haben, als Kreis vorstellen (oder als Torte, je nach Geschmack), können Sie daraus vier gleich große Stücke schneiden, die alle einen großen Einfluss auf das glückliche Altern haben:

*G*emeinschaft

*A*ufgaben

*B*ewegung

*E*rnährung und *E*instellung

Zugegeben, richtig strukturiert müsste die Einstellung zuerst stehen. Schließlich geht von ihr, von unserem Bewusstsein, alles Weitere aus. Aber unsere Reihenfolge hat einen triftigen Grund. Fügt man die Anfangsbuchstaben der fünf Faktoren zu einem Wort zusammen, entsteht der Begriff: *Gabe*

Im Sprachgebrauch versteht man unter Gabe ein Talent, eine besondere Fähigkeit, etwas, das uns »in die Wiege gelegt wurde«. Und tatsächlich ist uns die Fähigkeit, glücklich zu altern, angeboren. Alles, was wir dazu benötigen, ist in uns vorhanden, beziehungsweise kann von uns beeinflusst und erlangt werden. Wenn wir wollen. Und wenn wir wissen, *wie*.

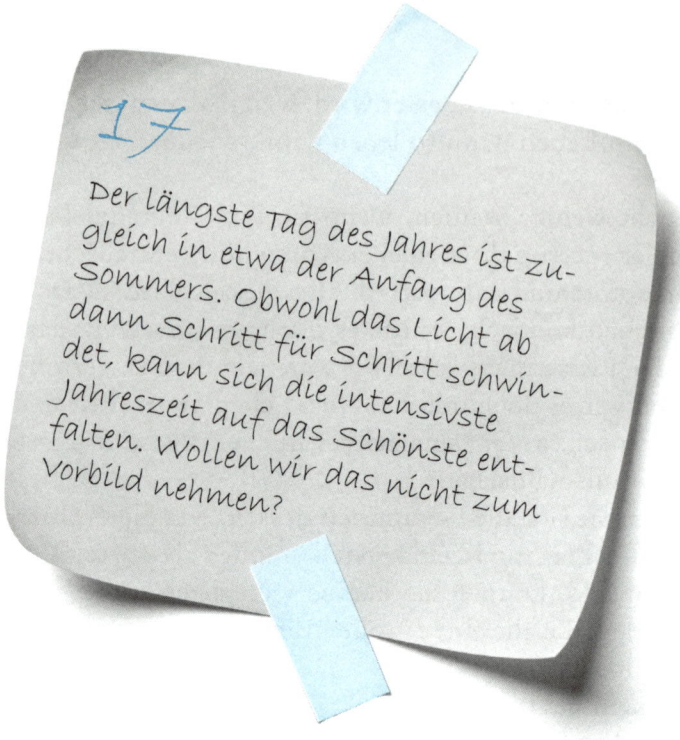

17

Der längste Tag des Jahres ist zugleich in etwa der Anfang des Sommers. Obwohl das Licht ab dann Schritt für Schritt schwindet, kann sich die intensivste Jahreszeit auf das Schönste entfalten. Wollen wir das nicht zum Vorbild nehmen?

Gemeinschaft: Meine lieb gewonnenen Menschen, die ein wichtiger Teil meines Lebens sind.
Ich bin Teil einer Gemeinschaft, die mir Halt und Kraft gibt.

Aufgaben: Tätigkeiten, die mich erfüllen.
Ich mache Dinge, die mir Freude bereiten.

Bewegung: Körperliche, geistige und seelische Aktivitäten.
Ich achte auf mich, halte mich fit und versuche, im Gleichgewicht zu bleiben.

Ernährung und Einstellung: Feste, flüssige und geistige Nahrung, die mir guttut.

Ich achte auf das, was ich esse, trinke und denke, und liebe das Leben.

Diese *GABE* ist nicht unser Rezept fürs glückliche Altern. Es ist eher ein Angebot an Sie, eine kleine Zutatenliste, aus der Sie sich Ihr Rezept zum glücklichen Altern nach Ihrem Gusto zusammenstellen können. In den folgenden Kapiteln werden Sie immer mehr hierzu finden. Vielleicht orientieren Sie sich aber auch an den drei Ls, die oft als Zutaten für ein langes glückliches Leben genannt werden: Laufen (also Bewegung), Lernen (neugierig bleiben) und Lachen. Für welche Bausteine dieses Angebots auch immer Sie sich im Folgenden entscheiden, eines scheint gewiss: Die Wahrscheinlichkeit für eine lange, gesunde und glückliche Zeit auf Erden steigt auf jeden Fall, wenn Sie sich aktiv auf das, was vor Ihnen liegt, vorbereiten. Und eines hilft ganz besonders: das Leben zu lieben.

Bevor wir gemeinsam mit Ihnen gleich an der zweiten Station unserer Erkundungsreise ankommen, beschäftigen wir uns noch mit der – neben dem Lebensstil – zweiten Säule eines langen, gesunden und glücklichen Lebens: den Genen.

Keine Sorge: Wir langweilen Sie jetzt nicht mit ausufernden Zahlen, Daten und Fakten zur Epigenetik (so bezeichnet man ganz vereinfacht die Forschung zum genetischen Code). Äußerst spannend und hilfreich für uns ist jedoch diese Erkenntnis:

Unser genetischer Code, unsere erbliche Programmierung, bleibt zwar während unseres gesamten Lebens konstant. Wir haben aber Einfluss darauf, wie er eingesetzt und gelebt wird.

Forscher gehen von einem Wirkungsgrad von etwa zwanzig Prozent aus, den die Gene auf unser Altern haben, wobei es *das* Methusalem-Gen, das uns »automatisch« ein langes Leben schenkt, leider nicht gibt.

Der Lebensstil beeinflusst also zu fünfundsiebzig Prozent unser Altern! Ist das nicht eine fantastische Nachricht? Drei Viertel sind also nicht Schicksal oder Fügung, sondern wir haben es selbst in der Hand. Und es kommt noch besser: Mit unserem Lebensstil können wir die Wirkung unserer Gene sogar beeinflussen. Das hat nicht nur wunderbare Auswirkungen auf unser Leben, sondern sorgt sogar für einen positiven Einfluss auf unsere Nachfahren (wenn wir vorhaben, noch welche in die Welt zu setzen).

Aus dem Leistungssport ist durch die Wissenschaft der Epigenetik beispielsweise bekannt, dass Kinder von Spitzensportlern oft eine natürliche Neigung dazu haben, überdurchschnittliche körperliche Fähigkeiten zu erreichen. Auch unsere Nachkommen erhalten also einen »genetischen Staffelstab« von uns übergeben. Und wir entscheiden mit unserem Lebensstil mit, wie hilfreich er für unsere Nachkommen ist.

Beispielsweise hat der Neurobiologe Dr. rer. nat. Peter Spork festgestellt, dass epigenetische Strukturen in unserem Körper »wirken wie Schalter, die Gene an- oder abstellen«. Einflüsse aller Art, wie unsere sportlichen Aktivitäten, negative sowie positive Gefühle, unsere Ernährungsweise, aber auch äußere Faktoren, wie das Klima, können unsere Zellen somit programmieren und ihre Funktionsweise dauerhaft verändern. Epigenetische Strukturen, die einmal programmiert sind, werden laut Spork an ihre Tochterzellen weitergegeben. »Auf diese Weise kann eine früh erworbene Eigenschaft bis ins hohe Alter erhalten bleiben.«

Ein eindrucksvolles Experiment führte der amerikanische Krebsforscher Randy Jirtle von der Universiy of Wisconsin-Madison mit den gelben Agouti-Mäusen durch, die ein Gen besitzen, das ihr Fell blassgelb statt dunkelbraun färbt, das Sättigungszentrum hemmt und sie anfällig für Krebs und Diabetes macht. Jirtle verabreichte trächtigen Mäuse-Weibchen ein Spezialfutter inklusive großzügiger Portionen von Nahrungsergänzungsmitteln (unter anderem Folsäure, Vitamin B12, Cholin). Das Beeindruckende: Diese Beimischung wirkte sich auf ihre Nachkommen aus, die zum großen Teil dunkles Fell bekamen, schlank waren und gesund blieben. Die Jungtiere von den Weibchen, die normales Futter bekamen, waren hingegen gelb, dick und krankheitsanfällig wie ihre Mütter.

Der generationenübergreifende Effekt von Ernährung tritt auch bei uns Menschen auf. Prof. Dr. med. Andreas Plagemann von der Klinik für Geburtsmedizin (Charité, Berlin) kommt zu dem Schluss, dass bereits im menschlichen Mutterleib ein umweltabhängiger Lernprozess stattfindet, der vor allem die zentralen Regelinstanzen Gehirn und Genom prägt. Eine mütterliche Überernährung, vor allem, wenn die Mutter adipös ist oder an Schwangerschaftsdiabetes leidet, verdoppelt das Risiko des Kindes auf Makrosomie, also die übermäßige Größe einzelner Körperteile oder Organe.

Wir selbst können also nicht nur etwas dafür tun, dass es uns heute und im Alter gut geht. Wir können nachfolgenden Generationen auch eine gute Basis mit auf den Weg geben für ihr langes, gesundes und glückliches Leben.

Ist dies nicht ein wundervoll beruhigender Gedanke!? Fast so wie dieser, den Cicero schon vor mehr als zweitausend Jahren so treffend formuliert hat: *»Nicht das Alter ist das Problem, sondern unsere Einstellung dazu.«*

KAPITEL 2

Ein Vorurteil kommt selten allein

Wissen Sie noch, wie Sie sich das Leben »im Alter« beziehungsweise als alter Mensch vorgestellt haben, als Sie ein kleines Kind waren? Wahrscheinlich gar nicht, oder? Ist es doch eine Segnung der Kindheit, vollkommen im Heute zu versinken. An morgen denken Kinder genauso selten wie an später – es sei denn, Weihnachten oder der eigene Geburtstag stehen vor der Tür. Sonst zählt das Leben im Hier und Jetzt. Wie also sollte man auch nur theoretisch in einer solch glücksseligen Momentversunkenheit ans Alter denken!?

Dennoch entwickeln bereits kleine Kinder ein erstes Gefühl fürs Alter. Besonders deutlich zeigt es sich, wenn Kinder gefragt werden, wie alt sie jemanden schätzen oder ab wann man für sie alt ist. Wer kennt das nicht aus eigener »leidvoller« Erfahrung? Wenn man als noch nicht mal Dreißigjähriger das erste Mal von einem Kind gesiezt wird, obwohl man sich doch selbst noch jung fühlt. Oder wenn man, sobald man einem Kind sein Alter verrät, meist in mitleidigem Ton zu hören bekommt: »Sooo alt bist du!?« Das ungesagt mitschwingende, aber durchaus gefühlte »Du Armer« oder auch »Dann bist du ja bald tot« sind wohl die ersten Anzeichen, dass man älter wird.

Es sind diese und viele weitere Momente, in denen einem klar wird, dass das Alter und das Altwerden bereits bei den ganz Kleinen eher negativ als positiv angesehen

werden. Und: Wenn wir ehrlich sind, an bekannten Vorurteilen über alte Menschen mangelt es wahrlich nicht. Befragt man junge Erwachsene, was sie über das Alter beziehungsweise Altwerden denken, hört man nicht selten
Folgendes:

»Man kann vieles nicht mehr machen, weil der Körper
abbaut und immer mehr verfällt. Man wird gebrechlicher
und kann sich immer schlechter bewegen.«

»Alte Leute sind andauernd krank, jede Woche beim
Arzt und nur noch am Leiden.«

»Man wird vergesslich, kann sich schlecht an was erinnern, kriegt nicht mehr so viel mit.«

»Die tragen alle 'ne Brille, weil die nichts mehr sehen.
Und brauchen alle Hörgeräte und Gehhilfen.«

»Ohne fremde Hilfe kriegen alte Leute nichts mehr hin.«

»Die werden immer faltiger, dicker, die Haare fallen aus.«

»Alte Leute riechen auch so komisch.«

»Irgendwann kommen die dann ins Altersheim, weil die
nichts mehr allein hinbekommen. Und dann sterben die
auch bald.«

Kein Wunder, dass man auf die Gegenfrage an Kinder
»Freust du dich darauf, auch irgendwann mal alt zu sein?«
meistens eine ablehnende Antwort erhält. Sie erraten diese
sicherlich selbst. Und, ganz offen und ehrlich: Wer möchte es den Jungen verdenken? Als junger Mensch steht man
in der Regel noch »voll im Saft«, und das einzige Zipperlein ist vielleicht der Kater nach einer ausgiebigen Feier am
nächsten Morgen.

Der Blick, den wir Menschen insgesamt auf unsere Umwelt und unsere Mitmenschen bekommen, verändert sich,
je älter wir werden. Er wird differenzierter. Und mit ihm
verändert sich auch das Bild übers Alter und Altwerden.
Verständlich, denn mit steigender Zahl an Lebensjahren

weicht das sehr oberflächliche Bild, das sich meist nur aus der Beurteilung von Äußerlichkeiten zusammensetzt. Die eigenen Erfahrungen mit älteren Menschen werden mehr. Man spricht öfter mit ihnen, erfährt bisher unbekannte (oder unbeachtete) Dinge, nimmt mehr von ihnen, ihrem Leben, ihrer Sicht auf die Dinge wahr. Aber: Das Bild wird dadurch nicht per se positiver. Im Gegenteil.

Nicht selten hört man aus den Mündern junger Erwachsener und ebenso von Mittdreißigern oder Mittvierzigern Äußerungen wie:

»Alte Leute reden immer nur von früher und erzählen nur über sich, was sie damals gemacht haben.«

»Die wollen einem immer irgendwelche Ratschläge zu allem geben, weil sie alles besser wissen, obwohl die Welt heute ganz anders ist als damals, als die selbst jung waren.«

»Die kennen sich doch mit unseren Sachen gar nicht aus und interessieren sich auch nicht dafür.«

»Alte Leute sind stur, ignorant und meckern immer nur an allem und jedem herum.«

»Die interessieren sich doch nur noch für ihre Krankheiten.«

Interessant, oder? Klingt nach Altersdiskriminierung und ist es stellenweise sogar. Genauso wie Sätze wie dieser, der suggeriert, dass alte Leute mit Technik nicht umgehen können:

»Diese Software ist so einfach, dass selbst meine Großmutter sie benutzen könnte.«

Fragt man die Jungen, wie sie sich selbst beziehungsweise ihre Altersgenossen so einschätzten, hört man nicht selten Dinge wie:

»Wir sind offen, spontan, kreativ, neugierig. Wir engagieren uns, weil wir noch eine Zukunft haben.«

Ist die Welt so einfach? Zum Glück nicht. Befragt man

ältere Menschen über die Jungen, dreht sich das von der Jugend über sich selbst gezeichnete Bild schnell in die andere Richtung.

»Die jungen Leute heute interessieren sich doch nur für sich selbst und ihr Handy.«

»Die sind total undankbar und nehmen keinen Rat an.«

»Ständig fotografieren sie sich selbst, ihr Essen oder unnützen Kram und nehmen andere gar nicht wahr.«

»Die haben keinen Respekt vor alten Leuten.«

»Die übernehmen keinerlei Verantwortung und suchen immer nur ihren Vorteil.«

»Die sind aufmüpfig, frech, wissen alles besser, lassen sich nichts sagen.«

»Die hinterfragen alles, stellen alles infrage und hören nicht auf die Erfahrung von uns älteren Leuten.«

Wir könnten Seiten über Seiten mit Vorurteilen füllen, weil es so unendlich viele davon gibt. Irgendwoher müssen sie ja kommen. Vielleicht steckt ja sogar in jedem Vorurteil

18

»Dem lieben Gott ist das Alter nicht gut gelungen«, sagte mir eine kluge Frau kürzlich. Wie recht sie hat, wissen wir alle. Aber auch, dass wir trotzdem da durchmüssen. Also lasst uns das Beste draus machen. Es liegt zu einem großen Teil in unserer Hand.

auch ein Funken Wahrheit, so wie das von Gerüchten immer behauptet wird?

Es liegt einfach in der Natur des Menschen, andere Menschen instinktiv und ohne es selbst wahrzunehmen, in soziale Gruppen einzuteilen. Zum einen in die »In-Gruppen«, sozusagen »die Guten«. Zu den In-Gruppen gehören alle Menschen, die uns nahe sind, beispielsweise in Sachen Alter, Familienstand, Beruf, Freizeitgestaltung, Interessen et cetera.

Die »anderen«, die sich stark von uns unterscheiden, gehören automatisch zur »Out-Gruppe«. Und weil diese Menschen so anders sind, sind sie und ihre Ansichten, Lebensweisen et cetera auch eher fremd. Das ist nicht weiter schlimm, wenn wir uns in andere Menschen hineinver-

19

In Zeiten enorm gestiegener Lebenserwartung vom »Alter« als einer einheitlichen Lebensphase zu sprechen, ist wie Kindheit, Pubertät und junges Erwachsensein in einen Topf zu schmeißen. Zumindest die Unterscheidung zwischen dem jungen Alter zwischen sechzig und achtzig, in dem gerade mal fünfzehn Prozent der Menschen im Alltag von gesundheitlichen Herausforderungen behindert werden, und der Zeit danach ist zu treffen. Alles andere verbaut den Blick auf eine der schönsten Lebensphasen.

setzen (können). Gerade dies fällt vielen jedoch unglaublich schwer, was aber nicht verwunderlich ist.

Wie sollen wir wirklich verstehen können, wie schwer der Beruf einer Pflegekraft ist, wenn wir selbst zum Beispiel in einem Verwaltungsjob gearbeitet haben? Wie sollen Männer wirklich verstehen, wie sich Frauen an ihren besonderen Tagen im Monat fühlen? Dementsprechend überrascht es nicht, dass sich junge Menschen auch nicht wirklich in ältere hineinversetzen können – und andersherum, obwohl jeder mal jung war. Wirklich verstehen können wir nur, wenn wir es fühlen können. Die reine Nachvollziehbarkeit über den Verstand reicht bei Weitem nicht aus.

Aufgrund dieser »natürlichen Unfähigkeit« sehen wir oftmals eher die negativen Seiten der anderen. Unser Gehirn bildet ganz automatisch Muster der Vereinfachung, damit wir uns in der täglichen Flut an Informationen, die auf uns einprasseln, besser zurechtfinden. Das ist zwar hilfreich, führt aber zu Wertungen, die uns das Leben und das Zusammenleben erschweren.

Wir betrachten andere (Menschen und Gegebenheiten) nicht neutral, sondern vergleichen die anderen und das andere mit unserem Leben, unseren Ansichten und so weiter. Wer gewinnt bei diesem Vergleich? Natürlich wir. Schon aus Selbstschutz. Verständlich also, dass die Jungen nicht alt sein und es auch nie werden wollen.

Vielleicht schwingt unbewusst noch ein bisschen das mit, was in einigen Kulturen schon vor Tausenden von Jahren zum Alter niedergeschrieben wurde. Beispielsweise, dass das Alter eines der großen Leiden des Lebens ist (unter anderem neben Krankheit und Tod), was neben Mangelernährung, körperlichen Anstrengungen und fehlender gesundheitlicher Versorgung auch ein Grund dafür sein könnte, dass die Menschen früher nicht wirklich alt wurden.

Für die Menschen früher war es auch das Alter, das Leiden schaffte. Wir können das Alter zur Leidenschaft machen, es zumindest mit einer solchen begehen und uns darüber jeden weiteren Meter auf unserem Lebensweg freuen. Denn auch diesen tröstenden Gedanken findet man in den Religionen: Alter, Krankheit und Tod werden nicht von allen lediglich als Leid begriffen. Im Buddhismus gelten diese gar als »Götterboten«, die uns Menschen zu ernstem Nachdenken führen. Also: Denken wir lieber nach, bevor wir vorschnell austeilen und Stäbe über dem Alter brechen, die ihm gar nicht gebühren. Leider ist dies leichter geschrieben als getan.

Manche Vorurteile sind in jahre-, teilweise gar jahrzehntelangen »Erfahrungen« mit dem Alter verwurzelt, auch bei Menschen, die noch gar keine eigenen Erfahrungen mit dem Alter haben. Menschen lernen und übernehmen manche Muster: Vorurteile, Bewertungen unserer Eltern und Großeltern, aus der Schule, dem Fernsehen, von Zeitungen. Dabei sehen sie oftmals nicht, dass einzelne Einschätzungen wahrlich nicht zur Allgemeingültigkeit taugen.

Was denken Sie über das Altwerden und Altsein? Welche Vorurteile haben Sie von anderen übernommen?

Die Antworten darauf sind gar nicht so einfach, oder? Der 2016 verstorbene Schauspieler, Sänger und Schriftsteller Manfred Krug sagte einst: »Ich hatte immer Angst, wie mein Vater zu werden. Jetzt bin ich's, und es ist gar nicht so schlimm.« Vielleicht vermag diese Erkenntnis, Jung und Alt einander näherzubringen. Zumindest verdeutlicht sie den Sinn (und Wert) von Vorurteilen aufs Wunderbarste.

Wir müssen es also nicht automatisch mit dem bayerischen Komiker Karl Valentin halten, der meinte: »Die Zukunft war früher auch besser.« Auch wenn manche Menschen mit Angst in die Zukunft und ins Alter schauen, lassen sich diese Vorurteile und stillen Sorgen widerlegen, indem wir Fakten entgegensetzen.

Laut Ingo Froböse, dem Leiter des Instituts für Bewegungstherapie und bewegungsorientierte Prävention und Rehabilitation an der Deutschen Sporthochschule in Köln, verfügt ein Siebzigjähriger über schätzungsweise vierhundert Prozent mehr Wissen als ein Zwanzigjähriger.

Sportlich aktive Alte leben laut Studie der schwedischen Universität Uppsala länger als Nichtsportler. Über einen Zeitraum von fünfunddreißig Jahren untersuchte man zweitausendachthunderteinundvierzig aus Uppsala stammende Männer mit dem Ergebnis: Wer als Fünfzigjähriger sportiv war, lebte im Schnitt 2,3 Jahre länger als ein Stubenhocker. Wer seine sportliche Aktivität zwischen dem fünfzigsten und sechzigsten Lebensjahr vergrößerte, halbierte sogar sein Sterblichkeitsrisiko jenseits des sechzigsten Lebensjahres. Und auch Prof. Albert Gollhofer, Leiter des Instituts für Sport und Sportwissenschaft an der Albert-Ludwigs-Universität Freiburg und einer der führenden deutschen Experten auf dem Gebiet des Krafttrainings, kennt die positive Wirkung sportlicher Aktivitäten und die Möglichkeiten des Krafterhalts – vor allem im Alter: »Der Peak (Höhepunkt) der muskulären Kraft liegt im Alter von fünfundzwanzig Jahren. Es ist aber ein Irrglaube in der breiten Bevölkerung, dass die Kraft mit sechzig Jahren verfällt. Mit Training kann man die Kraft da sehr gut erhalten.«

Der Ökonomie-Professor David Blanchflower vom Darthmouth College hat Umfragen mit Menschen aus hundertzweiunddreißig Ländern unter die Lupe genommen und festgestellt, dass sich unser Glück wie ein »U« durch unser Leben zieht. Bis zum Alter von etwa achtzehn Jahren leben wir im Glückshoch, bis unsere Zufriedenheit

20

Dem Leben auf den letzten Metern noch Schnippchen schlagen. Wider Erwarten immer noch Licht, Liebe, Lachen und Leidenschaft herausholen aus schwieriger werdenden Umständen. Selbst mit dem Rollator in bestimmten Momenten tanzen.

stetig abfällt und mit etwa siebenundvierzig Jahren seinen Tiefpunkt erreicht. Danach geht's dann wieder aufwärts, und wir nähern uns, je älter wir werden, unserem früheren Glück an. Es stimmt also nicht, dass unser Leben mit den Jahren per se immer schlechter und wir unglücklicher werden. Im Gegenteil: Wenn wir unser Tal der Tränen durchschritten haben, also die Zeit, in der wir hoch beansprucht und oft gestresst sind von Arbeit, Familie, wenig Freizeit, wird's besser.

Was können Sie jetzt ganz konkret aus diesen Gedanken zu Vorurteilen mitnehmen auf Ihren Weg ins Alter? Einerseits, dass ein Vorurteil immer ein Urteil ist und im Falle des Alterns zudem ein Urteil zu etwas, das Sie wahrscheinlich noch gar nicht richtig einschätzen können, weil Sie eben nicht genau wissen, wie Ihr Alter werden wird. Man stelle sich vor, ein Mensch, der sich mit dem Bau von

Flughäfen nicht auskennt, solle entscheiden, wie man einen Flughafen bestmöglich baut. Welches Ergebnis kann man da schon erwarten?

Anderseits sind Vorurteile getrost zu missachten, da sie reine Einschätzungen sind und keine Tatsachen. Wie wunderbar, dass kein Leben einem anderen gleicht und wir Menschen so unterschiedlich sind. Die Erfahrung, die der eine macht, ist für den anderen keine Blaupause, sondern nicht mehr als eine Orientierung in Form eines Anreizes oder einer Warnung.

Wer ein herumgeisterndes Vorurteil für bare Münze nimmt oder gar auf sich selbst münzt, macht sich zum Richter über Dinge, über die er nicht richten sollte. Richten wir lieber unseren Blick auf die unzähligen positiven Beispiele um uns herum, die uns beweisen, dass Alter und Altwerden kein Leidensweg sein muss. Suchen wir doch einfach nach lebenden Beweisen für ein glückliches Altern und wandeln wir Vor*urteile* zu Vor*bildern*.

Die Welt ist und bleibt das, was wir von ihr denken. Wir ziehen das an, was wir denken. Wer Menschen kennt, die den ganzen Tag nur über Krankheiten reden, weiß, dass diese Menschen meist öfter krank sind (oder sich entsprechend fühlen). Das bedeutet natürlich nicht, dass diejenigen, die nur über Gesundheit reden, überwiegend gesund sind. Aber das Gesetz der Anziehung hilft Ihnen, die Wahrscheinlichkeit auf Gesundheit zu erhöhen, wenn Sie sich auf die Dinge fokussieren, die Ihnen und Ihrer Gesundheit dienlich sind.

Es ist wie bei einem Drachenflieger, der glücksversunken über Wiesen und Felder schwebt und die untergehende Sonne am Horizont genießt. Lässt er sich aber davon ablenken und richtet den Blick beispielsweise zu einem hektisch winkenden Mann, der ihm zuruft: »Vorsicht! Fliegen

Sie nicht auf den Baum!«, dann wird er unweigerlich auf dem einzigen Baum weit und breit landen. Wir kommen dort an, wohin unser Blick sich richtet.

Suchen wir nach den positiven Bildern. Schauen wir dankbar und bewundernd auf den Fünfundachtzigjährigen, der Marathon läuft, zu den Omas, die sich liebevoll um ihre Enkel kümmern, zu den eifrig werkelnden Rentnern, die für jedes Problem eine Lösung haben. Blicken wir zu den weltbereisenden, anerkannten Alten, den vielen lebenden Beispielen dafür, dass es sich lohnt, sich aufs Alter zu freuen. Und die dem Weg des Alterns eine reizvolle Note verleihen.

Beherzigen wir doch einfach, was Epiktet schon vor über zweitausend Jahren wusste, als er konstatierte: *»Es sind nicht die Dinge selbst, die uns beunruhigen, sondern die Vorstellungen und Meinungen von den Dingen.«*

Vielleicht ist das Alter ja doch schöner, reizvoller, magischer, als viele denken? Irgendetwas Anziehendes muss das Alter haben. Wieso sollten sonst fast alle »Alten« auf die Frage, ob sie noch einmal jung sein möchten, dieselbe Antwort geben: »Nein.«

Oder könnte es gar sein, dass es dieses ominöse Alter gar nicht gibt? Dass wir mit unserer Einschätzung, man wäre ab einer gewissen Zahl an Lebensjahren alt, komplett falsch liegen?

Was wäre, wenn wir damit aufhören würden, nach der exakten Jahreszahl zu suchen, ab der man alt ist, weil sie nicht existiert?

Was wäre, wenn wir das Alter grundsätzlich ganz anders betrachten würden? Sind wir nicht zu jeder Zeit unseres Lebens alt, nur jeder auf unterschiedliche Art? Ein Baby, das drei Monate auf der Welt ist, ist alt, eine dreiundzwanzigjährige Studentin ist alt, ein neunundsiebzigjähriger Rentner ist alt. Jeder Mensch von uns ist alt. Wäre es nicht erleichternd, wenn wir das Alter nicht nur negativ mit Menschen in Verbindung bringen würden, die bereits eine gewisse Zahl in Form absolvierter Lebensjahre erreicht hätten? Wenn wir uns alle als »alt« fühlen würden, verlöre »das Alter« seinen Schrecken, weil wir uns nicht vor etwas fürchten müssen, das uns irgendwann ereilt. Wir sind schon alt, waren es schon immer.

Und was wäre, wenn wir auch das »Altern« neu beleben würden? Wir könnten den Prozess des Älterwerdens als vorfreudiges Wachstum ansehen. Würden wir nicht altern, wären wir schon tot. Wenn wir also altern, leben wir.

KAPITEL 3

Wissen, wer man wirklich ist

Wer bin ich? Wozu bin ich hier? Was ist der Zweck des Lebens? Dies ist die wohl klassischste Frage der Philosophie. Seit Jahrtausenden beschäftigen sich unzählige der klügsten Menschen unserer Welt damit, Antworten zu finden. Je älter Menschen werden, desto häufiger und intensiver klopft diese Frage auch an ihre Tür und fordert sie auf, sich mit ihr zu beschäftigen. Aber: Wie lautet die Antwort? Gibt es sie überhaupt, wenn unterschiedliche Philosophen seit Menschengedenken hierzu unterschiedliche Theorien formulierten?

Der Philosoph René Descartes vertrat beispielsweise die These, dass wir im Kern rein geistige Wesen seien, die nur zufällig während unseres irdischen Daseins in einem Körper stecken. Sicherlich kennen Sie sein berühmtes Argument »Cogito ergo sum«. »Ich denke, also bin ich.« Oder, etwas genauer: Wenn ich denke, dann existiert auch der Träger dieses Gedankens, also ich.

Interessant, sicherlich, aber wirklich hilfreich noch nicht. Zumal nicht wenige Philosophen seiner These widersprachen und den Mensch nicht als rein-geistiges Wesen betrachteten, sondern unter anderem als biologisches Wesen (samt Körper), das ein Ich-Gefühl und ein Selbstbild entwickeln kann.

Was sind wir jetzt? Ein Wesen mit einer unsterblichen Seele? Eine reine Ansammlung von Molekülen?

Wer bin ich, und wenn ja, wie viele? Der wohl bekannteste lebende deutsche Philosoph, Richard David Precht, erweiterte die Sinnfrage und landete damit einen Bestseller. Der Buchmarkt ist voll von Ratgebern zum Thema Lebenssinn und Sinnsuche. Immer mehr »normale« Menschen suchen nach Antworten, nicht mehr nur die Philosophen. Manche suchen ihr Heil in den Religionen, andere in Meditationsübungen und Bewusstseinsseminaren.

Wie schön wäre es, wenn immer mehr Menschen den einen Sinn (wenn es ihn denn gibt) oder ihren eigenen Lebenssinn finden. Bedeutet dies doch meist, dass man angekommen ist, mit sich im Reinen, dem eigenen Glückszentrum ganz nahe.

Wie viele Ältere kennen Sie, die von sich selbst behaupten, ihren Sinn gefunden zu haben?

Wenn man es ehrlich betrachtet, bleiben die meisten Menschen oftmals bis zum Ende ihres Lebens Suchende. Warum ist das so? Ist es grundsätzlich unmöglich, Sinn zu finden, oder ist es einfach schwer, den eigenen Sinn zu finden? Und, die viel spannendere Frage: Kann man nicht auch ohne Sinn leben und glücklich und zufrieden sein?

Die Generation der Großeltern sprach praktisch nie davon, nach einem Sinn im Leben zu suchen; geschweige denn eine Begründung für die Existenz des eigenen Daseins finden zu wollen. Früher reichte es den Menschen, da zu sein: gesund, mit genügend Essen, einem Dach über dem Kopf, in Frieden auskömmlich leben zu können. Insbesondere die Alten waren doch, je näher sie ihrem Lebensende kamen, froh um jeden neuen Tag, den sie möglichst ohne Schmerz und mit guter Laune erleben durften.

Konnte man früher vielleicht ohne Sinn leben? Oder hatten die Menschen damals ihren Sinn schon gefunden, ohne es zu wissen und vor allem, ohne danach bewusst gesucht zu haben?

In vergangenen Zeiten war dieses »Warum« eher kleiner, unscheinbarer Natur. Überleben, ein Dach über dem Kopf, genügend Essen, gesund oder zumindest nicht schwer krank sein, nicht allein sein, arbeiten dürfen und können. Heute sind diese Dinge, die in der Maslowschen Bedürfnispyramide, in der die Bedürfnisse und Motivationen in ihrer Wichtigkeit für den Menschen stufenweise angeordnet sind, weit unten stehen, für die meisten eine nicht weiter erwähnenswerte Grundvoraussetzung des Lebens, ihr gelebter und erlebter Alltag. Das Gros der Sinnsucher strebt nach mehr: mehr Tiefe, mehr Höhe, mehr Wirkung, mehr Resonanz, mehr Wissen und Bewusstsein.

Heutzutage wird man das Gefühl nicht los, dass immer mehr Menschen für alles eine allumfassende Erklärung haben möchten, am besten leicht verdaulich (und unterhaltsam) präsentiert. Vielleicht liegt es am digitalen Zeitalter, an der nahezu unendlichen Verfügbarkeit von Wissen. Es ist nicht zu kritisieren, dass wir die Dinge gern verstehen wollen. Es ist gut, nicht alles einfach als selbstverständlich hinzunehmen.

Durch Fragen und Wissbegierde eignen sich Menschen Wissen an und verstehen Themen. Die Frage ist jedoch: Wo liegen die Grenzen dessen, was wir verstehen können? Oder gibt es sie gar nicht? Gibt es für alles eine nachvollziehbare Erklärung? Und: Muss es sie überhaupt geben?

Gehen wir einen gedanklichen Schritt zurück zur Frage nach dem Warum. Warum suchen wir nach dem Sinn? Vielleicht, weil wir das Gefühl haben, dass uns etwas fehlt? Dass unser Leben und unsere Gesellschaft »sinn-entleert« sind? Hätten wir Menschen das Gefühl, sinnvoll zu leben, müssten wir doch nicht nach dem Sinn suchen, oder?

Verständlich und wichtig sind solche Gedankenspiele allemal. Leben wir doch in einer Welt, in der immer mehr

Menschen immer häufiger im Außen leben. Nicht im Draußen, der Natur, was schön und erstrebenswert wäre. Im Außen, also der Welt um sich herum, die zunehmend digitaler wird.

Immer neue abgesetzte Posts in den sozialen Medien, möglichst viele positive Kommentare, Daumen-hochs und anonyme Freunde. News über die Nachrichten-App, neue Videos vom abonnierten YouTube-Kanal, die Lieblingsserie auf Netflix. Dies alles (und noch viel mehr davon) bestimmt heute den Lebensalltag von Millionen Menschen.

Vielen ist die eigene Darstellung samt positiver Kommentierung in den sozialen Medien wichtiger als das, was sie gerade an wirklicher, greifbarer Welt umgibt. Ist es wirklich ein Wunder, dass uns der Sinn immer mehr abhandenkommt, wenn wir mit über den Bildschirm sausendem Blick permanent auf der Jagd nach etwas Neuem, Aufregendem sind?

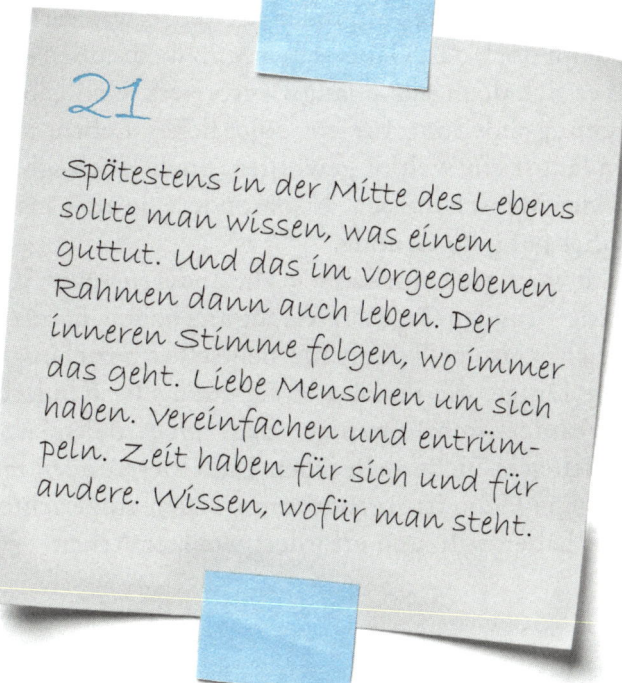

21

Spätestens in der Mitte des Lebens sollte man wissen, was einem guttut. Und das im vorgegebenen Rahmen dann auch leben. Der inneren Stimme folgen, wo immer das geht. Liebe Menschen um sich haben. Vereinfachen und entrümpeln. Zeit haben für sich und für andere. Wissen, wofür man steht.

22

Forscher in aller Welt entdecken voll Staunen mehr und mehr, dass nicht einmal unsere Gene feststehen. Alles fließt und ist zu beeinflussen. Ob wir durch Meditation, Neugier oder Sport Impulse für ein gesünderes und erfüllteres Leben geben – unser Erbgut ist nicht in Stein gemeißelt. Geschichte geschieht nicht einfach, sie wird von uns geschrieben.

Wenn wir aus den digitalen Zeiten etwas lernen können, dann doch das: Gäbe es *den* Sinn da draußen im Netz, hätte er sich doch schon längst verbreitet. Und gäbe es *die* Bedienungsanleitung für ein glückliches Leben, wäre sie schon längst ein Welthit geworden. Sucht doch schließlich fast jeder Mensch danach. Insbesondere, je älter man wird. Und dies hat gute Gründe.

Auch wenn sie natürlich wie alle anderen »nur« Vierundzwanzig-Stunden-Tage zur Verfügung haben, haben Ältere vergleichsweise mehr Zeit für sich selbst beziehungsweise für die Dinge, die ihnen wichtig sind. Die Kinderbetreuung erfordert immer weniger Zeit, am Arbeitsplatz muss man vielleicht nicht mehr jeden Tag Überstunden machen. Das eigene Heim ist irgendwann so auch eingerichtet, wie man es haben will, und erfordert weniger Arbeit.

Das Älterwerden bringt also mehr Freiräume mit sich und ermöglicht es, den Blick von den früheren stressigen Kleinigkeiten des Alltags zu lösen. Hin zur eigenen Umwelt, in das Umfeld. Nicht umsonst interessieren sich beispielsweise ältere Männer oftmals für (welt-)politische Themen. Sicher kennen auch Sie etliche reifere Damen, die sich ehrenamtlich für andere (ihnen fremde) Menschen engagieren. Statt im Klein-Klein zu versinken, sich in Alltags-Details zu verheddern, können Menschen mit zunehmendem Alter auch das große Ganze besser überblicken. Interessieren sich verstärkt für andere, helfen oftmals mit, wenn Hilfe vonnöten ist.

Und auch das hat einen guten Grund: Sie wissen relativ gut, wer sie sind, sind im Leben etabliert, haben vieles erreicht. Haben sich eine Heimat geschaffen, sind verwurzelt. Diese Gewissheit ermöglicht es den Menschen, nicht nur auf sich selbst zu schauen. In jungen Jahren sind wir Menschen, qua Alter, permanent auf der Suche: nach einem Partner, Zuhause, Beruf, der richtigen Balance im Leben, nach dem Erreichen der eigenen Ziele. Wir müssen uns fragen, was wir wann wollen (und was nicht)? Wie wir erreichen, was wir wollen? Wir sind unsicher, worauf es ankommt und was verschwendete Liebesmühe ist. Es ist ein wenig wie ein Gang über eine riesige Eisfläche. Man weiß nie, welcher Schritt in welche Richtung der richtige ist, uns Halt gibt, Sicherheit verspricht. Und wo wir einbrechen und in die Tiefe stürzen.

All dies hat natürlich auch mit der fehlenden Erfahrung in jüngeren Jahren zu tun. Nicht nur mit dem Leben, sondern vor allem mit uns selbst. Wir wissen mit zwanzig eben oftmals noch nicht, wer wir sind. Es ist vollkommen normal, dass wir uns in jungen Jahren in unseren Fähigkeiten oder Möglichkeiten häufig über- oder unterschätzen. Dass wir nicht wissen, wie wir in welchen Situationen am besten reagieren. Woher sollen wir es auch wissen? Der Lebensbeginn lebt vom Wechselbad der Gefühle: von Selbstzweifeln ebenso wie vom frenetischen Sich-selbst-Feiern. Dies alles kostet Kraft und bringt zwangsläufig Enttäuschungen mit sich.

Je älter Menschen werden, desto eher pendeln sie sich in der eigenen Mitte ein, weil das Leben wie ein Puzzlespiel ist. Mit jedem neuen Tag, jeder neuen Erfahrung, Einsicht, kommen Teile hinzu, die das eigene Bild über das Leben, die Welt und das eigene Selbst erweitern. Spätestens mit sechzig weiß man recht gut, wer man ist, wie man »tickt«, was man will und was nicht, was einen nervt, wofür man steht, welche Werte einem wichtig sind und dergleichen mehr. Kurzum: Die Anstrengungen, das eigene Ich zu finden, besser mit sich klarzukommen, werden weniger, weil das Bild von einem Selbst mit den Jahren immer erkennbarer wird, sich immer mehr vervollständigt.

Spätestens im hohen Alter wissen wir dann, dass wir eine eigene Persönlichkeit sind, die gut ist, wie sie ist. Und selbst, wenn wir manchmal mit uns hadern, wissen wir uns so anzunehmen und zu akzeptieren, wie wir sind. Auch müssen wir uns nicht mehr ausprobieren wie als Jungspunde. Wir kennen unsere Grenzen, das eigene Innenleben, die Gefühlswelten und können den Situationen anders begegnen, die uns früher noch auf die Palme gebracht haben. Denken wir öfter einmal auch an unsere Großeltern und daran, wie wir sie wahrgenommen haben. Vielleicht erkennen wir in ihrer gelebten Ruhe und Gelassenheit auch eine Chance für uns selbst.

Kämpften wir früher noch krampfhaft um Anerkennung, Erfolge, unser Recht oder unsere Meinung, müssen wir im Alter nichts mehr erzwingen. Die Wettkämpfe überlassen wir gelassen den Jüngeren. Wir müssen uns nicht mehr beweisen. Vielleicht auch, weil wir dann wissen, wie das Leben funktioniert, worauf es wirklich ankommt und welche früheren unsinnigen Spinnereien (oder Träumereien) wir lieber sein lassen, was sie sind.

Haben wir uns früher noch das eine oder andere Mal verbogen, uns den Anforderungen oder Meinungen anderer angepasst, uns verstellt, sind wir im Alter die, die wir sind. Mit allen unseren Ecken, Kanten, Macken und vielleicht sogar mit ein paar kleinen Neurosen (über die wir oft sogar selbst lachen, aber zu denen wir auf jeden Fall stehen können). Das Älterwerden hilft uns dabei, unser wahres Gesicht zu zeigen. Auch, weil wir irgendwann niemandem mehr irgendetwas beweisen müssen.

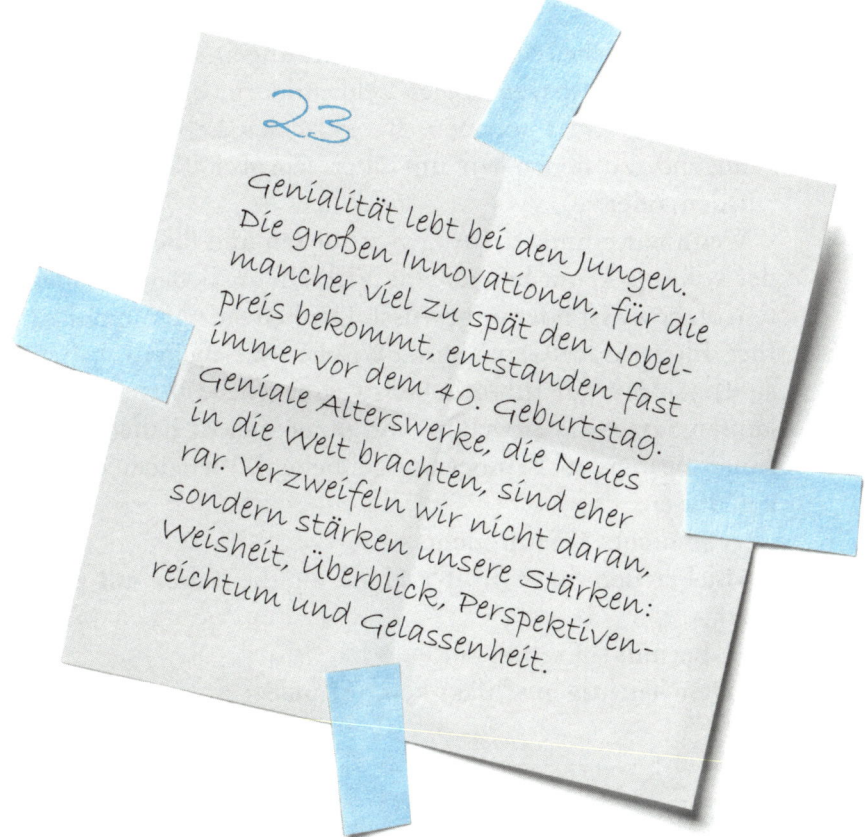

23

Genialität lebt bei den Jungen. Die großen Innovationen, für die mancher viel zu spät den Nobelpreis bekommt, entstanden fast immer vor dem 40. Geburtstag. Geniale Alterswerke, die Neues in die Welt brachten, sind eher rar. Verzweifeln wir nicht daran, sondern stärken unsere Stärken: Weisheit, Überblick, Perspektivenreichtum und Gelassenheit.

KAPITEL 4

Weise werden

Kennen Sie die zehn wichtigsten Weisheiten, die Ihnen ein langes, gesundes und glückliches Leben garantieren? Nein? Schade, wir nämlich auch nicht. Wüssten Sie sie gern? Wir auch. Kein Wunder, sind (Lebens-)Weisheiten doch so etwas wie Erfolgsgeheimnisse, die uns unsere Zeit auf Erden verschönern können, wenn wir sie denn kennen (und anwenden).

Wahre Weisheiten können Abkürzungen sein, uns Anstrengungen ersparen, unser Leid mildern, uns Selbstvertrauen und Kraft spenden. Bereiche des Lebens gibt es genügend, zu denen wir uns über erprobte Tipps freuen würden, oder?

Wenn wir einmal die Augen schließen und überlegen: Jeder von uns kennt bereits eine Vielzahl an Lebensweisheiten, ob bewusst oder unbewusst. Denken Sie nur einmal an Ihre Eltern oder Großeltern. Welche »Weisheiten« haben sie Ihnen mit auf Ihren Lebensweg gegeben? Welche markanten Sätze, die Sie häufig von ihnen gehört haben, sind Ihnen bestens in Erinnerung geblieben? Vielleicht einige von diesen:

»Von nichts kommt nichts.«

»Lieber den Spatz in der Hand als die Taube auf dem Dach.«

»Übermut tut selten gut.«

»Dem Tüchtigen schlägt keine Stunde.«

»Was du heute kannst besorgen, das verschiebe nicht auf morgen.«

»Geduld ist eine Tugend.« Oder auch: »Gut Ding will Weile haben.«

Wenn Sie einmal an sich denken: Welche Weisheiten zählen zu Ihrem Repertoire, das Sie Ihren Kindern, Enkeln, Freunden immer mal wieder auf den Weg geben? Haben auch Sie Ihre ganz eigenen Lieblingsweisheiten? Ganz sicher sogar. Vielleicht sind sie Ihnen nur nicht bewusst.

Viele der uns bekannten Weisheiten stammten ursprünglich von bekannten Philosophen. »Gut Ding will Weile haben« ist beispielsweise dem römischen Epiker Ovid zuzuordnen, der bereits um Christi Geburt herum wusste, dass manches im Leben seine Zeit braucht. Ist dieses Überdauern von mehr als zweitausend Jahren nicht ein gutes Zeichen dafür, dass an manchen Weisheiten tatsächlich etwas dran sein muss?

Sicher können auch Sie aus eigener Erfahrung sagen, dass so manche vorgenannte im Sprachgebrauch etablierte Weisheit praxistauglich ist. Vielleicht nicht grundsätzlich, aber doch in vielen Situationen des Lebens. An diesem Buch beispielsweise haben wir über ein Jahr intensiv gearbeitet. Obwohl wir beide sehr umtriebige Unternehmer sind, haben wir trotz unserer Ungeduld wieder einmal erlebt, dass »Gut Ding wirklich Weile haben will«. Bücher brauchen (wie Gedanken auch) ihre Zeit, um sich zu entwickeln, zu »atmen«. Manches, das wir in der ersten Buchfassung noch als »sensationell« empfanden, sahen unsere nach einigen Wochen der bewussten Nichtbeachtung neu entdeckenden Augen eher als »na ja, geht so« an. Auch wir Kreativ-Geister erfahren immer wieder, dass Geduld eben mehr ist als eine verstaubte Weisheit oder lediglich mit den Hufen scharrendes Warten. Geduld ermöglicht etwas, das wir aus uns allein heraus so nicht herstellen können: Abstand. Und mit Abstand sieht vieles im Leben schon ganz anders aus.

Manchmal erweisen sich sogar zwei gegensätzliche Weisheiten als zutreffend. Denken Sie nur an das wohl schönste Thema der Welt: die Liebe. Wer hat es nicht schon erlebt, dass sich manchmal »Gegensätze anziehen«, wohingegen sich ein anderes Mal »gleich und gleich gern gesellt«.

Die Welt ist so reich an großen Weisheiten, spannenden Zitaten und klugen Aphorismen, dass man darüber Hunderte, wenn nicht gar Tausende Bücher schreiben könnte. Zumal sich das Spektrum von den ganz großen universellen Themen bis hin zu den Kleinigkeiten unseres Alltags erstreckt.

Denken Sie nur an den wundervollen Satz aus dem Buch »Der kleine Prinz« vom französischen Flieger und Schriftsteller Antoine de Saint-Exupéry: »Man sieht nur mit dem Herzen gut, das Wesentliche ist für die Augen unsichtbar.« Oder die Erkenntnis, nein, eher die Aufforderung von Mark Twain: »Gib jedem Tag die Chance, der schönste deines Lebens zu werden.«

Alle diese wundervollen Gedanken sind es wert, von uns aufgenommen zu werden und dann darüber nachzudenken, was sie für uns, für unser Leben bedeuten. Da sich dieses Kapitel mit »Alters-Weisheit« beschäftigt, konzentriert es sich auf die Frage, ob es auch Normalsterblichen und Nicht-Philosophen vergönnt ist, im Laufe des Lebens eigene Weisheit zu erlangen, die man anderen weitergeben kann.

Weisheit ist neben Gerechtigkeit, Mäßigung und Tapferkeit nicht umsonst eine der vier Kardinaltugenden, die als Dreh- und Angelpunkte des Lebens gelten. Und wer wünscht sich nicht ein tiefgehendes Verständnis von Zusammenhängen in Natur, Leben und Gesellschaft sowie die Fähigkeit, bei Problemen und Herausforderungen die jeweils schlüssigste und sinnvollste Handlungsweise zu identifizieren. Stellen Sie sich vor, dies würde uns in allen, oder zumindest den wichtigsten, Situationen gelingen? Welch eine unglaubliche Fähigkeit!

Damit dies gelingt, müssen wir geistig beweglich sein und von uns selbst unabhängig. Klingt merkwürdig, ist es auch. Aber gerade dies zeichnet wahre Weisheit aus: das Verlassen der Ichbezogenheit, also der reinen Fokussierung auf die eigenen Vorstellungen und Vorteile. Weise Menschen »schweben über den Dingen«. Sie bewegen sich in einer schier unwirklich anmutenden Mischwelt zwischen Rationalität und Intuition, Wissen und Glauben, Erfahrung und Instinkt.

Selbst beim Schreiben dieser Worte schwingen eine gehörige Portion Respekt und Demut vor dieser Mammutaufgabe mit. Dass sie nicht unlösbar ist, beweisen tagtäglich Hunderttausende überall auf der Welt. Am einfachsten lässt es sich wohl verstehen, blickt man zu den Naturvölkern, bei denen noch eine ganz klare »Rangordnung« existiert. Hier sind es die Stammesältesten, deren Wort das höchste Gewicht hat und deren Rat man ehrfürchtig erfragt und befolgt. Die Stammesältesten erfreuen sich eines hohen Ansehens in ihren Völkern. Sie werden respektiert, umsorgt, teilweise sogar verehrt.

Wäre es nicht wunderbar, wenn diese Tatsache ein Beleg dafür wäre, dass auch wir im hohen Alter allein aufgrund unserer »Lebensringe« so gesegnet sein werden? Natürlich gibt es auch für Weisheit keinen Automatismus, da sie kein Samen ist, der im Lebenslauf stetig und von allein in uns wächst. Aber Beispiele, dass alte beziehungsweise ältere Menschen oftmals mit Weisheit gesegnet sind, finden sich

24

Alles schon mal gesehen haben. Durch Höhen und Tiefen gegangen sein. Allem seinen Platz zuweisen und es einordnen können. Sich nicht mehr aus der Bahn werfen lassen. Was für ein Reichtum an Erfahrung und Geschichten ruht in jeder und jedem von uns, die oder der sich schon weit über ein halbes Jahrhundert lang durchs Leben geschlagen hat. Genießen wir, Stücke davon weiterzugeben, weiser Ratgeber für Suchende zu sein. Es befriedigt so ungemein, mit ein paar Sätzen die Perspektive Jüngerer aufs Leben zu verändern und im Kleinen Nelson Mandela, Mahatma Gandhi und der Dalai Lama zugleich zu sein.

auch in unserer zivilisierten Gesellschaft zur Genüge. Nur ein kleines Beispiel:

Stellen Sie sich vor, Sie liegen im Krankenhaus im OP und werden gerade für eine extrem komplizierte Operation vorbereitet, als zwei Ärztinnen den Raum betreten. Die eine augenscheinlich jung, vielleicht Anfang dreißig. Die andere bereits Mitte fünfzig, vielleicht schon sechzig.

Für wen würden Sie sich als Ihre behandelnde Ärztin entscheiden?

Eine gemeine Frage, zugegeben, steht das Alter natürlich nicht in direktem Zusammenhang zur Güte der Fähigkeiten. Aber Sie merken, worauf wir hinauswollen.

Es gibt Situationen im Leben, in denen wir uns älteren Menschen eher anvertrauen als jüngeren. Nicht, weil wir den Jungen nicht vertrauen, sondern weil wir den Älteren mehr Erfahrung und damit eine höhere Qualität, bessere Entscheidungen und ein erfolgreicheres Ergebnis beimessen. Wenn Sie vermögend sind, würden Sie gegebenenfalls auch eher den Rat eines gleichaltrigen oder gar älteren Finanzberaters einholen als von einem ganz jungen Angestellten. Das mag unfair und fachlich oftmals vielleicht auch unsinnig sein. Menschlich ist es allemal. Denn Weisheit fußt auf mehreren Beinen. Aus unserer Sicht auf drei:

1. Weisheit setzt Erfahrungen voraus

Wer in einem Bereich bereits über intensive jahrelange Erfahrungen verfügt und sich bestens auskennt, ist mit Sicherheit ein optimaler Ratgeber. Ein Bauunternehmer, der in seinen dreißig Jahren Berufsleben mehr als zehntausend Objekte betreut und fertiggestellt hat, kann bei Fragen und Problemen sicherlich besser weiterhelfen als jemand, der »nur« sein eigenes Haus gebaut hat. Dies liegt in der Natur der Sache.

Nun ist aber nicht jeder von uns Bauunternehmer oder Ärztin. Dafür aber Mensch. Und jeder Mensch erlebt im Laufe seines Lebens unzählige Meilensteine, durchlebt Höhen sowie Tiefen und sammelt mehr Erfahrungen als ein Pilzsucher Pilze zur Hochsaison. Oftmals ist es uns nur nicht bewusst, was wir schon alles erlebt haben. Meist merken wir es erst, wenn wir mit anderen über gewisse Themen sprechen und – ohne jede Anstrengung – unsere eigenen Erfahrungen einfließen lassen können.

Zwar sind wir Menschen alle unterschiedlich und unsere Leben variieren so stark wie das »gefühlte Wetter«, doch viele von uns durchlaufen die gleichen Wendepunkte: die Berufswahl, das Finden eines Partners, die Geburt der Kinder, den Bezug der eigenen vier Wände. Ebenso kennt jeder von uns Gefühle wie Euphorie, Wut, Trauer, Melancholie. Je älter wir werden, desto mehr davon haben wir schon kennengelernt, desto tiefer sind wir in manche Gefühlswelten eingetaucht, können daher aus eigenem Erleben davon berichten und anderen hilfreichen Rat geben.

Das Altern erweitert unsere Klaviatur der Möglichkeiten. Nicht nur unser geistiges Wissen wird, in der Regel, mehr. Auch unsere emotionale Intelligenz vergrößert sich.

25

Es ist oft traurig, wie wenig Enkel und Enkelinnen über ihre Großeltern wissen. Nicht selten merkt man das zu spät. Daher ist es eine wunderbare Idee, in der nachberuflichen Phase das eigene Leben in Wort und Bild Revue passieren zu lassen und durch eine solche kleine Autobiografie die Liebsten auch posthum teilhaben zu lassen an Freuden und Ängsten, Interessen und Leidenschaften, Liebe und Freundschaft.

Wir wissen irgendwann, wie das Leben grundsätzlich läuft. Wissen, was man besser sein lassen sollte, was lohnenswert sein kann, durch welche Unwägbarkeiten man durch muss, auch, wenn man es nicht will.

Durch das Älterwerden wissen wir immer besser, wovon wir sprechen, und unsere Gesprächspartner merken dies auch. Wenn wir eingestehen, manches rückblickend beim nächsten Mal anders machen zu wollen, wenn wir uns die Offenheit bewahren, auch kritisch mit uns zu sein, nicht alles Vergangene zu glorifizieren (es aber auch nicht zu verteufeln), dann profitieren nicht nur die anderen von unserem riesigen Erfahrungsmeer, sondern auch wir selbst für die Zukunft.

2. Weisheit setzt Erfolge voraus

Während unsere Erfahrungen sinnbildlich einen Weg darstellen und für das Wie stehen (»Wie kann man das Leben angehen?«), stehen unsere Erfolge für die Ziele, die erreicht werden können. Erinnern Sie sich an die Gespräche mit Ihren Eltern und Großeltern? Höchstwahrscheinlich wurde es immer dann besonders spannend, wenn »die Weisen« von ihren Erfolgen sprachen (meist erst auf leichtes Drängen, weil Menschen im Alter sich eher zurückhalten, als stolz zu berichten). Auch wir erinnern uns immer wieder gern an die Erfolge unserer »Weisen«.

Das mit den eigenen Händen gebaute Haus des Großvaters, der im Krieg sein Land verlassen und in Deutschland ohne alles neu anfangen müsste. Das selbst gegründete Unternehmen des Ururgroßvaters, gegen alle Widrigkeiten erfolgreich zum Weltmarktführer gemacht und über mehrere Generationen als weltweite Marke erhalten. Die mütterliche Erziehung der vielen Kinder samt steter Liebe und dem Stolz darauf, was aus ihnen geworden ist (obwohl jedes Kind einen ganz anderen Weg für sein Leben gefunden hat). Der selbst angelegte väterliche Garten samt großzügigen Gemüsebeeten und sein Weg vom einfachen Volksschüler zum Leiter mehrerer Abteilungen mit mehr als fünfzig MitarbeiterInnen.

Die Erfolgsliste eines jeden Menschen ließe sich fast unendlich fortsetzen, wenn man genau hinsieht und auch das scheinbar »Normale« als Erfolge erkennt.

Daher sind Erfolge zwangsläufig ein wichtiges Fundament der Weisheit, weil sie beweisen, dass man etwas geleistet, geschaffen, erreicht hat. Dabei ist nicht entscheidend, wie gesellschaftlich angesehen diese Erfolge sind. Es muss nicht der Bestseller sein oder die Leitung eines Dax-Konzerns (weil zum Glück nicht jeder danach strebt). Vielmehr sind es die Nuancen des Lebens, die vermeintlichen Kleinigkeiten, die offenbaren, was wahre Erfolge sind. Vielleicht auch, weil sie einfach tagtäglich geschehen und somit deutlich häufiger einen Einfluss auf uns und unsere Erfahrungen haben als die vermeintlich großen Meilensteine.

Beispielsweise der Spaziergang samt Händchenhalten mit dem Partner nach vierzig Jahren Ehe. Mit den Enkelkindern Fußball spielen zu können im Alter von fünfundsiebzig. Oder auch das »Herbeizaubern« von Mahlzeiten, die so lecker schmecken wie beim Sternekoch.

Jeder von uns verfügt über einen einzigartigen Werdegang, besondere Lebensweisheiten und eignet sich als Vorbild für andere. Jeder in anderen Bereichen und bei anderen Themen. Manchmal vielleicht auch als mahnendes Beispiel bei erlebten Misserfolgen.

Jeder von uns ist auf seine Art und Weise erfolgreich. Mal im Stillen, im Kleinen. Mal ganz groß und öffentlich. In jedem Fall sind wir alle interessante Gesprächspartner

26

Wenn uns Kinder vergönnt sind: Ist es nicht Grund zu größter Dankbarkeit und Genugtuung, wie sehr wir und unsere Vorfahren in ihnen weiterleben? Zu sehen und zu spüren, welche äußeren und inneren Merkmale und Verhaltensweisen im Generationenablauf immer wieder aufblitzen? Das Gefühl geschenkt zu bekommen, Glied einer unsichtbaren, aber umso stärkeren Kette zu sein?

und werden mit jedem weiteren Lebensring, jedem neuen Erfolg wie Misserfolg nur noch interessanter, weil wir etwas zu berichten haben, von dem andere (wie wir selbst) profitieren können.

3. Weisheit setzt Erdung voraus

Erfahrungen und Erfolge sind das Wie und das Was. Zur Weisheit fehlt nur noch das Wer. Wir möchten es mit Erdung »übersetzen«. Denn Weisheit bedingt zwangsläufig etwas, das man weder kaufen noch trainieren kann.

Stellen Sie sich vor, Sie sind bei einer weisen alten Dame zu Besuch. Sie befragen sie zu ihrem Leben und ihren

Weisheiten. Sie berichtet Ihnen ausladend, überschwänglich und fast schon angeberisch von ihren Erfahrungen und Erfolgen. Sie hören zu, verstehen alles, aber merken auch, dass irgendetwas fehlt.

Ein Gefühl. Das Gefühl von Authentizität. Dem anderen mit jeder Faser des Körpers glauben können, was er uns da erzählt. Ohne dieses Gefühl kann Weisheit weder wirken noch überhaupt entstehen.

Was hat dies nun aber mit Erdung zu tun? Ein weiser Mensch weiß, dass er nicht das Zentrum der Welt ist, dass er die Weisheit nicht in die Wiege gelegt bekommen hat und dass seine Ansichten nicht die einzig wahren sind. Ein weiser Mensch ist geerdet. Er akzeptiert, dass er nicht alles im Leben beeinflussen kann, dass es höhere Mächte gibt als ihn (sei es etwas Göttliches oder die Natur).

Vielleicht sind weise Menschen auch daher oftmals so zurückhaltend. Weil sie ihre Ansichten gar nicht als Weisheiten ansehen und diese anderen nicht aufdrängen möchten. Dabei gäbe es unzählige gute Gründe, dies zu tun. Nicht nur sind weise (ältere) Menschen viel besser in der Lage, emotionale Konfliktsituationen zu lösen als beispielsweise junge Erwachsene. Sie verfügen oftmals auch über ein menschennahes Wertesystem, einen anderen inneren Kompass, der in Richtung Frieden, Harmonie, Liebe zeigt.

Über Weisheit zu verfügen ist ein großes Geschenk, das wir nicht ab einem gewissen Geburtstag automatisch überreicht bekommen. Es obliegt uns selbst, uns zu beschenken, denn je mehr Erfahrungen und Erfolge wir sammeln, desto geerdeter wir sind, desto größer wird die Wahrscheinlichkeit, dass wir auf unserem Weg durchs Leben etwas erhalten, was unbezahlbar ist: Wertschätzung. Von anderen. Und von uns selbst.

KAPITEL 5

Die Schätze des eigenen Lebens

W*ir werden mit den Jahren immer reicher.* Oftmals sogar fast automatisch. Ist das nicht herrlich?

Zugegeben, unser stetig wachsender Reichtum lässt sich nicht per se direkt beim Kontostand als angenehm lange Zahlenreihe ablesen. Dennoch werden wir mit jedem neuen Lebensjahr reicher, da sich bei jedem von uns immer mehr ansammelt.

Wir werden reicher an Materiellem.

Erinnern Sie sich noch an die Zeit, als Sie bei Ihren Eltern gewohnt haben? Wenn es Ihnen ähnlich erging wie den meisten, dann war der Platz des Kinderzimmers meist recht begrenzt. Bett, Schrank, Schreibtisch. Oftmals war das Zimmer dadurch bereits gut ausgefüllt. Das soll nicht heißen, dass die Kinderzimmer trostlos waren. Es tummelten sich unzählige Besitztümer im Kinderzimmerkosmos, die ihre Freiheit unter Bett, Schreibtisch, Schrank sichtlich genossen. Überall lag etwas herum, verstreute sich der kindliche Besitz über Teppichboden und Kommoden.

Ein Blick in heutige Kinderzimmer kommt gar einer Sinnesexplosion gleich, kann man oftmals gar nicht mehr genau identifizieren, was sich da so alles in Schränken, Schubladen und Kisten befindet. Und dieser Besitz ist erst der Anfang. Überlegen Sie einmal, wie das war, als Sie Ihre erste Wohnung bezogen. Plötzlich wurden aus einem

Zimmer mehrere. Aus einem Schrank diverse. Von den vielen neuen Schubladen, Regalen und Abstellmöglichkeiten ganz zu schweigen.

Mit dem neu gewonnenen Raumangebot erweiterte sich, fast im Gleichklang, auch unser Besitz: Teller und Tassen, Kissen und Dekorationsartikel, Lampen, Werkzeug, Technikartikel und dergleichen mehr. Ganz sichtbar, und irgendwie vollkommen normal, fingen wir an, mehr Besitz zu erwerben, bekamen Neues geschenkt, konnten mit der Zeit immer mehr Dinge unser Eigen nennen.

Wenn Sie jetzt durch Ihre heutigen vier Wände schlendern würden, um sich alle Ihre Besitztümer einmal anzusehen, hätten Sie für eine Woche sicherlich kaum Zeit für etwas anderes.

Im Schnitt besitzen wir heute etwa zehntausend Gegenstände. Unglaublich, oder? Es sammelt sich eben eine Menge an im Laufe eines Menschenlebens. Und nicht nur dort, wo wir es regelmäßig sehen. Haben Sie einen Keller? Eine Garage, einen Dachboden? Einen Garten, Kleingarten? Überall befindet sich etwas, das Ihnen gehört. Nicht selten finden sich auch bei Familienmitgliedern, Freuden oder Nachbarn längst verloren geglaubte Besitztümer.

Überall um uns herum sehen wir, was wir in unserem Leben geschaffen und teilweise sogar selbst erschaffen haben. Das eigene Haus, das restaurierte Auto, der liebevoll angelegte Garten. Selbst getöpferte Vasen, gehäkelte Pullover, gemalte Bilder, getischlerte Schränke.

Manches mussten wir uns hart erarbeiten, es uns vom Munde absparen. Anderes entstand erst durch unsere eigene Kraft, durch unserer Hände Arbeit. Ob Großes oder Kleines, lang gehegter Lebenstraum oder spontan erhaltene Überraschung: Wir können stolz sein auf die im Leben errungenen Werte. Sie sind oftmals unverwechselbar, sind unseres, und rahmen unser Leben ein wie ein schützender Zaun, der uns Sicherheit verleiht.

Einiges von unserem materiellen Besitz ist gar ein für alle sichtbarer Beweis des Gelingens. Eine Anerkennung der eigenen Leistung. Wer jahrelang hart und viel gearbeitet hat, um sich einen Traum zu erfüllen, der blickt, wenn er ihn sich irgendwann endlich erfüllt hat, mit anderen Augen darauf. Mit Stolz und tiefer Dankbarkeit. Und gerade wegen dieser eigenen Erfahrungen fällt es uns auch zunehmend leichter, die (materiell sichtbaren) Leistungen anderer Menschen zu würdigen. Eben weil wir wissen, wie schwer es ist, manche Dinge zu erreichen.

Doch materieller Besitz hat auch eine Schattenseite, die wir oftmals erst erkennen, wenn wir älter werden.

Besitz kann uns besitzen.

27

Schön am Alter: Man will nicht mehr jemand anderes sein. Man hat sich mit sich selbst arrangiert – und vielleicht versöhnt. Weiß, wie das Leben geht und welche Rolle man darin spielen kann. Hat gelernt, dass alles relativ ist: Der Jogger beneidet den Marathonläufer und dieser den Ironman-Athleten. Und der wiederum vielleicht den Sprinter. Glück lässt sich überall finden.

Wenn wir nur glücklich sind, weil wir etwas besitzen, wir uns davon abhängig machen, sind wir meist schon, ohne es wahrzunehmen, Gefangene unseres Besitzes geworden. Wenn wir uns immer nur an Teurem, Neuen erfreuen können, wenn wir förmlich nach Lob lechzen für unser neues Auto, hat uns unser Besitz förmlich im Griff. Wenn der Gang in den selbst gestalteten Garten nicht mehr geprägt ist von Freude, sondern nur noch von Arbeit, die einen »anschreit«, steht ebenso nicht mehr der Genuss des Erschaffenen im Vordergrund, sondern der Zwang zum Erhalt. Wir werden zu Dienern des Materiellen, obwohl es eigentlich andersherum sein sollte.

Dies bedeutet nicht, dass wir unseren Besitz nicht hegen und pflegen sollten. Im Gegenteil. Die Besitztümer, die uns lieb und heilig geworden sind, die für uns eine wesentliche Bedeutung bekommen haben, haben ein Anrecht darauf, von uns achtsam behandelt zu werden.

28

Unter den Gesichtspunkten Spannkraft, Konzentration, Erfahrung und Weitsicht könnten sehr viele Menschen heute bis fünfundsiebzig arbeiten. Wenn wir – aus welchen Gründen auch immer – vorher in Rente gehen, sollten wir all diese Fähigkeiten nicht verkümmern lassen und »schockvergreisen«.

Doch wie viele Besitztümer sind es in Zahl, denen wir uns wirklich verpflichtet fühlen, die in unserem Leben eine gewichtige Rolle spielen? Die vielleicht sogar einen festen Platz in unserem Herzen errungen haben?

Ist es nicht so, dass sich die Bedeutung des Besitzes im Laufe unseres Lebens verändert? Streben wir in jungen Jahren noch nach dem Luxusauto, einem riesigen begehbaren Kleiderschrank, einem eigenen Haus mit allem, was das Herz begehrt, wird uns, je weiter wir im Leben voranschreiten, nicht selten klar, dass ein Streben nach immer mehr Besitz nicht unbedingt dem Streben nach Glück gleichkommt. Ein Segen des Älterwerdens ist es daher auch, Besitz immer besser einordnen zu können.

Im Alter wissen wir viel besser, was wir wirklich selbst besitzen müssen, was wir gar nicht brauchen und was wir uns vielleicht vom Freund oder Nachbarn leihen können, wenn wir es denn benötigen. Dies mag daran liegen, dass wir über die eigenen Erfahrungen mit materiellen Dingen quasi am eigenen Leib erfahren haben, was uns wirklich hilft, uns glücklich(er) macht. Vielleicht liegt es aber auch an der, zumindest unbewusst vorhandenen Gewissheit, dass im Grab eben weder Platz für ein kostbares Auto ist noch für die geliebte Heimkino-Anlage.

Mit zunehmendem Alter können wir manchen Versuchungen besser widerstehen als in jungen Jahren. Wir müssen nicht mehr alles kaufen, einfach nur, um es zu besitzen. Brauchen immer weniger vorzeigbare Statussymbole, über die wir uns früher vielleicht definiert haben, die uns die (vermeintliche) Anerkennung anderer bescherten.

Mahatma Gandhi formulierte es einst wundervoll treffend, indem er sagte, dass man weder annehmen noch besitzen sollte, was man nicht wirklich zum Leben braucht. Es scheint, als würde uns das Älterwerden Stück für Stück den Zugang zu dieser Weisheit bringen. Wie sonst lässt es sich erklären, dass viele ältere Menschen den Wunsch verspüren, endlich einmal aufzuräumen, wegzuwerfen, was man nicht mehr braucht, was seit Jahren irgendwo nutzlos herumliegt. Gut so!

Wenn man sein Hab und Gut einmal mit klarem Blick durchgeht, wird man schnell Dinge finden, die man wirklich nicht oder nicht mehr benötigt. Vielleicht aber jemand anderes? Und da schenken bekanntlich glücklich macht, liegt es doch nahe, gleich zwei Menschen ein Lächeln ins Gesicht zu zaubern: Einem anderen, der den nicht mehr benötigten Besitz gut gebrauchen kann. Und sich selbst, weil unnötiger Ballast von Bord ist und woanders angeheuert hat, wo er gute Dinge verrichten kann.

Im Alter spüren wir viel deutlicher als früher den wahren Wert des Materiellen. Es ist wunderbar und teilweise wirklich glücksbringend, wenn die, nennen wir sie die »Kronjuwelen unseres Lebens« um uns herum versammelt sind. Und hiermit meinen wir die wirklich wichtigen Besitztümer, unseren sichtbaren Stolz sozusagen.

Weniger ist mehr. Noch so eine Lebensweisheit, deren Bedeutung sich uns gerade im Älterwerden immer mehr erschließt.

Wenig materieller Besitz ist mehr. Am besten nur das, was für uns wirklich eine wichtige Bedeutung hat.

Was ist es bei Ihnen? Wenn man der These folgt, dass jede Lebensphase ihre eigenen Gegenstände und »Visualisierungen« besitzt: Welche »Schätze« lauern bei Ihnen, die Sie beispielsweise an Ihre Kindheit, Ihre wichtigsten Meilensteine erinnern? An was erfreuen Sie sich wirklich, wenn Sie es ansehen, in die Hand nehmen? Welche Besitztümer besitzen sozusagen mehr als das, was man sehen und (be-)greifen kann?

29

Sich einfach aus tiefstem Herzen an seiner Familie oder seinen Freunden freuen, nachdem man jahrzehntelang für sie da war und alles für seine Liebsten getan hat, was nur möglich war.

Vielleicht der vom Sohn damals im Werkunterricht gebastelte Tassenuntersetzer, den Sie auch nach zwanzig Jahren noch zum Frühstücken benutzen? Oder die geliebte, aber etwas heruntergekommene Couch, auf der die Kinder voller Euphorie und laut schreiend Trampolin gesprungen sind? Der ausziehbare Esstisch in der Küche, dessen Kerben Sie an die Mahlzeiten mit der Familie erinnern, die Spieleabende mit Freunden? Die wohlige Kuscheldecke, unter der Sie es sich mit Ihrer Partnerin/Ihrem Partner abends beim Fernsehen gemütlich gemacht haben?

Wahrhaft reich sind wir an immateriellen Werten.

Oftmals machen wir uns gar nicht bewusst, wie reich wir wirklich sind, wenn wir das Sichtbare einmal für einen Moment ignorieren. Ein eigenes Haus beispielsweise ist wunderbar. Aber was ist, wenn dort kein Leben herrscht, wenn alles totenstill ist, wenn man nach Hause kommt? Was bringt der schönste Garten, wenn man ihn nicht genießt, weil die Zeit fehlt oder die Muße? Was hilft das schickste Auto, das nur in der Garage steht, damit es nicht an Wert verliert?

Nutzen wir das Wissen um das, was wir an Lebenswerten haben, doch ganz bewusst. Vergegenwärtigen wir uns unsere kostbaren sichtbaren Besitztümer. Umgeben wir uns mit ihnen, pflegen und genießen wir sie. Und spüren wir mit einem Lächeln auf den Lippen die Unmengen an immateriellen Werten, die wir im Lebenslauf gesammelt haben. Unsere Erfahrungen, einzigartige Erlebnisse, menschliche Kontakte. Kehren wir unsere immateriellen Schätze zusammen zu einem großen Berg und blicken wir mit Freude und Stolz auf das, was wir uns im Laufe unseres Lebens »ersammelt« haben. Und freuen wir uns auf die (Gefühls-)Schätze, die noch dazukommen werden.

Hierfür bedarf es meist gar keiner Anstrengung, weil der natürliche Lauf der Dinge auch uns irgendwann ereilt, was wir an der Veränderung unseres eigenen Wertekompasses selbst wunderbar ablesen können. Sind vielen Menschen in jungen Jahren noch Themen wie Erfolg, Anerkennung, Konsum und Besitz wichtig, ändert sich das Werte-Koordinatensystem oft mit dem wachsenden Lebensalter in Richtung Gesundheit, Familie, menschliche Kontakte und Natur.

Vor allem aber: Seien wir zufrieden mit dem, was wir haben und was man uns nicht mehr nehmen kann. Wie sagte es schon der deutsche Schriftsteller Berthold Auerbach: »Wer nicht zufrieden ist mit dem, was er hat, der wäre auch nicht zufrieden mit dem, was er haben möchte.«

Schätzen wir unsere Schätze und erkennen wir den Wert, der darin verborgen liegt, erhalten wir ein Gefühl, das man weder kaufen noch übertragen kann. Das Gefühl, ein wertvolles Leben geführt zu haben und ein wertvoller Mensch zu sein.

KAPITEL 6

Loslassen können

Probier's mal, mit Gemütlichkeit, mit Ruhe und Gemüt-lichkeit jagst du den Alltag und die Sorgen weg.«
Liest man diese Liedzeilen, wird man wie von selbst von Balu, dem Bären, in die Szene aus dem Dschungelbuch gezogen, in der er eines der wohl eingängigsten Filmlieder zum Besten gibt. Unwillkürlich singt oder summt man mit, bewegt vielleicht die Hüften im Takt und bekommt, ganz nebenbei, sogar gute Laune. Kein Wunder, steht Balu mit seinem Lied doch für etwas, das wir uns allzu oft am liebsten herbeizaubern würden: Leichtigkeit, Lockerheit, Gelassenheit.

Der bekannte Disney-Bär steht mit seiner Einstellung par excellence für ein sorgenfreies, beschwingtes Leben und eignet sich ideal als »bärenstarkes« Zielbild für uns alle. Wären wir öfters mit einer ähnlichen Gelassenheit unterwegs auf den Straßen des Lebens, fiele es uns leicht, die viel beschworene innere Ruhe zu finden und sie auch im stressigen Alltag zu bewahren. Wir behielten auch in brenzligen Situationen, die unseren Adrenalinpegel bis an seine Grenzen ausreizen, unsere Fassung und Haltung, wären positiv beherrscht, gefasst, umgeben von stoischer Ruhe. Keine so schlechte Vorstellung, oder?

Es lohnt sich also, bei dieser Station unserer Erkundungsreise durchs Alter ein kurzes Stück an der Seite von Balu zu verweilen und uns dem Thema Gelassenheit zu nähern.

Das Schöne: Mit jedem weiteren Schritt verlassen wir somit unangenehme Gefühle wie Unruhe oder Stress, denn Gelassenheit lebt sozusagen auf der anderen Seite. Zusammen mit Ruhe und Harmonie fließt sie sinnbildlich wie Wasser durch einen ruhigen Seitenarm eines Flusses. Unaufgeregt, beruhigend und doch lebendig.

Wobei: Was rein positiv klingen mag, kann sich, wenn wir unserer Gelassenheit freien Lauf lassen, auch negativ auswirken: in Stumpfsinn, Trägheit oder Gleichgültigkeit. Daher lassen Sie uns, wenn wir gleich mit jedem Satz gelassener werden, die Welt um uns herum bitte nicht vergessen. Gelassenheit bedeutet nämlich nicht, sich von allem und jedem abzunabeln, eine »Mir doch egal«-Einstellung einzunehmen und sich nur noch für sich selbst zu interessieren. Abnabeln ist zwar ein gutes Stichwort, aber wir sollten uns

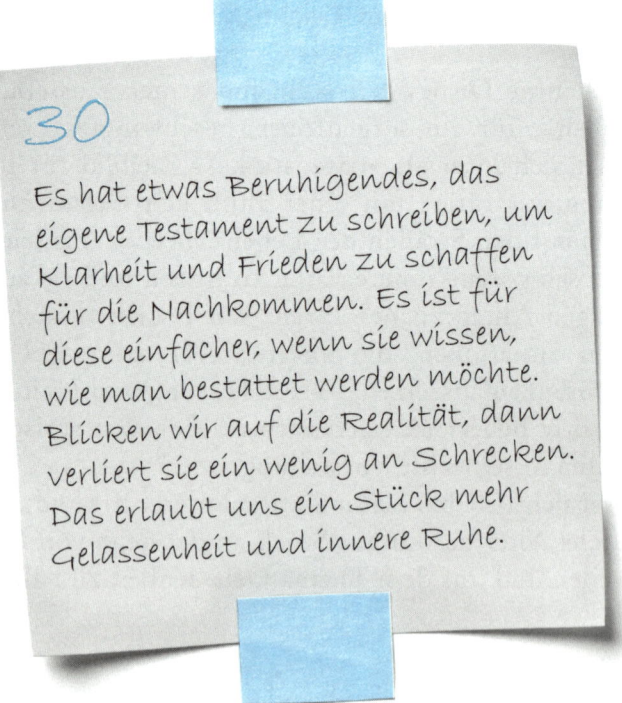

30

Es hat etwas Beruhigendes, das eigene Testament zu schreiben, um Klarheit und Frieden zu schaffen für die Nachkommen. Es ist für diese einfacher, wenn sie wissen, wie man bestattet werden möchte. Blicken wir auf die Realität, dann verliert sie ein wenig an Schrecken. Das erlaubt uns ein Stück mehr Gelassenheit und innere Ruhe.

lieber von den Dingen abnabeln, die uns hindern, glücklich zu sein. Welche dies sein können, erfahren Sie ... gleich.

Lassen Sie uns vorher auf einen kleinen Seitenarm unseres »Gelassenheits-Flusses« blicken: das Verlangen nach Harmonie und emotionaler Stabilität. Der Wunsch nach beidem wird mit zunehmendem Alter immer ausgeprägter. Vielleicht haben Sie auch schon die Erfahrung gemacht: Ältere Menschen suchen weder Ärger noch Stress – einige Unverbesserliche einmal ausgenommen. Je älter wir werden, desto eher wünschen wir uns ein harmonisches Miteinander, ruhige Lebenssituationen, inneren und äußeren Frieden.

Oft haben wir diese wirklich bewundernswerte Eigenschaft selbst auf Familienfeiern erlebt: bei unseren Eltern und Großeltern. Wenn sich die Kinder, also wir, untereinander einmal gestritten oder sehr kontrovers und lautstark diskutiert haben, waren es die Älteren, die beruhigend auf uns alle einwirkten, bevor etwas eskalieren konnte. Oftmals sogar mit einer so wunderbar friedvollen Stimmlage, dass man gar nicht anders konnte, als einzulenken. Mehr noch: Unsere Eltern und Großeltern waren stets bemüht, dass es jedem von uns gut ging, dass jede/r versorgt war, und dass untereinander Harmonie herrschte, eine angenehme Atmosphäre. Rückblickend könnten wir sie fast unsere »Friedensstifter« nennen, »Harmoniewächter« oder »Liebesbewahrer«, was wir, je älter wir selbst geworden sind, gar nicht hoch genug schätzen können.

Das Auf und Ab im mittleren Alter (ungefähr zwischen dreißig und fünfzig) möge sich im weiteren Verlauf des Lebens doch bitte beruhigen, so der Wunsch vieler Menschen. Der mitreißende Strom darf gern zu einem ruhigen Fluss werden. Verständlich. Und vielerorts auch ersichtlich. Zum Beispiel sind Menschen jenseits der sechzig oftmals

31

Lernen wir lächeln. Lernen wir loszulassen. Lernen wir, die Dinge so hinzunehmen, wie sie eben sind. Genießen und kultivieren wir die Altersmilde. Sie macht die Welt ebenso viel schöner wie die untergehende Sonne den Himmel.

gutmütiger und ruhiger, sie gehen auch entspannter mit schwierigen Situationen um, können gut vermitteln und moderieren.

Zauberei oder Normalität? Einfluss auf die wachsende Fähigkeit zur Gelassenheit haben drei grundlegende Motive, die in den unterschiedlichen Lebensphasen einen großen Einfluss auf das Handeln von uns Menschen haben:

Das Streben nach Macht und Einfluss *(Entscheiden und steuern)*

Das Erbringen von Leistung *(Im Wettkampf bestehen und Ziele erreichen)*

Der Wunsch nach zwischenmenschlichen Beziehungen *(Liebe und Resonanz erfahren)*

Es ist nicht leicht, vor allem über die ersten beiden Motive zu schreiben, ohne dabei in Wertungen zu verfallen. Daher versuchen wir es über die zweiseitige Medaille und das Wissen darum, dass alles von Natur aus erst einmal nur »ist«. Die Interpretation, ob gut oder schlecht, obliegt allein unserer Betrachtungsweise.

Daher ist das Streben nach Macht und Einfluss per se nichts Schlechtes. Unser Staat beispielsweise benötigt Menschen, die Dinge entscheiden und unser Land steuern wollen. Jedes Unternehmen ebenso. Und selbst in einer Familie tut es ab und an ganz gut, wenn ein Mitglied das Heft des Handelns in die Hand nimmt. Wer den eigenen Einfluss für andere, gute Zwecke nutzt, erbringt unschätzbare Werte für unsere Gesellschaft.

Gleiches gilt für das Erbringen von Leistung, den Kampf um ein zu erreichendes Ziel. Es kann unheimlich erfüllend sein, ein Spiel zu gewinnen, die selbst gesetzte Zeitmarke beim Laufen zu unterbieten oder den ersten Preis beim Zeichenwettbewerb zu erhalten. Nicht wenige von uns sind das, was sie heute sind, weil sie sich Ziele gesetzt, gekämpft und gewonnen haben.

Jeder (Wett-)Kampf kann auch Schattenseiten mit sich bringen. Wer immer nur auf sich selbst fokussiert ist, nur versucht, die eigenen Ziele zu erreichen, kann das Wohl anderer aus dem Blick verlieren. Wer immer entscheiden und recht haben will, kann schneller einsam werden, als ihm lieb ist. Wie gut, dass beides, das Streben nach Macht und der »Zwang« zur Leistungserbringung nachlässt, je älter wir werden.

Verantwortlich hierfür sind vor allem zwei Faktoren. Beide scheinen dem Ausspruch des thüringischen Theologen und Philosophen Meister Eckhart entsprungen zu sein: »Man muss erst lassen können, um gelassen zu sein.«

Wortklauberei oder Wortwahrheit? Finden wir's einfach heraus und widmen wir uns den zwei Faktoren für Gelassenheit, also der Frage, *was* wir sein lassen könnten, um dadurch vielleicht gelassener zu werden.

Die Ich-Bezogenheit

Wenn wir der festen Überzeugung sind, über die einzig wahre Meinung zu verfügen, im Recht zu sein und es besser zu wissen als alle anderen, dann führt dies mit absoluter Sicherheit nicht zu einem gelassenen Grundgefühl. Denn gelassen können wir nur dann sein, wenn wir offen sind, andere und anderes zulassen.

Zu unserem Glück werden wir mit den Jahren milder, können Dinge lockerer sehen und ordnen sie anders ein als früher. Ebenso regen wir uns, einige Ausnahmen wieder ausgenommen, weniger auf und sind mehr dazu in der Lage, uns für andere zu interessieren und nicht nur für uns selbst.

Ältere Menschen suchen häufiger das Einende, das verbindende Argument, als das Trennende. Wenn wir anderen auch mal den Vorzug lassen können, mit ihrer Meinung, ihren Taten, sind wir der Glück bringenden Gelassenheit bereits eine Stufe näher gekommen.

Sich nicht mehr beweisen müssen

Kennen Sie Menschen, die sich benehmen, als würden sie permanent gefilmt werden? Die sich auffallend präsentieren, um Aufmerksamkeit zu bekommen? Die andauernd beweisen müssen, wie leistungsstark, attraktiv, clever und/oder erfolgreich sie sind? Bestimmt, oder? Aber wie alt sind diese Menschen? Wie viele »Alte« kennen Sie, die sich andauernd beweisen wollen?

Wahrscheinlich wenige, wenn überhaupt. Das hat gute Gründe. Ist es doch ein großer Vorteil des Alters, auf vieles zurückblicken zu können, das man bereits erreicht hat. Diese inneren Beweise der eigenen Bestätigung reichen vielen Menschen und führen dazu, den Laufsteg der persönlichen Eitelkeiten anderen zu überlassen; den Jüngeren.

Sich nicht mehr aufs Äußere reduzieren lassen

Wundervollerweise sieht man den meisten Menschen an, dass sie älter werden. So wie Kenner bei einem sehr guten Wein die Reife herausschmecken können, ist sie bei uns Menschen meist bereits äußerlich ersichtlich. Dies mag man gut oder schlecht finden: Es *ist*. Und wie auch immer es ist: Für die Vielzahl »der« Alten spielen Äußerlichkeiten keine gewichtige Rolle mehr. Dies heißt nicht, dass man sich automatisch gehen lässt, je älter man wird. Ganz im Gegenteil.

32

Ein Unternehmen, das es nicht gibt, aber das es geben sollte: Der Kunde schließt mit dieser Firma mit dreißig oder vierzig einen Vertrag ab, in dem geregelt wird, dass die Firma weitaus später im Leben ungefragt Rat gibt, wann der Kunde aufhören sollte mit dem, was er tut. Die Reputation so mancher Sportler, Politiker oder Entertainer, die sie auf den letzten Metern des beruflichen Laufes gefährdeten, weil sie nicht rechtzeitig aufhören konnten, wäre dadurch vielleicht gerettet worden. Jede und jeder von uns sollte sorgsam darauf achten, wann der richtige Zeitpunkt zum Aufhören gekommen ist, und sich rechtzeitig neue, geeignetere Tätigkeitsfelder fürs Alter suchen.

Sicher kennen Sie viele »Alte«, die, ganz salopp gesagt, flotte Hüpfer sind. Viele Ältere kleiden sich mit gelassener Freude und Hingabe und lassen den Stress, den sie sich in jungen Jahren hinsichtlich Körper und Kleidung gemacht haben, einfach außen vor.

Sei es die neunundsiebzigjährige Nachbarin, die jeden Morgen – ganz gleich, was der Wettergott auf die Erde schickt – vor allen anderen wach und im Garten ihres gro-ßen Hofes aktiv ist. Sie gießt, pflanzt, baut ihr Gemüse an, versorgt unzählige Vögel und Katzen und repariert sogar das meiste selbst an ihrem über einhundert Jahre alten Ge-burtshaus. Oder die Frau über achtzig drei Straßen weiter, die sich so bunt und modisch schick kleidet, als würde sie für eine Modezeitschrift modeln. Ihrer jugendlichen Freu-de beizuwohnen, die sie stets im Gesicht trägt wie ihre auf-fallenden Outfits an ihrem aufrecht-trainierten Körper, ist selbst für uns Jüngere ein wahrer Jungbrunnen.

Sicherlich gibt es noch viele weitere schöne Beispiele für mehr Gelassenheit. Manche davon finden Sie versteckt in anderen Kapiteln dieses Buches. Andere vielleicht direkt neben sich, wenn Sie sich einmal in Ruhe umschauen. Für was auch immer Sie sich entscheiden mögen: Zwei Faktoren helfen Ihnen dabei, das Älterwerden gelassener anzugehen.

Der sinkende Hormonspiegel

Die ersten fünfzig Prozent Gelassenheit regelt unser Kör-per für uns, indem er unseren Testosteronspiegel mit stei-gendem Lebensalter stetig herunterfährt. Weniger Stress und Aggressionspotenzial sind die hilfreichen Folgen. Gut für unseren Blutdruck, unser Herz und unsere Umgebung.

Das Bewusstsein der eigenen Endlichkeit

ArbeitnehmerInnen, die kurz vor dem Renteneintritt stehen, wissen es: Es macht keinen Sinn (mehr), sich über irgendwelche Dinge am Arbeitsplatz aufzuregen, sich an was auch immer aufzureiben. Warum? Weil die Arbeitszeit bald vorbei ist.

Eine sehr ähnliche Erkenntnis ereilt uns alle irgendwann (hoffentlich lange nach dem Renteneintritt): Wer weiß, dass er in nicht allzu ferner Zukunft sterben wird, der fängt keine vermeidbaren Kämpfe mehr an, streitet sich nicht über Belanglosigkeiten, verschwendet keine kostbare Energie und Lebenszeit für Unsinniges. Je näher wir der eigenen Endlichkeit kommen, desto höher sind unsere Chancen auf dieses wunderbare Gelassenheits-Gefühl.

Wenn Sie sich in einer sternenklaren Nacht einmal in den Garten oder vor die Haustür stellen und in den Himmel blicken, können Sie bereits in jüngeren Jahren einen Vorgeschmack hierfür erlangen. Versuchen Sie einfach, die Sterne zu zählen. Irgendwann wird Sie die Erkenntnis ereilen, dass um uns herum Unendlichkeit herrscht und wir nur ein minimaler, kaum wahrnehmbarer Teil des Universums sind. Dieses Bewusstsein soll Sie aber nicht deprimieren, eher ermuntern.

Sicherlich werden Astrophysiker noch in Tausenden von Jahren, so es unsere schöne Welt dann noch gibt, damit beschäftigt sein, die Anzahl der Sterne zu ermitteln. Es wird ihnen wahrscheinlich nicht gelingen. Und dieses Wissen können wir uns zunutze machen, wenn wir gelassen älter werden wollen.

Es ist unvernünftig und unmöglich, Unverfügbares haben und Unverrückbares ändern zu wollen, wie zum Beispiel den eigenen Tod.

Lassen wir die stressenden Gedanken einfach los und lassen wir uns ein auf das, was uns erwartet. Dann wird sich Gelassenheit einstellen. Zwar werden wir alle mit unterschiedlichen Anlagen geboren, der eine kommt bereits nervös zur Welt, während eine andere schon als Baby nichts aus der Ruhe bringen konnte. Wir alle können jedoch gelassener und damit glücklicher werden, wenn wir es zulassen. Das Älterwerden ist eine wundervolle Hilfe hierbei. Balu mag es gewusst haben, endete doch sein Lied mit folgenden Zeilen:

»Denn mit Gemütlichkeit kommt auch das Glück zu dir. Es kommt zu dir!«

KAPITEL 7

Mit allen Sinnen

Erinnern Sie sich noch an Ihre letzte intensive Berührung? Die Frage mag Sie vielleicht verwundern, dennoch ist sie und vor allem die Antwort darauf für uns Menschen so wichtig wie kaum etwas anderes. Merkwürdigerweise denken wir darüber selten nach. Berührungen passieren eben, oder auch nicht.

Dabei ist es längst bewiesen, dass Berührungen eine unglaublich positive Wirkung auf uns und unser Lebensglück besitzen. Sie fördern nicht nur unsere psychische Gesundheit. Sie sorgen sogar für einen guten Schlaf und versorgen unseren Körper, Geist und unsere Seele mit wohliger Wärme und Energie. Wer selbst in den Arm genommen wird oder jemanden in den Arm nahm, weiß um die Magie des Berührens aus eigenem Erleben und Empfinden.

Übrigens: Wird hier von »Berührungen« gesprochen, sind weder das flüchtige Streicheln noch der »Quickiedrücker« zwischen Tür und Angel gemeint. Berührungen entfalten ihre heilsamen Wirkungen erst, wenn wir bereit sind, uns vollkommen darauf einzulassen. Wer nur die Zehenspitze kurz ins Wasser taucht, wird niemals das gleiche Gefühl entwickeln können wie jemand, der sich komplett ins Wasser begibt und vom Nass umschmiegt wird.

Diese Form von Berührungen, von wahrnehmbarem Hautkontakt brauchen wir alle wie die Luft zum Atmen. Sie sind ein Grundbedürfnis jedes Lebewesens. Nicht um-

33

So schön Sex auch sein kann – hat es nicht etwas Befreiendes, nicht mehr Sklave der Lust zu sein und einfach glücklich ohne Verrenkungen im Bett und unsichere Annahmen über die Erwartungen des Partners zu leben? Sind Zärtlichkeit, Umarmung und Nähe nicht oft stabiler und erfüllender?

sonst schlafen die meisten Tiereltern Körper an Körper mit ihren Kindern, suchen die Umsorgten selbst häufig den Körperkontakt zu ihren Eltern. Aus gutem Grund ist eine der wohl wichtigsten Empfehlungen an Menscheneltern, mit den eigenen Kindern so oft es geht zu kuscheln.

Berührungen wirken bis tief ins Herz. Intensive Berührungen sind mehr als reines Anfassen. Sie geben Nestwärme, wirken wie Balsam für die Seele und beruhigen. Man könnte so weit gehen und sie als emotionale Brücken bezeichnen, die den einen mit dem anderen verbinden. Ohne sie ist Liebe undenkbar. Oder können Sie sich vorstellen, Ihren Partner/Ihre Partnerin, Ihre Kinder, Enkel, Freunde nicht zu berühren?

Manche Wissenschaftler behaupten gar, dass man ohne Berührungen nicht nur unglücklich wird, sondern sogar stirbt.

Wann haben Sie zuletzt jemanden wirklich berührt?
Berühren und berührt zu werden wird mit zunehmendem Lebensalter immer wichtiger. Dies liegt daran, dass Berührungen im Zeitverlauf immer mehr zur Mangelware werden. Wer Kinder hat, weiß, dass gerade kleinere Kinder permanent den Körperkontakt zu ihren Eltern suchen. Irgendwann lässt aber auch das nach. Wer sich noch daran erinnert, wie es damals war, als man frisch verliebt war, als die Flugzeuge im Bauch eine Vierundzwanzig-Stunden-Flugshow veranstalteten, der weiß auch, dass der andauernde Wunsch, den Liebsten oder die Liebste zu berühren, irgendwann weniger wurde. Konnte man früher die Hände nicht voneinander lassen, hat alles zusammen gemacht, auf dem Sofa kuschelnd Fernsehen geguckt, »genießen« manche nach einigen Jahren das Programm lieber auf getrennten Sitzgelegenheiten.

Nicht umsonst verweisen unzählige Untersuchungen auf eines der größten Gesellschaftsprobleme unserer Zeit: die chronische Berührungsarmut. Es mag befremdlich klingen, aber wir sind »unterberührt«. Überlegen Sie doch mal selbst, wie oft Sie am Tag wirkliche Berührungen erfahren. Und hiermit ist nicht Händeschütteln, Schulterklopfen oder Abklatschen gemeint. Wahrscheinlich werden Ihnen nicht allzu viele Momente einfallen. Trösten Sie sich: Hiermit sind Sie nicht allein. Und mit dem Gefühl, mehr intensive Berührungen erfahren zu wollen, auch nicht.

Denn das Fehlen von Berührungen ist mittlerweile zu einem beunruhigenden gesellschaftlichen Mangel geworden. Überall wächst die Sehnsucht nach Berührungen. In fast jeder Großstadt gibt es bereits Kuschelpartys, bei denen sich fremde Menschen treffen, um sich gegenseitig zu berühren. Laut Zeit Online sehnt sich jede zweite Frau und jeder dritte Mann mittlerweile mehr nach Kuscheln als nach Sex. Und jeder Dritte von uns möchte mehr in den Arm genommen werden.

Wie früher als Kind, als die Umarmungen unserer Eltern selbst den schlimmsten Schmerz lindern, manchmal sogar zum Verschwinden bringen konnten. Wer bereits Erfahrungen mit dem Tod machen musste, weiß ebenso, dass die Trauer zwar nicht verschwindet, wenn ein vertrauter Mensch einen in den Arm nimmt und Trost spendet, aber gelindert wird sie allemal.

Wir alle kennen die Macht der Berührungen aus den unterschiedlichsten eigenen Erfahrungen. Warum also kommen sie uns im Laufe unseres Lebens scheinbar immer mehr abhanden? Die Gründe hierfür sind unglaublich vielschichtig, aber dennoch zu wichtig, als dass wir nicht zumindest die zwei wichtigsten kurz gemeinsam betrachten sollten. Vielleicht helfen sie uns dabei, das Warum zu verstehen, und können uns gleichzeitig zeigen, wie wir unseren Berührungsmangel beheben können.

Die schöne digitale Welt

Kennen Sie auch Menschen, die ihr Smartphone häufiger berühren als ihren Partner/ihre Partnerin? Gemein, zugegeben, aber es ist dennoch Tatsache, dass die meisten von uns extrem viel Zeit mit den technischen Hilfsmitteln und dadurch auch in der digitalen Welt verbringen. Hier sehen wir uns dann alles Mögliche an, aber echte Erfahrungen ohne eigenes Erleben sind eben etwas ganz anderes. Aus der Hirnforschung wissen wir, dass wir dann am besten lernen, wenn wir etwas nicht nur sehen oder hören, sondern es selbst er- und somit besser begreifen. »Neue Theorien der Kognitionsforschung nehmen an, dass unser Gedächtnis als Teil von Begriffen auch Körperempfindungen speichert«, sagt Dr. Dirk Koester, der als Kognitionspsychologe an der Universität Bielefeld arbeitet. »Ein Wort wie ›Quirl‹ speichert das Gehirn wie in einem Lexikon ab und assoziiert es etwa mit Konzepten wie ›unbelebt‹ und ›Küchengerät‹. Zusätzlich verbindet es das Wort mit der eigenen Erfahrung, wie sich ein Schneebesen anfühlt und dass zum Beispiel eine Schleuderbewegung damit verbunden ist.« Diese These des Embodiments (Verkörperung) von Wissen stützt eine Studie mit achtundzwanzig Versuchspersonen. Ihr zentraler Befund: »Wenn die Versuchspersonen beim Lesen ein Objekt ergreifen mussten, hat ihr Gehirn Teile der Wortbedeutung früher verarbeitet als in vorangegangenen Studien, in denen Wörter beurteilt wurden, ohne dass etwas gegriffen wurde.«

Aber wie soll das (be)greifende Lernen gehen, wenn wir mehr virtuell klicken, tippen und wischen, als real zu drücken, zu streicheln und zu fühlen?

34

Wie haben wir uns als Kinder gelangweilt bei Spaziergängen. Gen Ende des Lebens können wir gar nicht genug bekommen von der Natur. Wir spüren einfach, dass der Kreislauf des Lebens zum Schönsten gehört, das dieses für uns bereithält. Von der Knospe über die Blüte zur Frucht, vom Frühling über den Sommer zum Herbst und Winter, von der Morgensonne über die Mittagshitze zum Sonnenuntergang – der Kreislauf ist allgegenwärtig. Im Herbst des Lebens offenbart er seine tiefe Bedeutung, in die wir uns immer wieder vertiefen sollten.

Die zunehmende Vereinsamung

Die Anzahl an Ein-Personen-Haushalten steigt seit Jahren. Immer mehr Menschen leben (lieber?) allein als zu zweit. Das muss natürlich noch nicht heißen, dass dadurch auch immer weniger Menschen einen Partner an ihrer Seite haben. Doch auch die Anzahl der Singles nimmt stetig zu. Ebenso wie Fernbeziehungen und Partnerschaften, in denen sich die Liebenden sehr selten sehen, weil beide arbeiten, eigenen Hobbys nachgehen oder dergleichen mehr. Manchmal sogar, ohne es zu merken, werden wir schon in unseren vermeintlichen Hoch-Zeiten, auf dem Gipfel der Lebensmitte, immer einsamer. Und wie viele Paare kennen Sie, in denen zumindest einer von beiden unglücklich ist?

Digital einsam. So könnten wir die Hauptgründe des Unberührtseins etwas provokant zusammenfassen. Traurig, aber wahr: Je älter wir werden, desto körper- und kontaktloser wird das Leben nicht selten. Kein Wunder, wenn wir lieber mit digitalen Dingen beschäftigt sind als mit real greifbaren und zudem immer weniger mit Menschen zusammen sind, mit denen wir Berührungen teilen wollen.

Bevor diese Station jedoch zur Teilnahme an einem Trauermarsch wird, biegen wir schnell ab zu den Vorteilen, die das Älterwerden uns zuteilwerden lässt. Denn eines lässt sich ganz klar festhalten: Die Wichtigkeit von Berührungen wird uns mit zunehmendem Alter immer deutlicher. Oftmals ist der Mangel sogar intensiv spürbar, wird zum tief verwurzelten Wunsch und hat somit die Chance, zum Impuls zu werden, mehr Berührung zu erfahren.

Das Beste daran: Während von unseren Sinnen im Alter das Sehen, Hören, Schmecken und Riechen nachlassen, wird das Fühlen nicht weniger. Im Gegenteil. Wir können Berührungen oftmals intensiver genießen als früher.

Vielleicht, weil sich dieser Sinn verstärkt, wenn die anderen nachlassen.

Wenn Sie selbst einmal einem »alten« Menschen die Hand gegeben haben, wird es Ihnen vielleicht aufgefallen sein: Der Händedruck dauert nicht selten länger als bei jungen Menschen. Meist nicht, damit sich die ältere Person bei Ihnen festhalten möchte. Vielmehr unbewusst, weil der Kontakt eben etwas Besonderes, Angenehmes ist.

Haben Sie sich auch schon gewundert, wenn alte Leute fremden Kindern auf dem Spielplatz oder im Café den Kopf getätschelt oder sie an der Wange gestreichelt haben? Es gibt unzählige Situationen, in denen man sehen und spüren kann, wie sehr sich gerade Ältere über Berührungen freuen, sie förmlich herbeisehnen, weil ihr Körper sie einzufordern scheint.

Wir selbst erleben es immer wieder, wie dankbar ältere Menschen, die wir auf unseren Lesungen, in der Nachbarschaft oder im Familienkreis treffen, für sehr langes Händeschütteln sind (manche möchten einen gar nicht mehr loslassen) und ebenso für Umarmungen. Oft will uns die oder der Umarmte gar nicht mehr hergeben, was uns signalisiert, dass es wohl kaum etwas anderes gibt, das so viel in Bewegung setzt wie eine Umarmung im Stehen. Jemandem seine Nähe zu schenken, seine (Herzens-)Wärme, kostet kein Geld, kaum Zeit und sollte auch keine Überwindung kosten. Ganz bewusst nehmen wir Ältere immer wieder in den Arm (natürlich nur, wenn wir sie kennen oder kennengelernt haben), weil wir wissen, dass die Älteren sich oftmals nicht trauen, diesen Wunsch zu äußern oder die Initiative zur Umarmung zu ergreifen. An ihrem Gesicht können wir jedoch jedes Mal ablesen, wie gut es ihnen getan und wie viel ihnen die Umarmung gegeben hat. Mit manchen Älteren kann so eine Umarmung dann auch gut und gern eine Minute dauern. Es gibt wohl wenig anderes, mit dem wir einem anderen Menschen in so kurzer Zeit so viel geben können.

Und tatsächlich ist hier etwas Wahres dran, denn unser Körper schüttet bei Berührungen das (Kuschel-)Hormon Oxytocin aus, das gegen Stress wirkt, den Blutdruck senkt, das Stresshormon Cortisol vermindert und sogar Ängste und Schmerzen verblassen lässt. Selbst im vegetativen Nervensystem lassen sich positive Auswirkungen nachweisen, wenn wir Berührungen erfahren.

Psychologen der Carnegie Mellon University in Pittsburgh fanden beispielsweise heraus, dass regelmäßige Umarmungen das Immunsystem stärken können und uns weniger anfällig für Erkältungsviren machen. Hierzu befragten die Wissenschaftler Probanden nach ihren sozialen Kontakten und infizierten sie dann mit Erkältungsviren. Die interessante Erkenntnis: Die Teilnehmer, die oft in den

35

Wer mal eine Sonnenfinsternis erlebt hat, wird nie vergessen, wie schnell es kalt wird auf der Welt. Leben braucht Sonne, Wärme und Licht. Daher galt in so vielen Naturreligionen die Sonne als Gott, Zentrum und Sicherheit. Vergessen wir das im Alltag nicht und lassen ihre Strahlen immer wieder in unser Leben, auf unsere (natürlich geschützte) Haut und in unser Herz.

Arm genommen wurden, bekamen seltener Schnupfen als andere. Ob sich daraus eine allgemeingültige Wahrheit ableiten lässt, wissen wir natürlich nicht. Aber eine schöne Vorstellung ist es allemal.

Zumal wir alle um die Wunderkraft der Berührungen wissen, wenn wir uns einmal an die Zeit vor unserer Geburt erinnern (nicht ganz einfach, zugegeben, aber sehr hilfreich). Bereits als Embryo reagieren wir etwa in der achten Schwangerschaftswoche auf erste Berührungsreize. Lange also, bevor wir hören oder sehen können.

Frühgeborene, die im Brutkasten liegen, nehmen bei gleicher Nahrungsaufnahme sogar mehr an Gewicht zu, wenn sie regelmäßig massiert werden. Und Säuglinge entwickeln sich besser, wenn sie häufig jemand auf den Arm nimmt. Wer mit seinen Kindern, den Patenkindern oder auch mit Tieren kuschelt, streichelt, sie liebkost, der weiß aus eigenem Erleben, welche Kraft der reine Körperkontakt zu geben vermag.

Und das Wunderbare hieran ist: Diese Kraft lässt auch im Verlaufe unseres Lebens niemals nach. Nur die Form, wie wir Berührungen aufnehmen, und was sie bei uns gezielt bewirken, verändern sich. Der Psychologe Martin Grunwald berichtet beispielsweise von psychologischen Experimenten, in denen sich Teilnehmer strategischer Spiele kooperativer verhalten, wenn sie einander berühren. Auch trauen sich Schüler eher an die Tafel, wenn der Lehrer sie bei der Aufgabenstellung ermunternd am Arm angefasst hat. Und Patienten nehmen ihre Medikamente eher ein, wenn der Arzt sie bei der Verschreibung kurz berührt hat.

Leipziger Forscher wiesen nach, dass sich bei Probanden sowohl Störungen der Informationsverarbeitung als auch das Stressempfinden immer dann verbesserten, wenn sie sich im Gesicht berührten, wenn ihr Arbeitsspeicher ausgelastet war und das Hirn Zeichen emotionaler Belastung zeigte.

Wem dies alles nicht ganz geheuer vorkommt, dem empfehlen wir einen Blick in die Alten- und Krankenpflege. Hier ist körperliche Nähe seit vielen Jahren ein fester Bestandteil von Therapie- und Versorgungskonzepten geworden. Nicht ohne Grund: Berührungen vermitteln ohne Worte das so wichtige Gefühl, gut aufgehoben zu sein, sich fallen lassen zu können, vertrauen zu dürfen. Sie geben Halt, Sicherheit und laden den Akku wieder auf. Manchmal können sie sogar für ein Gefühl von Lebendigkeit sorgen.

Erzieher entdecken Berührungen immer mehr als pädagogisches Mittel, mit dem man Kinder trösten, motivieren und beruhigen kann. Ganz bewusst ist es Standard an manchen Schulen, dass die Lehrer die SchülerInnen vor Schulbeginn per Handschlag begrüßen. Sie geben ihnen damit nicht nur das Gefühl, wahrgenommen zu werden und ein echter Teil von etwas zu sein. Die Kinder spüren durch diese kleine Geste auch, dass sie angekommen, angenommen und willkommen sind.

Die Macht der Berührungen ist glücklicherweise allseits zu erleben, wenn wir unser Augenmerk darauf richten. Im Großen wie im Kleinen. Im Sichtbaren, wie im Verborgenen. In schönen Momenten, wie in traurigen. Wer einen geliebten Menschen beispielsweise einmal zum Flughafen gebracht hat, um ihn dort, für eine längere Zeit zu verabschieden, der weiß um den Sog, den eine Umarmung auslösen kann. Manchmal können wir solchen innigen Momenten sogar noch Tage oder Wochen später nachspüren, einfach, weil sie uns ganz tief berührt haben.

Je älter wir werden, desto besser können wir Momente intensiver Berührungen genießen. Auch, weil sie rarer werden und wir das Gefühl haben, sie festhalten und so lange wie möglich genießen zu wollen. Im Alter entdecken wir nicht selten eine ganz neue Seite an uns.

Manche Menschen, die früher Probleme damit hatten, andere zu umarmen, suchen regelrecht nach einem »Drücker«. Eltern, bei deren Kindererziehung Strenge die Regel und Kuscheleinheiten die Ausnahme waren, blühen als Großeltern nicht selten auf und genießen das Kuscheln mit ihren Enkeln. Filme oder Lieder, die früher an einem »vorbeirauschten«, sorgen auf einmal für Momente der Rührung, für Tränen in den Augenwinkeln. Manches geht einem im Alter näher, berührt mehr.

Innere und äußere Berührungen scheinen im Alter zu einer der wichtigsten (Kraft-)Tankstellen zu werden, an denen man sich gern und ausgiebig bedienen möchte. Möglich ist dies natürlich nur, wenn auch Menschen zum Berühren in unserer Nähe sind und diese den Körperkontakt auch wollen. Ob das Händchenhalten des Partners beim Spazierengehen, das Vorlesen mit dem Enkel auf dem Schoß oder das innige Begrüßen und Verabschieden. Möglichkeiten, zu berühren oder sich berühren zu lassen, gibt es unzählige.

In der Sexualität natürlich auch. Sicherlich verändert sie sich, wie vieles andere auch, mit den Jahren. War für manche in jungen Jahren noch der reine Geschlechtsverkehr das alleinig Selige und das Kuscheln davor oder danach eher störend als schön, ändert sich unser Verhältnis zur Zärtlichkeit im Lebenslauf.

Könnte es sein, dass die allgemeine Lust auf körperliche Aktivitäten weniger wird, weil unser Drang und unsere Möglichkeit zur Fortpflanzung schwinden, wir körperlich »verfallen« und somit auch unsere scheinbare körperliche Anziehungskraft? Oder ist es der stärker werdende

Wunsch nach intensivem, länger anhaltendem Kontakt, der den rein körperlichen Trieb in den Hintergrund rücken lässt, ihn irgendwann vielleicht sogar verdrängt?

Möglicherweise ist es das zunehmende Bewusstsein, dass ein kurzzeitiger heißer Höhepunkt zwar schön ist, ein inniger Kontakt hingegen jedoch lang anhaltende Wärme verströmt. Intimität heißt das Zauberwort des Alters, weil es uns Geborgenheit gibt, Sicherheit und das sichere Gefühl, so akzeptiert zu werden, wie wir sind. Ist es ein Zufall, dass wir Intimität nur durch Nähe und Berührung geben und erhalten können?

Vielleicht ist dieses ganze Wissen um die Wichtigkeit von Berührungen ja auch das simple Erfolgsgeheimnis der »neuen« Gesundheitsbranche, die sich seit Jahren über wachsendes Interesse und damit auch über steigende Umsätze freut.

Wellnessbehandlungen, Massagen und Co. Wer sich bewusst macht, dass bei einer Massage allein auf dem Rücken einige Hunderttausend Rezeptoren angeregt (erregt) werden, was einen gigantischen biochemischen Strom auslöst, der das Gehirn durchflutet und über das Blut hilfreiche Substanzen in den Körper pumpt, der kann selbst für viel Glück sorgen.

Probieren Sie es doch einfach aus. Sie haben das Wundermittel schließlich im wahrsten Wortsinn selbst in der Hand. Was gibt es Schöneres, als mit ein wenig Fingerspitzengefühl für ein Spitzengefühl zu sorgen. Bei uns selbst und bei anderen. Suchen wir nach unseren »Wärmflaschen-Menschen«, die wir nicht mehr loslassen wollen, und sind wir selbiges für sie. Berührungen kosten kein Geld, manchmal nur den Mut, sie sich offen zu wünschen und sie anderen von Herzen und aus eigenem Wollen zu geben.

Wofür sonst haben wir ein Herz, wenn wir nicht darauf hören?

KAPITEL 8

Frei wie noch nie

Was würden Sie tun, wenn Sie vollkommen frei wären? Würde sich Ihr Leben verändern, wenn Sie sich aus allen auf der Welt verfügbaren Möglichkeiten frei bedienen könnten? Wenn ausschließlich Sie über sich und Ihre Zeit verfügen dürften, ohne irgendjemanden um Erlaubnis fragen, auf andere oder anderes Rücksicht nehmen zu müssen? Wie würde Ihr Leben aussehen, wenn Sie sich Ihre Welt zu einhundert Prozent genau so »bauen« könnten, wie sie Ihnen gefällt?

Wenn Sie an dieser Stelle das Bedürfnis verspüren, das Buch zuzuklappen, um über diese inspirierenden Fragen zu sinnieren, tun Sie es. Wir alle verbringen viel zu wenig Zeit mit den drei, neben »Ich liebe dich«, wohl wichtigsten Worten der Welt: *Was will ich?*

Schwer verständlich, zumal wir doch bereits (fast) alle Freiheiten unser Eigen nennen, um aus dem Baukasten des Lebens die besten Teile nach unserem Gusto zusammenzustellen. Und, das als kleines Appetithäppchen vorweg, unsere Freiheiten wachsen im Laufe unseres Lebens sogar noch an. Wir wären töricht, würden wir diese Chancen nicht mit Händen greifen.

Und dies ist notwendig, denn auch, wenn wir es oftmals nicht bewusst wahrnehmen: Freiheit ist neben Liebe und Gesundheit das wohl höchste Gut, das uns zuteilwerden kann. Nicht grundlos gilt Freiheit als ein elementarer

Glücksfaktor und hat neben Einigkeit und Recht sogar einen Platz in der deutschen Nationalhymne gefunden. Für manche ist Freiheit gar das Fundament, auf dem alles andere fußt, ohne das Glück erst gar nicht möglich wäre.

Verständlich, denn wer unfrei ist oder sich unfrei fühlt, ist mit existenziellen Themen beschäftigt. Unfreie Menschen lassen oftmals andere über ihr Leben und Glück entscheiden, sind Getriebene, keine Treibenden. Leben in Abhängigkeiten und folgen fremden, von anderen vorgegebenen Richtungen, weswegen sie niemals dort ankommen, wo sich ihr Glück befindet, nämlich bei sich selbst. Doch genau das bedingt das »Frei sein«: Nahe bei sich und dem sein, was einen erfüllt.

Ein wahrhaft freier Mensch fühlt sich wie ein Adler hoch oben in der Luft: unabhängig, beschwingt, selbstbestimmt dorthin fliegend, wohin er es möchte, nicht wohin ihn der wechselhafte Wind verschlägt. Denken, sagen und tun können, was man will, und das so oft wie möglich, das bedeutet es, frei zu sein. Stets im Sinne des Guten, wohlgemerkt. Niemand sollte die eigene Freiheit dazu nutzen, um die Freiheit anderer zu verletzen. Auch frei zu sein heißt Verantwortung zu übernehmen für sich, andere, unsere Welt.

Aber ist es überhaupt möglich, wirklich frei zu sein?

Die Chancen dafür stehen heute auf jeden Fall besser als jemals zuvor in der Menschheitsgeschichte, denn Freiheit, genauer ihre Bedeutung, hat sich im Laufe der Zeit gravierend verändert.

In der griechisch-römischen Antike beispielsweise war Freiheit fast ausschließlich die Frage, ob man jemandem »gehörte«, eines anderen Untergebener war. Freiheit war kein per Geburt erhaltenes Gut für alle. Nur die Gebildeten und die Oberschicht kamen in den Genuss eines

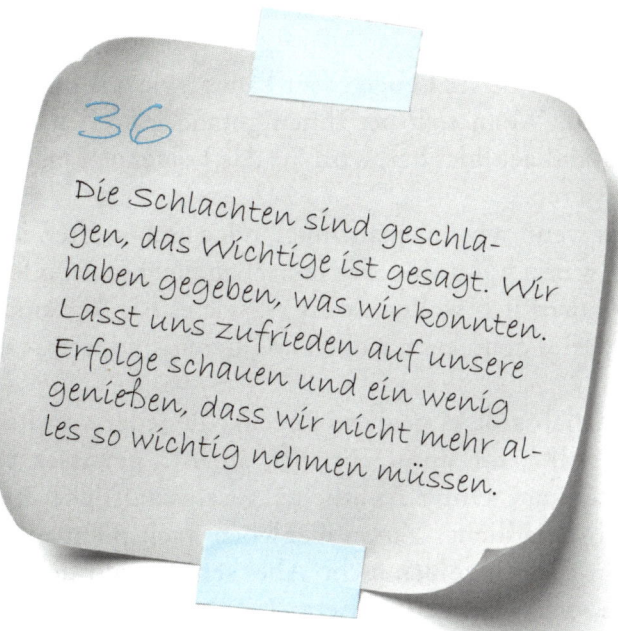

36

Die Schlachten sind geschlagen, das Wichtige ist gesagt. Wir haben gegeben, was wir konnten. Lasst uns zufrieden auf unsere Erfolge schauen und ein wenig genießen, dass wir nicht mehr alles so wichtig nehmen müssen.

(körperlich) freien Lebens. Auch, weil große Teile der Bevölkerung als Sklaven oder Leibeigene für sie arbeiteten und ihnen Freiräume schafften.

Heute ist unser Leib und Leben, zumindest bei uns in Europa, nicht mehr gefährdet. Wir können zu Großteilen selbst entscheiden, wie wir leben. Der existenzielle Aspekt von Leben und Tod, Herr oder Diener hat sich seit dem ausgehenden Mittelalter erweitert. Damals begann sich die Erkenntnis langsam in Taten umzusetzen, dass der Mensch kein Eigentum anderer ist, sondern nur sich selbst »gehört«. Unzählige Menschen wie Martin Luther oder Friedrich Schiller widmeten sich diesem Thema, das ab der Zeit der Aufklärung dann immer weitere Aspekte dazugewann.

Heute leben wir in schier unendlicher Freiheit. Wir können studieren, was wir möchten. Jeden Beruf dieser Welt ergreifen, der uns interessiert. Uns ausführlich über alles informieren. Unser Leben so aufbauen, wie wir es für richtig halten. Wenn sich bei Ihnen gerade innerlich leichter Widerstand gebildet hat, wird Sie das Folgende umso mehr interessieren.

Auch wenn wir uns manchmal, oder immer öfter, so fühlen, als wären wir unfrei, könnten eben nicht sagen oder tun, was wir wirklich wollen, so ist es, wie es ist: Wir sind frei, wenn wir es denn auch wollen und bereit sind, etwas dafür zu tun.

Natürlich gibt es gewisse Regeln, die jeder von uns beachten sollte, die unsere Freiheit auch in gewisser Weise einschränken. Ohne rechtliche, gesellschaftliche Regeln wäre ein friedliches Zusammenleben auch nicht möglich, auch für den Einzelnen nicht. Aber schauen wir doch kurz auf die vielen Bereiche unseres Lebens, in denen wir frei sind, uns dessen vielleicht aber nicht immer so bewusst, wie wir es sein sollten.

Oder hat Sie irgendjemand dazu gezwungen, Ihrer heutigen Arbeit nachzugehen, zu heiraten, Kinder zu kriegen (oder nicht), Ihre Wohnungseinrichtung zu kaufen, sich mit diesem oder jener zu befreunden oder in diesem Moment dieses Buch zu lesen?

Wir hoffen doch sehr, dass dies nicht der Fall war. Zugegeben: Manches, was Sie gern hätten, haben Sie vielleicht nicht. Anderes ist ein Kompromiss, des (fehlenden) Geldes oder der Vernunft geschuldet. Von manchen Zielen, die Sie erreichen wollen, sind Sie noch weit entfernt. Mag sein. Frei zu sein heißt auch nicht zwangsläufig, alles zu besitzen, was man will, ein maßloses Leben zu führen, in jeder Sekunde in Perfektion zu schwelgen.

Freiheit bedeutet vor allem, sich seiner Möglichkeiten bewusst zu werden. Was würden Sie sagen: Ist jemand, der finanziell frei ist, also der über deutlich mehr Geld verfügt, als er in seinem Leben ausgeben wird, frei? Oder ist er ein Gefangener seines Vermögens, weil er sich darum sorgt, sich darum kümmern muss und Verlustängste besitzt? Weder noch. Es ist alles eine Frage der richtigen Betrachtung.

Freiheit ist weder für alle gleich noch Zufall oder ein Automatismus. Freiheit bedingt etwas. Genauer: zweierlei. Das Beste vorweg: Mit beidem steigen im Alter die Chancen, dass wir täglich ein kleines Stückchen freier werden.

Die äußere Freiheit

Was in Ihrem Umfeld hindert Sie daran, frei zu sein? Welche Umstände halten Sie klein, engen Sie ein? Was auch immer es sein mag: Die Mehrzahl aller gewichtigen Faktoren fällt entweder komplett weg, je älter wir werden, oder fällt weniger ins Gewicht. Sehen wir uns kurz einige von ihnen an.

Unser Ich

Waren wir als Kind nur sehr begrenzt frei, weil wir die Vorgaben unserer Eltern, Lehrer oder anderen Erwachsenen befolgen mussten, verringern sich die Abhängigkeiten mit jedem neuen Lebensjahr. Wir werden praktisch qua Alter unabhängiger. Und das nutzen wir in vielerlei Hinsicht aus, oftmals ganz automatisch, ohne es als Freiheit zu empfinden.

Was wollten Sie als Kind unbedingt machen, wenn Sie endlich achtzehn werden würden? Wenn Sie Ihre eigene Wohnung hätten, eigenes Geld verdienten? Manches, was Sie sich als kleiner Knirps ausdachten, werden Sie gemacht haben. Vieles andere mehr ebenso. Sind wir einmal auf den Geschmack der Freiheit gekommen, lassen wir meist nicht mehr davon ab, weil jeder von uns tief in seinem Innersten frei sein will. Je älter wir werden, desto eher trauen wir uns, das zu tun, was wir wollen.

Unsere Partnerschaft

Je länger Sie mit Ihrer Partnerin/Ihrem Partner Seite an Seite durchs Leben gehen, desto besser werden Sie sich kennen. Sie wissen, was ihn oder sie auf die Palme bringt, was er oder sie mag oder sich wünscht. Irgendwann ist man eingespielt, nimmt Sätze, die einen früher massiv geärgert haben, leichter, kann einander sagen, was man denkt, und lässt dem anderen die Freiheit, die er braucht.

Befragt man Paare, die schon mehrere Jahrzehnte miteinander verbracht haben, nach ihren Erfolgsrezepten, hört man natürlich auch hier so unterschiedliche Antworten wie bei unseren »Superalten« zu Beginn dieses Buches.

37

Wie schön ist es, nicht mehr alles zu beurteilen. Zu wissen, dass das Leben so vielfältig ist wie unser aller Geschichten und Gesichter. Wir können es nehmen und uns daran freuen, wie es ist, und brauchen uns nicht mehr an unserem Beitrag dazu messen zu lassen.

Bekäme man die undankbare Aufgabe gestellt, etwas Wichtiges zu finden, das alle Paare, die sehr lange zusammen sind, unterschreiben würden, käme vielleicht dieser Satz dabei heraus: »In Liebe und Freiheit miteinander verbunden sein.«

Unsere Familie

Wer Kinder hat, sehnt diesen einen alles verändernden Moment entweder herbei oder fürchtet sich davor: der Auszug der Kinder aus dem Elternhaus. Irgendwann ist es so weit und die Kinder werden flügge, verlassen das elterliche Heim und werden selbst irgendwo sesshaft, finden eine zweite, eigene Heimat. Spätestens dann wird die neue Freiheit sichtbar. Nicht in den leeren Räumen, vielmehr im entstandenen Raum, den wir dann für uns und unsere Bedürfnisse genau so nutzen können, wie wir es wollen.

Unser Beruf

Sicherlich nicht alle, doch viele von uns dürfen sich noch darüber freuen, im Laufe ihres beruflichen Lebens irgendwann etabliert zu sein. Im Unternehmen, der Abteilung, der eigentlichen Arbeit, bei Kunden. Es kommt der Zeitpunkt, ab dem man niemandem mehr etwas beweisen muss. Bedurfte es in jüngeren Jahren noch vielerlei Mühsal und Zeit, zuerst einmal seinen Beruf zu erlernen, sich peu à peu weiter zu qualifizieren, und später für seine Leistungen auch anerkannt zu werden, genießen Ältere oftmals den anerkannten Ruf der Erfahrung, des hilfreichen Rats.

Je länger wir »dabei« sind, desto besser beherrschen wir das, was wir tun, brauchen oftmals weniger Zeit, entgehen diversen Stressfaktoren. Im besten Fall sehen wir die knappen zwei Drittel unserer bewussten Lebenszeit nicht als »Muss-Zeit« an, sondern als »Genuss-Zeit«. Vielleicht ist unser Beruf sogar unsere Berufung und fühlt sich eher nach Erfüllung an als nach Abarbeiten. Wie auch immer: Spätestens mit dem Renteneintritt sind die beruflichen Verpflichtungen Geschichte, hört die Zukunft auf den Namen: Freizeit.

Ganz nebenbei: Ist es ein Zufall, dass sich Freizeit von Freiheit in nur einem Buchstaben unterscheidet?

Unser Umfeld

Sind wir in jungen Jahren noch damit beschäftigt, uns ein soziales Umfeld aufzubauen, haben wir dies irgendwann – zumindest zum Großteil – gefunden. Natürlich dürfen auch im reiferen Alter unsere Freunde wechseln und neue Bekanntschaften dazukommen. Der menschliche Kern der eigenen Heimat ist jedoch vorhanden und gibt uns Halt.

Entgegen mancher Vorstellung, dass Freiheit ausschließlich Flügel besitzt, mit denen sie sich frei überall hin bewegen kann, kann man ohne Wurzeln nicht wirklich frei sein. Wer nicht weiß, wer er ist, wo er hingehört, was ihn erdet, der irrt irgendwann ziellos umher in den unendlichen Weiten der Freiheit.

Vielleicht fühlen wir uns gerade dann frei, wenn uns ein menschliches Umfeld umgibt, das uns Sicherheit gibt, das Gefühl, wir selbst sein zu können.

Unsere Finanzen

Auch beim Geld gibt es natürlich nicht *die* eine Feststellung, aber an Geld und Vermögenswerten herrscht bei den meisten Menschen in unserer Gesellschaft zumindest kein existenzbedrohender Mangel. Im Laufe des Lebens haben sich viele etwas fürs Alter zurückgelegt und müssen sich, in der Regel, in der nachberuflichen Phase kein Geld für die Sicherung des Lebensunterhalts dazuverdienen.

Hatte man während der Berufstätigkeit noch Sorge, ob man später gut über die Runden kommen würde, weiß man es irgendwann aus eigenem Erleben. Auch dies trägt ein Stück Freiheit in unser Leben. Ebenso wie die Gewissheit, dass niemand etwas ins nächste Leben mitnehmen kann (zumindest nichts Materielles). Wäre es nicht wunderbar, wenn es uns gelingen würde, am letzten Tag unseres Lebens unseren Kontostand auf null Euro »abgelebt« zu haben (die Kosten für Beerdigung, Geld für die Kinder/ Enkel und Co. schon abgezogen)? Zumindest würde dies bedeuten, dass wir unser Geld vorher ins Leben zurückgetauscht und es somit hoffentlich sinnvoll eingesetzt hätten.

Weitere Beispiele könnten problemlos noch viele Seiten füllen, doch das Ansinnen an dieser Station ist bereits klar geworden: Je älter wir werden, desto weniger äußerer Druck wirkt auf uns ein. Natürlich kann es sein, dass wir uns, so die Kinder aus dem Haus sind, um die vielleicht pflegebedürftigen Eltern kümmern müssen. Oder dass sich andere Dinge ereignen, die Stress verursachen, uns bedrücken und gefangen nehmen.

Im Großen und Ganzen jedoch dürfen wir uns immer mehr unseren Bedürfnissen, Zielen und Wünschen zuwenden. Die Chancen, freier zu werden, steigen mit den Jahren. Doch was bringen uns die äußeren Möglichkeiten, wenn es in unserem Inneren nicht »klick« macht?

Die innere Freiheit

Eine uralte Weisheit besagt, dass das Außen das Innen beeinflusst und umgekehrt. Diese Wechselwirkung des Lebens ist extrem hilfreich, wenn wir sie mit der Erkenntnis zusammenbringen, dass sich Freiheit erst entfalten muss.

Dann nämlich entsteht automatisch die Frage:
Was können wir tun, um freier zu werden?
Und zwar innen, wenn wir das Außen nicht in dem Maße verändern können, wie es unser Freiheitsgefühl verlangt. In aller Kürze:
Wir können uns frei machen.
Frei vom stressenden Erwartungsdruck. Stellen Sie sich bitte alle für Sie wichtigen Menschen nebeneinander in einer langen Reihe vor. Fangen Sie bei irgendjemand an und fragen Sie sich, welche Erwartungen dieser Mensch (bewusst oder unbewusst) an Sie besitzt beziehungsweise was Sie denken, was er von Ihnen erwartet? Was erwarten sie alle: Ihr Partner/Ihre Partnerin, Kinder, Eltern, Freunde, der Chef, Kolleginnen und Kollegen, Kunden, Nachbarn ...?

Schreiben Sie es auf einen imaginären Zettel, den die betreffende Person dann vor sich hält, und gehen Sie die Reihe durch, bis jeder einen Zettel in Händen trägt. Vielleicht erschrecken Sie beim – zumindest geistigen – Anblick ob der Masse sichtbarer an Sie gerichteter Erwartungen. Zu Recht, denn Erwartungen, die andere an uns stellen, sorgen bei uns meist für Druck und erhöhten Herzschlag.

Und wissen Sie, was das Merkwürdige daran ist: Die überwältigende Mehrheit von uns erdachter Erwartungen stresst uns vollkommen vergebens. Wenn Sie Ihre »Zettelhalter« fragen würden, was sie von Ihnen erwarten, bekämen Sie sicherlich häufig »Gar nichts. Wieso fragst du?« entgegnet. Das heißt nicht, dass sie von Ihnen wirklich nichts erwarten. Vielleicht können sie es nicht artikulieren und wüssten es erst, wenn Sie sich entgegen ihrer Erwartungshaltung verhalten würden.

Wie auch immer: Wenn wir uns frei machen vom eigenen Erwartungsdruck und dem (oft fiktiven) der anderen, wächst Freiheit in unserem Leben.

Frei von einengenden Gewohnheiten. Der Mensch ist ein Gewohnheitstier. Sicher kennen Sie diesen Ausspruch. Und es ist viel Wahres dran. Etwas, das wir regelmäßig erledigen, gibt uns Sicherheit. Manches davon engt uns aber auch ein, weil wir es nicht tun, weil es uns nützt, sondern weil es eine Gewohnheit ist, über die man nicht nachdenkt. Je mehr Gewohnheiten wir zulassen, die uns von dem abhalten, was wir eigentlich wirklich wollen, desto weniger Glücks-Freiraum steht uns zur Verfügung.

Lassen Sie sich von einengenden Gewohnheiten nicht fesseln. Finden Sie die störenden Gewohnheiten in Ihrem Leben und stellen Sie sie ab. Sie sparen sich Zeit, Nerven und lassen Luft in Ihren Alltag, den Sie für anderes sinnvoller nutzen können. Aber Vorsicht: Stellen Sie Ihren Alltag im Alter nicht komplett auf den Kopf und machen alles neu. Veränderungen sind gut, in Maßen. Ihre lieb ge-

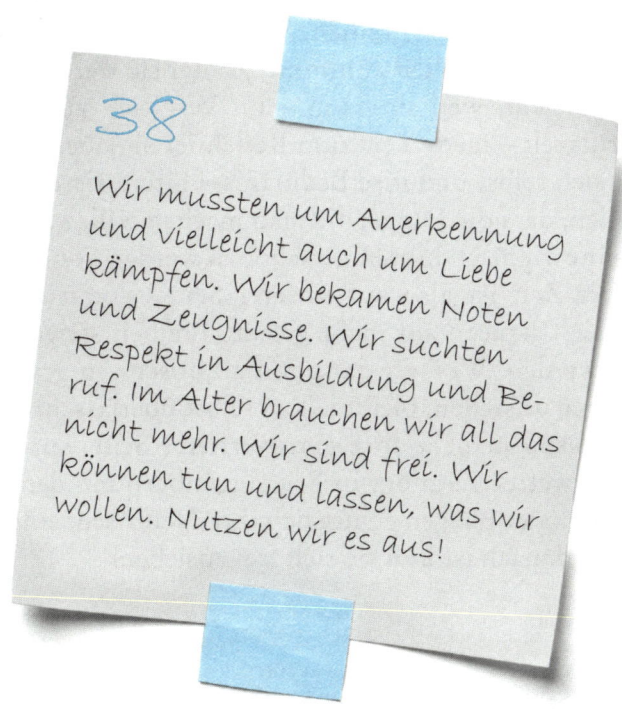

38

Wir mussten um Anerkennung und vielleicht auch um Liebe kämpfen. Wir bekamen Noten und Zeugnisse. Wir suchten Respekt in Ausbildung und Beruf. Im Alter brauchen wir all das nicht mehr. Wir sind frei. Wir können tun und lassen, was wir wollen. Nutzen wir es aus!

wonnenen Gewohnheiten dürfen Sie gern behalten. Auch, weil sie Ihnen Sicherheit geben, das Gefühl des Bekannten, Kalkulierbaren. Nicht umsonst wird Ordnung vielen Menschen im Alter immer wichtiger.

Aber Vorsicht: Ältere Menschen sind nicht selten »Verplanungs-Meister«. Vielleicht kennen Sie auch RentnerInnen, die niemals Zeit haben, weil jeder Tag der Woche verplant und durchgeplant ist. Nicht selten kommen wir, meist sogar übergangslos, von einem Hamsterrad ins nächste. Zu viel des auch selbst geschaffenen Guten engt uns jedoch ein, weil wir uns in solchen Fällen, wie zu Berufszeiten, den Kalender vollschaufeln und für das, was das Alter ausmacht, keinen Freiraum lassen: die Freiheit, nichts tun zu müssen und spontan sein zu können.

Schon der Philosoph Georg Wilhelm Friedrich Hegel definierte Freiheit als eine Phase ohne Zwang, die bedingt ist durch das Verständnis, zu wissen, wie man denkt, handelt und funktioniert. Ohne Bewusstsein über sich selbst entsteht also keine Freiheit. Wie gut, dass das Bewusstsein bei vielen Menschen zunimmt, je älter sie werden.

Vielleicht, weil sie dann – im Vergleich zur stressigen Berufszeit – mehr Zeit zum Reflektieren haben, sich mehr für sich selbst und ihre Bedürfnisse interessieren oder feststellen, dass die Dinge, die man machen will, zeitlich nicht mehr ewig nach hinten verschoben werden können.

Die Zeit ist also auf unserer Seite, womit zwangsläufig die Chancen auf mehr gelebte Freiheit steigen, je älter wir werden. Was wir dann mit all unser neu gewonnenen Freiheit anstellen, bleibt jedem selbst überlassen. Vielleicht entdecken manche ihre extrovertierte Seite, springen bei Regenwetter vergnügt in Pfützen, albern mit dem Partner herum oder pflegen genüsslich ihre Neurosen, einfach weil ihnen danach ist und sie sich frei ausleben.

Andere wiederum leben ihre introvertierte Seite aus, indem sie an besonderen Orten schweigend im Hier und Jetzt versinken oder anderen in illustrer Runde aufmerksam zuhören.

Nähern wir uns der möglichen Freiheit, indem wir uns unsere äußeren Möglichkeiten vergegenwärtigen. Und lassen wir die innere Gewissheit zu, mit jedem neuen Lebensjahr immer besser zu wissen, wer wir sind und was das Richtige ist: Für uns und unsere Freiheit.

Wie auch immer wir uns in Gedanken, Worten und Taten frei durchs Leben bewegen: Genießen wir es und verweilen wir kurz bei einem Ausspruch von Immanuel Kant, der befand, dass Freiheit nur durch Vernunft möglich sei, es ohne freien Willen keine Freiheit gäbe. Also:

Was wollen Sie?

KAPITEL 9

Wunderwerk Körper

Kraftlos, faltig, unattraktiv? Unser Körper muss so einiges ertragen, wenn man von seinem Zustand im Alter spricht oder über ihn schreibt. Verständlich, da er das Erste ist, das man von uns Menschen sieht, und das Einzige, das wir zeit unseres Lebens immer und überall dabeihaben. Unser Körper spielt für uns im wahrsten Sinne eine tragende Rolle. Natürlich auch beim glücklichen Altern.

Damit keine falschen Erwartungen entstehen: Es folgen weder Gesundheitstipps noch neueste tiefenmedizinische Erkenntnisse. Hierzu gibt es wahrlich genug Literatur, man könnte meinen, fast zu viel, weil man gar nicht mehr weiß, was man wann wie essen und wie man sich wie oft womit bewegen sollte. Auch haben wir leider keine Zaubersubstanz gefunden, die unsere Zellteilung, die uns überhaupt am Leben erhält, bis in die Unendlichkeit möglich macht.

Nein. Wir suchen stattdessen lieber nach hilfreichen Leitplanken, die uns beim glücklichen körperlichen Altern Orientierung geben und stützten können. Aber vorher sollten wir klären, ab wann wir eigentlich zu altern beginnen? Natürlich ab unserer Geburt. Aber ab wann so richtig sicht- und spürbar?

Einen exakten definierbaren Zeitpunkt hierfür gibt es nicht. Dazu ist jeder Mensch trotz gleichen »Bauteilen« dann doch anders gestrickt und lebt auf seine einzigartige Weise. Über den Daumen gepeilt, kann man dennoch konstatieren, dass wir um unseren dreißigsten Geburtstag herum einen großen Wendepunkt durchleben, weil dann die meisten unserer Körperfunktionen ihren Höhepunkt erreichen. Danach geht es bis zum Lebensende bergab. Zwar nicht im Eiltempo, eher langsamer als von vielen gedacht, aber dennoch kontinuierlich.

Unser größtes Organ, die Haut, verliert beispielsweise immer mehr an Elastizität und Festigkeit, was sich irgendwann in Form von Falten, Trockenheit und dünnerer Haut zeigt. Auch unsere Zellen brauchen immer länger, um sich zu erneuern. Die Muskelmasse baut über die Jahre ab, wenn wir nicht dagegen steuern. Kraft und Beweglichkeit lassen nach. Unser Stoffwechsel verlangsamt sich, Körpergewicht und Körperfettgehalt nehmen schneller zu als früher (und als uns lieb ist), während die Knochendichte abnimmt, unsere Knochen spröder, brüchiger werden.

Auch die Aktivität unseres Immunsystems nimmt mit zunehmendem Alter ab. Es werden weniger Antikörper gebildet, die Wundheilung verzögert sich, Verletzungen bleiben länger da als früher. Altersweitsichtigkeit und Schwerhörigkeit können uns besuchen kommen, um zu bleiben. Die Haare fallen aus, werden grau, weil Melanin, das dem Haar die Farbe gibt, nach und nach die Arbeit einstellt. Und dergleichen mehr.

Und wie geht's Ihnen? Haben Sie noch Lust zu altern? So verdichtet und auf den Punkt gebracht, mag die Entwicklung unseres Körpers Furcht einflößend klingen. Er ist es aber nicht per se. Der menschliche Körper funktioniert einfach so. Und das aus gutem Grund, was vielen Menschen dennoch Schwierigkeiten bereitet. Auch weil wir grundsätzlich so unsere Probleme mit Veränderungen haben. Vor allem, wenn sie uns selbst betreffen und wenn sie zu unserem Nachteil zu sein scheinen. Bei Worten wie

»langsamer«, »weniger« oder »verlieren« schwingt für uns immer der Klang des Versagens, des Misserfolgs mit. Vielleicht fürchten sich daher manche vor dem Altern, weil ein alternder Körper für sie nicht nach Erfolg, Gesundheit und Glück aussieht.

Stopp! Es ist Zeit für eine Imageverbesserung, denn unser Körper ist – auch oder vor allem im Alter – viel besser, als er manchmal aussehen mag.

Ja, es stimmt: Mit zunehmendem Alter verlangsamen sich die Prozesse in unserem Körper, und er wird weniger leistungsfähig. Ein Zwanzigjähriger ist im Normalfall schneller und stärker als ein Neunzigjähriger. Entscheidend ist aber vielmehr die Frage, wie viel Leistung wir im Alter überhaupt brauchen?

Vergleichen wir unseren Körper mit einem Auto. Einen

39

Alter ist kein Schicksal. Ob durch Kraft-, Beweglichkeits- oder Gedächtnistraining, gesunde Ernährung, Omega-3 Fettsäuren, Kontrolle oder Arbeit an den eigenen Grundeinstellungen – wir bestimmen mit, wie alt wir sind und uns fühlen. Was die Ärzte immer wieder so schön als »altersbedingt« bezeichnen, ist es nur zum Teil.

Sportwagen brauchen Sie nicht wirklich, wenn Sie nur innerstädtische Kurzstrecken fahren. Dreihundert Pferdestärken unter der Haube mögen sich für manche nach purer Ekstase anhören. In Dreißiger- oder Fünfziger-Zonen bringen sie Sie aber auch nicht schneller voran als ein »normales« Automobil.

Übertragen wir dies auf unseren alternden Körper, heißt dies, dass wir später vielleicht nicht mehr aus dem Stand einen Marathon laufen können (kann man in jungen Jahren übrigens auch nicht). Bestzeiten bei Wettkämpfen, Waschmaschinen in den fünften Stock schleppen, Sandsäcke vierhundert Meter weit tragen oder Sechzehn-Stunden-Arbeitstage liegen dann auch nicht unbedingt in unserem körperlichen Leistungsspektrum.

Aber muss das unbedingt sein? Weniger Druck, mehr Gelassenheit hilft uns auch bei unserem Körper.

Die meisten älteren Menschen besitzen unter anderem nicht umsonst noch ausreichend Muskelmasse und -stärke, um alle notwendigen Aufgaben auszuführen. An dieser Stelle müssten Sie das Buch eigentlich in die Luft werfen und einen Freudentanz aufführen. Unser Körper versucht tatsächlich alles, damit wir auch dann, wenn seine Leistungskraft sinkt, noch so gut wie möglich mit ihm durch die Tage kommen (wenn wir ihn nicht daran hindern).

Und es hat sicherlich nicht nur einen biologischen Sinn, dass er seine Funktionsweisen nur sehr langsam, teilweise über Jahre und Jahrzehnte hinweg, herunterfährt. Er hätte ja auch so programmiert sein können, dass ab einem Tag X einzelne Organe komplett ausfallen oder die Leistung insgesamt auf fünfzig Prozent fällt. Ist er aber nicht. Was für ein Glück für uns.

Trotz der stetigen Abnahme ist die Funktion der meisten Organe ausreichend für unser Leben. Im Gegensatz zu ganz frühen evolutionären Zeiten müssen wir nicht mehr zwanzig oder dreißig Kilometer am Tag zu Fuß zurücklegen, um Nahrung zu finden. Unser Körper ist jedoch noch immer darauf ausgelegt. Dadurch haben die meisten Organe auch eine erheblich größere Kapazität, als wir abfordern. Unser Körper verfügt über stille (Funktions-)Reserven. Und auch seine unglaublichen Selbstheilungskräfte bleiben bis ins hohe Alter bestehen. Sie brauchen hier und da nur mehr Zeit und ein wenig (Nach-)Hilfe.

Dass körperliches Altern ein ganz natürlicher Prozess ist, wird jedem klar sein. Selbst Prominente altern übrigens. Auch, wenn man es ihnen manchmal nicht ansieht. Gegen die Natur ist, zum Glück, für niemanden ein Kraut gewachsen. Daher ist es nur folgerichtig, die grundsätzlichen Veränderungen des Körpers, ob männlich oder weiblich, als normal anzusehen und sie anzunehmen. So wie wir uns über den natürlichen Lauf der Natur freuen, können wir doch auch den Lauf unseres Körpers annehmen und ihn als das ansehen, was er ist: natürlich. Genau wie die Jahreszeiten: Zuerst verfärbt sich das Laub an den Bäumen, dann wird es abgeworfen. Ganz wie in der Natur: Manches fällt weg, wie im Winter das Laub oder im Sommer der Schnee, dafür gesellt sich Neues hinzu.

Übrigens: Manchmal überrascht uns unser »neuer Körper« sogar positiv, zum Beispiel, wenn uns andere Menschen jünger schätzen, als wir sind. Mal ganz ehrlich: Wer von uns freut sich nicht darüber, ist es doch nicht nur ein Kompliment, dass wir uns für unser Alter gut gehalten haben, sondern auch ein sichtbarer Ausdruck unseres Inneren, nach dem wir uns oftmals einige Jahre jünger fühlen, als es unser Geburtsjahr vorgibt.

Also: Sehen wir lieber das Gute am körperlichen Altern. Zum einen versetzen uns die jahrzehntelangen Erfahrungen mit unserem Körper in die Lage, ihn besser verstehen zu können als jeder andere. Wir wissen, was ihm und uns guttut und was nicht. Wir können immer besser akzeptieren, was nicht so gut funktioniert wie früher oder wie bei anderen, sind in der Lage, besser in uns hineinzuhorchen, und spüren deutlicher als in jungen Jahren, was in uns los ist. So weit wie manche, die finden, dass ihnen manche Zipperlein wenigstens zeigen, dass sie noch leben, muss man ja nicht gleich gehen. Aber das bewusstere Wahrnehmen des eigenen Körpers hilft uns beim Älterwerden in vielen Situationen, in denen wir uns früher vielleicht noch übernommen hätten, oder die wir zu schnell und intensiv angegangen wären.

Es stimmt natürlich, dass die Veränderungen des Körpers ab etwa vierzig Jahren deutlicher zu spüren und zu sehen sind. Nicht grundlos sagt man, dass einem die ersten vierzig Lebensjahre quasi geschenkt werden, man hierfür körperlich nicht wirklich viel zu tun braucht, aber dass man für die darauffolgenden vierzig Jahre (hart) arbeiten muss.

Dafür erwartet uns ab etwa sechzig Jahren eine wundervolle Erkenntnis: Unser Körper stabilisiert sich, und Veränderungen sind hauptsächlich im äußeren Erscheinungsbild erkennbar. Mal ganz ehrlich: Stört das wirklich? Ist es nicht eine Segnung des Älterwerdens, dass sich unser Körperbild, Gott sei Dank, verändert? Manche wünschen sich das Aussehen und die Vitalität der Jugend gepaart mit der Erfahrung und den geschaffenen (Lebens-)Werten des Alters, möchten aber (mit allen nach sich ziehenden Konsequenzen!) nicht noch einmal achtzehn sein. Wir Menschen sind schon wirklich eine sonderbare Spezies. Bei anderen Lebewesen akzeptieren wir das Altern, sehen darin häufiger die Vor- als die Nachteile. Wie bei alten Bäumen mit ihren stabilen Stämmen und den ausladenden Schatten spendenden Blätterkronen, in denen Vögel leben können. Nur mit uns selbst gehen wir hart ins »Körpergericht«, statt das Gute in (und an) uns zu sehen.

Lag unser körperlicher Fokus in jungen (Entdecker-) Jahren vor allem auf Schönheit und Leistungsfähigkeit, interessieren uns im Alter doch zunehmend Themen wie Funktionalität und Schmerzfreiheit. Verstehen Sie dies bitte nicht als Rechtfertigung oder gar als Aufforderung, sich gehen zu lassen. Es ist wundervoll, wenn Menschen ihr Äußeres auch im hohen Alter noch pflegen. Aber übertreiben sollten wir es alle damit nicht.

Einmal angenommen, es gäbe keine Spiegel auf der Welt: Meinen Sie, Sie könnten dennoch glücklich leben? Wir sind augenscheinlich nicht dazu geboren, uns selbst permanent anzusehen. Hätte die Natur dies gewollt, hätte sie uns mit anderen Sehorganen ausgestattet, die uns einen Rundumblick auf uns gestatten. Nehmen wir uns daher doch lieber, wie wir sind, und genießen wir uns genau so, wie wir gemacht wurden.

Beim Entwickeln eines gesunden Körperbildes hilft uns das Altern mit jedem Lebensjahr und ein Blick zurück. Denn manchmal treibt uns die Sicht ausschließlich aufs Heute in ungesunde Richtungen. Vor allem, weil permanent neue Körpertrends aufpoppen wie Maiskörner in einem heißen Kochtopf. Das Wissen darum, dass jede Epoche der Menschheitsgeschichte ihre eigenen Körperbilder und Schönheitsideale hatte, hat und auch in Zukunft haben wird, relativiert den Stress, den manch »Körperperfektion-Suchende« haben, und sorgt für ein gesundes körperliches Maß der Mitte.

Sie werden sich vielleicht nicht mehr daran erinnern, aber in der Steinzeit galten vermutlich üppige Formen als schön. Darauf deuten jedenfalls Skulpturen aus dieser Zeit hin, wie die Venus von Willendorf, die fünfundzwanzig-tausend vor Christus entstand und aufgrund ihrer Üppig-keit noch bis heute als Fruchtbarkeits- und Schönheits-symbol dieser Zeit gilt.

In der Antike hingegen war das Schönheitsideal, so man es denn auf ein allgemeingültiges reduzieren möchte, be-reits ein anderes (zugegeben, es sind bis hierhin auch ein paar Jahre vergangen). Jetzt galt die schlanke Sanduhrsil-houette als erstrebenswert, und die Ausgewogenheit der Proportionen war »in«.

Hätte es jemand geschafft, von der Antike bis ins Mittel-alter durch zu leben, er wäre über die dann beliebten fast maskulinen Frauen ohne üppige Proportionen, die gern auf Gemälden gezeigt wurden, sicherlich sehr verwundert ge-wesen. Erst im späten Mittelalter wurde die knabenhafte Figur dann durch einen vorgewölbten Bauch etwas weib-licher.

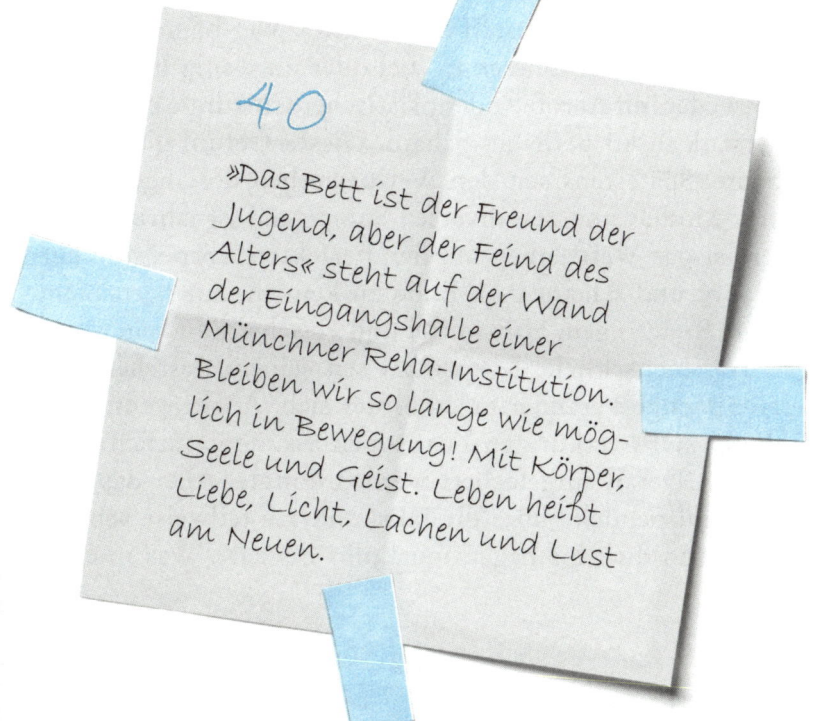

40

»Das Bett ist der Freund der Jugend, aber der Feind des Alters« steht auf der Wand der Eingangshalle einer Münchner Reha-Institution. Bleiben wir so lange wie mög-lich in Bewegung! Mit Körper, Seele und Geist. Leben heißt Liebe, Licht, Lachen und Lust am Neuen.

Dieses »neue« Schönheitsbild zog sich durch bis in die Renaissance. Im Barock symbolisierte dann Leibesfülle Reichtum und Wohlstand, wie die üppigen Frauendarstellungen des Malers Peter Paul Rubens zeigen, der sicherlich auch damals schon um den »Zeitgeist des Marktes« wusste. Mit der beginnenden Emanzipation in den 1920er-Jahren achteten Frauen hingegen wieder zunehmend auf ihre Figur. Diätwellen überschwemmten das Land, bis nach dem Zweiten Weltkrieg und in der Zeit des Wirtschaftswunders wieder gut genährte Körper als attraktiv galten. Kein Wunder in Zeiten von Hunger und Not. Ab jetzt wurde das Schönheitsideal vor allem durch bekannte Filmschauspielerinnen wie Marlene Dietrich oder Marilyn Monroe geprägt, bis das dünne Model Twiggy einen neuen Körpertrend lostrat. Seither galten schlanke Körper wieder als attraktiv.

Und dann, in den 1980ern, wurden sogar – zumindest für Frauen – Idealmaße entdeckt: 90 – 60 – 90 (Umfang in Zentimetern für Brust, Taille, Hüfte). Wer beim »Körper-Dreikampf« Zentimeter zu viel oder zu wenig hatte, half entweder mit Aerobic oder plastischer Chirurgie nach oder versank in körperlicher Scham. Dieses Gefühl gibt es bis heute. Spätestens seit den Wettbewerben der angehenden Top-Models und den diversen Sport- und Ernährungswellen ist das Wettrennen um den perfekten Körper voll entbrannt und scheint kein Ende zu kennen, nur permanent neue Richtungen, Hilfsmittel und Geschwindigkeiten.

Der menschliche Körper hat seit seinem Bestehen also eine Menge Veränderungen hinter sich. Auch, wenn es in dieser stark verkürzten Zusammenfassung natürlich nicht bis ins Detail aufgefächert werden konnte. Aber das Körperideal pendelte über die Jahrhunderte teilweise sehr extrem von dick bis hager, muskulös bis zart. Was in einer

Zeitepoche en vogue war, galt in der nächsten schon wieder als verpönt. Die wichtigste Frage scheint also zu lauten: Was kommt als Nächstes? Worauf müssen wir uns vorbereiten? Was sollten wir heute tun, um morgen wie zu sein? Falls Sie Antworten hierauf erwarten, müssen wir Sie enttäuschen. Dürfen wir Sie stattdessen fragen, wie viele Trends Sie in Ihrem Leben schon mitbekommen haben? In Sachen Kleidung, Einrichtung, Farben, Musik, Sport, Ernährung und dergleichen mehr? Wie viele dieser Trends haben Sie »überlebt«?

Was halten Sie stattdessen hiervon: Wir machen bei der permanenten Veränderung des Körperbildes einfach nicht mit und werden unser eigener Trendsetter. Aus welchem logischen Grund orientieren wir uns auch andauernd im Außen an dem, was andere gerade als angesagt empfinden? Setzen wir lieber unseren eigenen Körpertrend, der sich nicht monatlich ändert und sich nur an einem ausrichtet: an dem, was unserem Körper guttut und sich gut anfühlt – für uns.

Bereits Friedrich Schiller wusste um die Macht der eigenen Erkenntnis, als er schrieb, dass es der Geist ist, der sich den Körper baut. Nehmen wir die Worte dieses klugen Geistes einfach mit in unser Leben, indem wir uns fragen, wie wir unseren Körper bestmöglich durch die Zeit bringen.

Ein gesundes Körperbewusstsein und Achtsamkeit können uns dabei als wegbegleitende Leitplanken dienen. Wenn wir unser Spektrum an körperlicher Belastbarkeit kennen, wenn wir um unsere »Baustellen« ebenso wissen wie um Möglichkeiten, unsere Schwachstellen zu kompensieren, können wir unseren Körper so einsetzen, wie es für ihn das Beste ist. Wir sollten körperlich in der Balance sein, damit wir uns wohlfühlen. Um dies zu erreichen, brauchen wir den Wechsel von An- und Entspannung.

Wenn wir uns nur ausruhen, wenn wir nicht aktiv leben, unterfordern wir ihn und geben ihm nicht das, was er dringend benötigt: etwas zu tun. Wer rastet, der rostet. Sie kennen es sicherlich. Hetzen wir hingegen nur durch die Tage, eilen von einer Tätigkeit zur nächsten, überdrehen wir schnell und schaden unserem Körper, weil wir ihn überlasten, ihm mit unserem Programm zur Last fallen.

Die Mischung macht's. Wer morgens beispielsweise im Garten gearbeitet hat, darf nachmittags sein Tageswerk gänzlich ohne schlechtes Gewissen genießen, auch wenn noch vieles zu tun ist. Wenn wir wirklich auf unseren Körper achten, werden wir spüren, wann er sich eine Pause wünscht und wann er sich genug ausgeruht hat. Gewiss: Das Sich-Aufraffen mag im Alter manchmal schwerer fallen als in jungen Jahren. Es ist aber notwendig, weil sich beispielsweise unsere Muskeln erst dann wirklich entspannen

41

Viel trinken (nicht unbedingt Alkohol), Gemüse, Nudeln und Obst statt Fleisch, Chips und Schokolade – man kann es kaum mehr hören, aber es stimmt nun mal. Zelebrieren wir gesunde Ernährung, machen das Beste daraus – und freuen uns diebisch über jede Zuwiderhandlung, über jede kleine Sünde!

und regenerieren können, wenn wir sie vorher angespannt und mit ihnen gearbeitet haben. Wir können die natürlichen Alterungsprozesse durch Bewegung und Ernährung zwar nicht aufhalten. Wir können sie aber verlangsamen und unserem Körper dadurch helfen, seine Aufgaben bestmöglich für uns zu erledigen. Und nebenbei: Es fühlt sich nicht nur gut an, in Bewegung zu sein, es ist nachweislich sogar glücksfördernd. Die Herzleistung fitter Senioren kann nämlich noch bei neunzig Prozent liegen. Wahnsinn, oder!? Und was kann man mit neunzig Prozent nicht noch alles anstellen, was den Körper in positive Schwingung bringt und uns ein Lächeln ins Gesicht zaubert ...

Lebende Beweise für Fitness im Alter gibt es unzählige. Ob Ed Whitlock, der mit fünfundachtzig Jahren den Marathon-Weltrekord in seiner Altersklasse lief, oder Lew Hollander, der im gleichen Alter am Ironman auf Hawaii teilnahm und sich somit nicht nur fast vier Kilometer lang durch den Pazifik quälte, sondern auch hundertachtzig Kilometer Fahrrad fahrend und gut zweiundvierzig Kilometer laufend durch die Lavawüste meisterte (und das, obwohl er erst mit fünfundfünfzig Jahren mit dem Triathlon angefangen hatte).

Übrigens: Unser Körper mag zwar altern und in manchen Regionen seine Frische verlieren, die Zellerneuerung funktioniert jedoch ein Leben lang. Nehmen wir die etwas längeren Ruhepausen daher als das, was sie sind: als Kraft-Tankstelle, um danach wieder nach Lust und Laune loszuleben. Wir wissen natürlich auch, dass bei unserem Gang durchs Leben Krankheiten nicht ausbleiben werden. Aber ist es Ihnen aufgefallen, dass es in unserem Sprachgebrauch zwar unzählige Krankheiten, aber nur eine Gesundheit gibt? Vielleicht ist dies kein Zufall, sondern ein versteckter Hinweis des Lebens. Existieren nicht viele der wirklich wichtigen Dinge nur in der Einzahl, wie Liebe, Frieden, Gesundheit? Könnte es sein, dass es hierzu deshalb keiner Mehrzahl bedarf, weil sie allein vollkommen genügen, bereits alles mitbringen, was wir für unser gesundes glückliches Leben benötigen? Sind sie vielleicht der Normalzustand, das »so sollte es sein«? Wenn ja, würde sich unser Leben radikal vereinfachen, weil wir uns nur noch hierauf konzentrieren und alles andere von uns fernhalten müssten, das uns in seiner unbändigen Vielfalt auf immer neue Weise versucht, davon abzuhalten.

Fokussieren wir unseren Körper auf das eine Ziel der Gesundheit und lassen wir uns von den vielen kleinen Krankheiten nicht davon abbringen. Bleiben wir in Bewegung, damit sie sich unserer gar nicht erst bemächtigen können. Und wenn sie doch einmal auf uns aufspringen: Schütteln wir sie nach und nach ab und gehen unserem Ziel unbeirrt entgegen. Vielleicht werden wir nicht jede Krankheit bis zu unserem Lebensende los. Aber das muss auch gar nicht sein. Bleiben wir einfach an so vielen Stellen unseres Körpers so lange gesund wie möglich und seien wir dankbar für jedes Organ und Körperteil, das uns treu seine Dienste erweist. Tag für Tag, Sekunde für Sekunde.

Stellen wir uns einfach vor, dass unser Körper ein riesiges Mischpult ist. Und alles, was ihn ausmacht, bewegt und am Leben hält, ist ein Teil davon in Form eines eigenen Schiebereglers. Natürlich ist es in Ordnung, dass wir dort, wo sich der Schieberegler zu weit unten, vielleicht sogar im roten Bereich befindet, genauer hinsehen. Doch sollten wir hierbei nicht die überwältigende Mehrheit funktionierender Schieberegler außer Acht lassen. Manches davon ist uns früher in jungen Jahren vielleicht gar nicht aufgefallen. Im Alter werden uns manche Dinge bewusster, weil wir sie – auch durch das Herunterfahren mancher Schiebe-regler – intensiver brauchen und nutzen.

Es ist auch der Fokus auf das, was klappt, was uns mög-lichst lange am Leben hält, weil er uns Mut macht, alles Anstehende bestmöglich meistern zu können – aus und mit eigener Kraft.

Wir alle haben nur diesen einen Körper, unser persön-liches Wunderwerk. Bringen wir ihn im bestmöglichen Zustand ins Ziel. Er hat es sich verdient und wird es uns danken. Jeden Tag aufs Neue.

KAPITEL 10

Liebe hält jung

Liebe. Fünf Buchstaben genügen, um direkt etwas in uns in Bewegung zu bringen, ein wohliges Kribbeln zu erzeugen. Mit einem Wort werden Gefühle freigesetzt und wunderbare innere Welten geöffnet. Kaum ein anderes Wort scheint stärker zu sein als »Liebe«. Und machtvoller, schließlich handelt gefühlt jedes zweite Buch, Lied und jeder zweite Film vom Lieben und Geliebtwerden (wollen). Liebe hat den wohl größten Einfluss auf uns Menschen und scheint *das* Thema des Lebens zu sein.

Kaum ein Thema hat es wohl mehr verdient, immer und immer wieder prominent präsentiert zu werden. Verleiht die Liebe uns doch erst das Besondere. Manche meinen gar, nur sie gäbe unserem Leben einen wirklichen Sinn. Die Liebe begleitet uns mit allen ihren Facetten glücklicherweise auch auf dem Weg ins Alter. Mal impulsiv vordergründig, mal kaum wahrnehmbar im Hintergrund. Aber stets an unserer Seite, wenn wir es denn zulassen und erkennen.

Sich der Liebe allein mit Worten zu nähern ist sicherlich ein schier unmögliches Unterfangen, kann man sie doch, wenn wir ehrlich sind, nicht beschreiben, nur selbst fühlen. Unzählige der klügsten Köpfe beschäftigen sich seit Jahrtausenden mit der Liebe, und selbst sie sind nicht dazu in der Lage, eine einheitliche, für alle zufriedenstellende Antwort zu finden auf die Frage, was Liebe überhaupt ist. Man kann sich diesem Thema also nur in Demut nähern.

Denn das Wunderbare, Faszinierende an der Liebe ist gleichzeitig das Herausfordernde, Problematische. Liebe ist nicht rational zu fassen. Sie ist unplanbar, unkalkulierbar, nicht zu steuern und doch möchte sie jeder »haben«. Nichts erscheint unvernünftiger und existenzieller zugleich als die Liebe. Liebe ist eine Himmelsmacht, die uns herrlich kopflos macht. Dies zeigt sich auch in bisherigen Einschätzungen zur Liebe, die aus unterschiedlichen Richtungen kommen.

Die Evolutionsbiologie beispielsweise deutete Liebe als reines Zusammenspiel von Hormonen und Selektionsvorteilen (klingt sehr theoretisch, ist es auch). Die Psychologie verortete unser Beziehungs(un)glück in der Kindheit, was bedeuten würde, dass unsere Chancen auf die Liebe davon abhängen, wie viel davon wir als Kind erfahren haben (und selbst geben durften). Die Soziologie hingegen geißelt die Ökonomie eines entfesselten Dating-Marktes, der uns von der wahren, tief empfundenen Liebe abhält und uns sozusagen »liebesunfähig« mache.

Vielleicht ist es sinnvoll, bei etwas Unbegreiflichem wie der Liebe von unserem Drang, für alles eine möglichst wissenschaftlich untermauerte Erklärung samt Beweisen zu erhalten, Abstand zu nehmen. Nehmen wir die Liebe doch einfach unerklärt hin und erfreuen uns an ihr. Wir sind uns sicher: So gut wie jeder Mensch hat im Laufe seines Lebens seine ganz eigenen Erfahrungen mit ihr machen dürfen. An niemandem spaziert die Liebe einfach vorbei.

Von den freudig flatternden Schmetterlingen im Bauch, die irgendwann verflogen, über den Schmerz des Liebeskummers, bis hin zur wohligen Sonne, die den ganzen Körper übers Jahr hinweg von innen heraus wärmt. Liebe ist so bunt und vielfältig wie wohl kaum ein anderes Gefühl. Sie vermag es, uns zum Explodieren zu bringen vor

Glück, und führt uns im anderen Moment schlagartig in die dunkelste Traurigkeit.

Wie bei so vielem anderen, werden wir auch die Liebe nie in ihrer Gänze verstehen. Selbst dann nicht, wenn wir über einhundert Jahre alt sind. Doch was wir wohl alle erfahren, je älter wir werden, ist, dass sich Liebe verändert.

In jungen Jahren ist sie vergleichbar mit einem reißenden Strom, der manchmal wie ein Geysir aus uns herausplatzt, unsere Gefühle eruptiv in Wallung bringt, in dem es zischt und manchmal überschäumt, der aber nicht selten nach kurzer Wegstrecke hinter der nächsten Flussbiegung ruckartig im Boden versinkt. Manchmal führt uns der intensive Strom der Liebe sogar bis zu einem Wasserfall, der uns, ohne dass wir dagegen etwas unternehmen können, mit in die Tiefe reißt.

Je älter wir werden, desto größer ist die Chance, dass die Liebe uns in ruhige Gewässer führt, uns wie in einem breiten Flussbett begleitet, beruhigt, Sicherheit verleiht und uns an manchen Stellen auch die Möglichkeit bietet, geschützt in die Tiefe zu tauchen, in ihr zu versinken und abzutauchen.

Sie haben recht: Die schönsten bildlichen Vergleiche können nicht darüber hinwegtäuschen, dass wir uns um eine Frage bisher gedrückt haben: Wird die Liebe im Alter wichtiger? Oder noch genauer: Ist es im Alter wichtiger, geliebt zu werden oder zu lieben? Und vor allem: Wen?

Niemand kann es mit absoluter Sicherheit sagen. Bei Erklärungen, Antworten zur Liebe werden wir alle zu Stochernden im Nebel. Selbst der weise griechische Philosoph Aristoteles fragte sich vor knapp zweitausendfünfhundert Jahren, ob es besser sei, dass ein Mensch sich selbst am meisten liebe, oder ob es besser sei, andere zu lieben. Führt Selbstliebe zur Selbstsucht? Ist es egoistisch, sich selbst zu lieben, oder liebensnotwendig?

42

Hermann Hesse ist nur zuzustimmen: »Glück ist Liebe, nichts anderes. Wer lieben kann, ist glücklich«. Liebe wartet auch im Alter auf uns, wir müssen nur offen dafür bleiben. Liebe zu Tieren oder zum Garten, zu Büchern, Filmen und kleinen Ritualen, zur Familie – aber auch im romantischen Sinne! Singen wir ein Loblied auf die Altersliebe, die geduldig und zärtlich sein kann, nicht so schnell besitzen will und das Gegenüber so sein lässt, wie es ein ganzes Leben lang geworden ist! Liebe, die einfach ist und sich keine Gedanken über Reproduktion oder Heiraten mehr machen muss ...

Fragen wir andersherum: Können wir jemand anderen wirklich lieben, wenn wir uns selbst nicht lieben? Vielleicht kennen Sie es aus eigenem Erleben: Wenn wir mit uns im Reinen sind, unser Leben meistern, glücklich sind, können wir anderen viel besser helfen, als wenn wir uns gerade in akuter Not befinden. Ebenso könnte es sich mit der Selbstliebe verhalten. Lieben wir uns selbst, haben wir die Basis, um jemand anderem unsere Liebe zu schenken, sozusagen auch sein Selbst zu lieben.

Ganz gleich, wie lange Sie mit Ihrer Partnerin/Ihrem Partner zusammen sind, so sie eine/n an Ihrer Seite haben: Zu niemand anderem werden Sie jemals eine engere

Beziehung haben als zu sich selbst. Sie kennen sich seit Ihrer Geburt (zugegeben, Ihre Eltern auch), und Sie verbringen seitdem vierundzwanzig Stunden täglich mit sich selbst (Ihre Eltern hoffentlich nicht mehr). Sie müssen immer mit allen Ihren Launen zurechtkommen, sich ertragen, mit sich umgehen.

Macht es dann nicht Sinn, sich so anzunehmen, wie man ist? Mehr noch: Sich genauso zu lieben (trotz bestehender Makel, die vielleicht auch dazu beitragen, dass man ist, wer man ist)?

43

Waren Sie beim Klassentreffen zum fünfzigjährigen Jubiläum Ihres Schulabschlusses und sind auch erschrocken, wie die ehemaligen Freunde und Freundinnen aussehen? Kaum mehr Haare, faltige Gesichter, dicke Bäuche, langsame Bewegungen und mehr als nur die Spuren von Schwerkraft? Bei allen außer einem selbst, oder? Aber ernsthaft: Tröstlich ist doch, dass in dem Moment, in dem man wieder im Gespräch ist, alles wie damals erscheint: das Blitzen der Augen, das Lachen … Wir bleiben, wer wir sind, auch wenn die Hülle langsam verblasst. Und worauf kommt es mehr an?

Im Alter fällt es uns merkwürdigerweise oftmals leichter als in jungen Jahren, uns selbst so anzunehmen, wie wir eben sind. Meist geschieht dies gar nicht bewusst. Vielmehr wissen wir mit den Jahren unbewusst einfach, dass wir uns in den grundlegenden Dingen sowieso nicht mehr ändern werden. Warum sich also darüber aufregen oder mit sich hadern? Außerdem kennen wir die guten Seiten unserer Persönlichkeit, haben eigene Erfolgsgeschichten vorzuweisen, die wir nur erreicht haben, weil wir so waren, wie wir waren.

Es spricht also vieles dafür, auch hier zuerst bei uns selbst anzufangen, uns selbst zu lieben. Falls Ihnen dies – aus welchen Gründen auch immer – schwerfällt, nennen Sie es doch einfach Selbstzufriedenheit oder Selbstakzeptanz statt Selbstliebe. Manchmal bewirkt schon der wahrnehmende, nicht kritische, Augenkontakt mit dem eigenen Spiegelbild ein kleines Wunder, wenn dazu noch drei Worte folgen: »Ich mag mich«.

Hiermit hätte sicherlich auch Jesus von Nazareth gut leben können, der den Menschen das Lieben förmlich befahl (obwohl zu befehlen wohl weder seine Art war noch im Fall des Liebens möglich ist). Dennoch war Jesus die Liebe so wichtig, dass ihm das Reden und Philosophieren darüber eindeutig nicht genügte. Er »forderte« die Liebe als praktische Liebe, also als Handlung.

Albert Camus meinte dazu: »*Einen Menschen lieben, heißt einwilligen, mit ihm alt zu werden.*«

Jesu Worte waren wohl selten wichtiger als in einer Zeit wie heute, in der es oftmals mehr um Egomanie, Individualität, Selbstverwirklichung geht als um das Glück des anderen. Doch, und auch das wissen wir aus jahrzehntelanger eigener Glücksforschung: Gerade das Glück anderer ist es, das bei uns für selbiges sorgt. Auch, und vor allem, in der Liebe.

Erinnern Sie sich noch an Ihre erste Liebe?
An das zarte Pflänzchen, das sich mehr aus Unsicherheit
regte als aus Selbstbewusstsein. Seitdem ist eine Menge passiert, oder? Sie haben geliebt, wurden enttäuscht, wurden
geliebt, haben vielleicht jemand anderen enttäuscht. Und
heute? Haben Sie gegebenenfalls den Menschen an Ihrer
Seite, an dem Ihr Herz hängt, den Sie bedingungslos lieben,
von dem Sie selbst Liebe erhalten. Bei manchen Menschen
dauert es lange, bis sie ihre »zweite Hälfte« gefunden haben. Bei einigen macht es sofort beim ersten Kennenlernen
»klick«. Und wiederum andere suchen ihr Leben lang nach
der passenden Ergänzung.

Platon serviert uns das Hin und Her des Liebens als
wunderschönes Märchen. In seiner Geschichte von den
»Kugelmenschen« erzählt er von Wesen mit vier Beinen,
vier Armen und zwei Köpfen, die zwar aus zwei Hälften
bestehen, aber eins sind, füreinander geschaffen, zusammen das vollkommene Glück. Aus Neid wurden sie von
den Göttern durch Blitz und Donner getrennt und über
die Erde verteilt. Folglich müssen sie, nicht selten ihr Leben lang, oftmals gar vergeblich, nach ihrer anderen Hälfte
suchen.

Platon glaubte also wahrscheinlich daran, dass es den
perfekt zu uns passenden Gegenpart gibt, unsere zweite
Hälfte, die uns vollkommen macht. Wie aber finden wir
heraus, ob unsere heutige Partnerin/unser heutiger Partner
die andere Hälfte unseres »Kugelmenschen« ist? Die Antwort kennt nur die Liebe selbst. Wenn Sie Ihre Partnerin/
Ihren Partner lieben, dann fühlen sie es. Sie brauchen keine
schriftliche Bestätigung, keinen Test und keinerlei Beweis.
Ihr Gefühl wird Ihnen genügen.

Wenn Sie ihn oder sie gefunden haben, halten Sie Ihre
Liebe fest. Wissen Sie zu schätzen, was sie gemeinsam er-

reicht haben, was sie an ihm/ihr haben. Sicherlich gibt es auch Dinge, die Sie an Ihrer Partnerin/Ihrem Partner »ertragen«, die Sie vielleicht ab und an etwas stören. Aber vielleicht beruht dies ja auf Gegenseitigkeit?

Je älter wir werden, desto besser können wir mit den Ecken, Kanten und Macken des anderen umgehen. Wir können den anderen mit allen Stärken und Schwächen akzeptieren, weil wir wissen, dass auch wir über einige verfügen und es gerade diese »Besonderheiten« sind, die uns zu einer eigenen Persönlichkeit, zu einem liebenswerten Menschen werden lassen.

Im Alter hilft uns Menschen unsere – teils jahrelange – Liebeserfahrung dabei, die Dinge richtig einzuordnen. Über den Verlust der ersten großen Liebe sind wir einige

44

Welche Liebe hält schon über Jahrzehnte? Gar nicht so wenige, und ihre Überlebenschancen werden im Alter höher. Denn der Stress durch Kinder und Beruf ist spürbar geringer, man geht potenziellen Konflikten geschickter aus dem Weg, man pflegt Gemeinsamkeiten und geht konstruktiver und weniger eitel miteinander um. Genießen wir es!

Zeit hinweg. Ebenso über diverse Reibereien und Streitig-keiten, vielleicht aus früheren Beziehungen. Wir können im Alter die wichtigen Themen von unwichtigen Neben-kriegsschauplätzen unterscheiden. Es fällt uns zunehmend leichter, Liebe als das wahre Glück zu erkennen.

Folglich übertünchen wir das scheinbar Negative mit dem Positiven. Wir negieren Störendes, schalten öfter mal auf Durchzug und regen uns beim anderen nicht mehr über Dinge auf, die uns früher auf die Palme gebracht haben. Auch, weil wir fühlen, dass wir mit dem anderen verbunden sind, gemeinsam eine Liebeseinheit bilden, können wir dem anderen mehr Raum geben, Verständnis gegenüber bringen, das »Ich«, »Du« und das »Wir« besser ausbalancieren.

Wir sind bereits hinweg über die Erkenntnis von Sokra-tes, für den die Liebe, in Gestalt von Eros, nicht mehr als Begehren war, und das Begehren der Mangel nach jemand anderem. Sokrates' Eros war stets auf der Jagd. Unglück-lich, wenn die Jagd erfolglos bleibt, aber auch unglücklich, wenn sie Erfolg hatte. Denn sobald der Mangel behoben war, schwand auch das Begehren. Ein Perpetuum mobi-le der Liebe, das im Dauerbetrieb zwischen himmelhoch jauchzend und zu Tode betrübt pendelt.

Im Alter halten wir es oft glücklicherweise vielmehr mit Spinoza, für den das Begehren nach Liebe nicht aus Hun-ger entstand, also dem Mangel an emotionaler Nahrung, sondern aus Appetit und dem Vermögen, die »Liebes-Nah-rung« auch dann noch zu genießen, wenn genug davon da ist. Eine spinozistische Liebeserklärung drängt daher auch nicht auf Besitz wie Platons Eros, sondern lautet übersetzt in etwa: »Ich bin glücklich über den Gedanken, dass es dich gibt.«

Nicht jedem Menschen ist es vergönnt, dieses Liebesge-fühl bis zu seinem Lebensende täglich spüren zu dürfen.

Dennoch gibt es unzählige Beweise, die Mut machen, dass man auch im ganz hohen Alter sein Liebesglück noch finden kann – auch, wenn man es vorher verlor, wie John und Phyllis Cook, das vielleicht älteste Liebespaar der Welt.

Im zarten Alter von hundert (John) und hunderteins (Phyllis) haben sich die beiden Altersheim-Bewohner aus dem US-Staat Ohio das Jawort gegeben und trauten sich beide in ihre jeweils vierte Ehe. Ihre einfache Begründung für diesen sicherlich ungewöhnlichen Schritt: »Wir haben uns einfach ineinander verliebt.« Gibt es einen schöneren Satz, der zeigt, dass uns die Liebe selbst im ganz hohen Alter noch »erwischen« kann?

Aber, und auch das lehrt uns meist erst das Alter, wir können nicht nur uns selbst oder unsere Partnerin/unseren Partner lieben. Sehr vielen bedeuten auch die Natur und Tiere im Laufe des Lebens immer mehr. Wir sind mehr in der Lage, zu genießen, was uns umgibt. Wir suchen förmlich nach Dingen und Menschen, die wir lieben können, die uns etwas zurückgeben.

Unser »Herzumfeld« erweitert sich. War früher die eigene Familie das Wichtigste, wird der Freundes- und Bekanntenkreis im Alter immer wichtiger. Langjährige Freundschaften hegen und pflegen wir auch dann, wenn es einmal Probleme geben sollte. Wir lassen wichtige menschliche Teile unseres Lebens nicht einfach los, schenken sie nicht leichtfertig aufgrund kleiner Differenzen her.

Obwohl wir es in unserem Sprachgebrauch nicht so benennen würden, lieben wir unsere Freunde. Aristoteles definierte es sogar als zweite Form der Liebe. Er nannte sie »Philia«, die freundschaftliche Form der Liebe, die Familien-Liebe. Für Aristoteles hieß lieben ganz einfach, sich zu freuen. Und mit wem freuen wir uns lieber als mit unserer Familie und unseren Freunden?

Kein Wunder, dass den uns geliebten Menschen eine immer gewichtigere Rolle zukommt, je älter wir werden. Vielleicht wird die menschliche Nähe und die Zeit im Kreis der Vertrauten auch wichtiger, weil die Arbeit und die damit verbundenen Kontakte wegfallen. Wir wollen umgeben sein von wertvollen Menschen, interessieren uns für ihre Geschichten, schenken ihrer Stimme Gehör, nehmen teil und lassen sie an unserem Leben teilhaben.

Denn Liebe, und das legt Jesu »Forderung« nach praktischer Liebe nahe, bedeutet Resonanz. Was wir von Herzen geben, kommt doppelt und dreifach zu uns zurück. Weil wir in der Liebe mit anderen Menschen verbunden sind, wie Mahatma Gandhi schon wusste:

»Du und ich – wir sind eins. Ich kann dir nicht wehtun, ohne mich zu verletzen. Wo Liebe wächst, gedeiht Leben. Liebe ist die stärkste Macht der Welt, und doch ist sie die demütigste, die man sich vorstellen kann.«

Nicht umsonst ist »lieben« von »leben« nur einen Buchstaben entfernt. Liebe erweitert unser Leben, macht vielleicht erst so richtig lebendig, bildet das Tüpfelchen auf unserem Glück.

KAPITEL 11

In der Ruhe liegt die Kraft

Je älter man wird, desto schneller vergeht die Zeit. Teilen Sie diese Einschätzung, dieses Gefühl, das uns wohl alle irgendwann im Leben ereilt? Rein faktisch stimmt es natürlich nicht, es sei denn, es würde für jeden von uns eine individuelle Zeitrechnung existieren, die im fortschreitenden Laufe des Lebens immer schneller wird.

Zeit ist exakt messbar und für uns alle gleich. Und doch empfindet jeder Mensch das Verrinnen von Zeit anders. Vor allem beim Älterwerden wird uns die Irreversibilität der Zeit ungeschönt bewusst, obwohl unsere Lebenszeit nicht mit der objektiven, durch Uhren zu messenden Zeit

45

Eine lästige Begleiterin können wir einfach aus unserem Leben schmeißen: die Eile. Auch wenn wir weniger Zeit vor uns haben, nehmen wir uns mehr fürs Wichtige als die ewig gestressten Jüngeren: für uns selbst, für die Familie, für Menschen in Not. Entdecken wir die Langsamkeit und die Sorgfalt!

gleichzusetzen ist. Verging die Zeit für uns in der Kindheit und Jugend noch viel zu langsam, insbesondere, wenn Geburtstage oder Weihnachten vor der Tür standen, verfliegt die Zeit in der Mitte unseres Lebens, weil eine Aufgabe die nächste jagt und ruhige Minuten so selten sind wie Bernstein am Strand.

Für manche von uns verrinnt die Zeit sprichwörtlich wie im Fluge, wie limitierte Sandkörner in der gleichnamigen Uhr. Mit jedem neuen Geburtstag scheint der Tod unaufhaltsam näher zu kommen, manche Menschen geraten gar immer mehr in Panik und hetzen wie verrückt durch die Tage, weil ihre Zeit morgen schon abgelaufen sein könnte. Kennen Sie Menschen, die niemals Zeit haben, die mit ihrer Zeit nicht auskommen würden, selbst wenn ein Tag achtundvierzig Stunden zu bieten hätte?

Andere Menschen wiederum überlassen die Zeit sozusagen sich selbst. Sie lassen sie in Ruhe, indem sie sich Zeit lassen und den Dingen mehr Zeit geben, je älter sie werden. Sie eilen nicht mehr durch den Alltag, müssen nicht alles in Rekordzeit erledigen, haben die Zeit nicht als steten Antreiber im Rücken.

Paradox, oder? Obwohl die gesamte Lebenszeit, die jedem von uns auf Erden zur Verfügung steht, mit jeder neuen Sekunde selbstverständlich weniger wird, werden manche von uns innerlich immer ruhiger, obwohl die Zeit für uns alle irgendwann abläuft.

Zeit ist eine der größten Mysterien unserer Welt und einer der wichtigsten Faktoren unseres Lebens zugleich. Noch heute könnte man die Äußerung des Kirchenvaters Aurelius Augustinus aus dem vierten Jahrhundert nach der Frage, was Zeit sei, eins zu eins unterschreiben: »Wenn mich niemand danach fragt, weiß ich es; will ich einem Fragenden es erklären, weiß ich es nicht.«

Die Versuchung ist in der Tat groß, diese Grundsatzfrage zu vertiefen. Sowohl Albert Einsteins Relativitätstheorie als auch Newtons Vorstellung von einer absoluten Zeit des Universums eignen sich ideal als »Gedankentrampolin«. Doch all diese Versuche würden uns entfernen von den elementaren, weil für unser tägliches Leben wirklich anwendbaren Erkenntnissen.

Bedienen wir uns daher lieber beim römischen Philosophen Lucius Annaeus Seneca, der Zeit als das wertvollste Gut ansah, über das wir verfügen, und dem bereits im ersten Jahrhundert auffiel, wie achtlos die Menschen ihre Zeit für unwichtige Dinge verschleuderten. Schon vor zweitausend Jahren ließen nach Senecas Beobachtung (zu) viele Menschen, die Immer-Geschäftigen, ihre Lebenszeit durch die Finger rinnen. Seine Erkenntnis goss er in eines seiner berühmtesten Zitate, das sicher jeder kennt, dessen wahrer Wert sich jedoch nicht durch Lesen entfaltet, sondern durch Tun:

»Es ist nicht zu wenig Zeit, die wir haben, sondern es ist zu viel Zeit, die wir nicht nutzen.«

Kann man diese unsterbliche und wohl immer aktuelle Erkenntnis in jungen Jahren noch ignorieren, nimmt sie beim Altern eine immer wichtigere Bedeutung ein. Vielleicht entfaltet sie in uns unbewusst auch erst mit den Jahren ihre Wirkung, wie guter Wein, der erst reifen muss, bis er seine wahre Güte preiszugeben vermag.

Ganz gleich, welche älteren Menschen Sie fragen: Zeit wird für jeden eine sehr wichtige Bedeutung besitzen. Und jede/r Ältere wird aus eigenem Erleben berichten können, dass sich die Relation von Zeit im Laufe der Jahre ebenso verändert hat wie der Blick hierauf. Es scheint, als verwandele sich Zeit mit dem Alter, ändere ihr Antlitz und erfahre einen neuen Sinn.

Im Alter von zwanzig Jahren dachten wir alle, wir hätten noch ewig Zeit. Es stimmte in den allermeisten Fällen ja auch, was aber nicht am früher existenten zeitlichen Übermaß lag, sondern vielmehr an unserem geringen Alter. Zum Zurückblicken standen uns nur wenige selbst erlebte Jahre zur Verfügung. Der Vorausblick hingegen versprach zusätzlich mindestens noch drei-, vielleicht sogar viermal so viel.

Doch schon nach der doppelten Zeit, um die vierzig herum, fragen wir uns im Rückblick, wo die letzten zwanzig Jahre eigentlich geblieben sind. Und spätestens mit sechzig Jahren müssen wir uns eingestehen, dass wir die Hälfte unseres Lebens wohl oder übel überschritten haben und ab sofort über mehr Vergangenheit als Zukunft verfügen.

Früher mussten wir uns Zeit nehmen, weil wir scheinbar keine hatten, und später haben wir gefühlt Zeit ohne Ende und müssen erst herausfinden, was wir damit anstellen wollen. Verrückt, oder?

Woran mag dieses so grundlegend andere Zeitgefühl von Jung und Alt liegen? Ist es das irgendwann automatisch einsetzende Wissen um die eigene, näher kommende Endlichkeit? Liegt es daran, dass wir, je älter wir werden, einfach mehr über die »großen Dinge des Lebens« reflektieren? Oder weil wir irgendwann mehr Zeit zur freien Verfügung haben und uns der ungewohnte Freiraum auf neue Gedanken bringt?

Vielleicht hilft uns ein bildlicher Vergleich weiter. In jungen Jahren sind wir oftmals wie ein Intercity Express unterwegs durchs Leben: immer in rasanter Fahrt, oft sogar in Höchstgeschwindigkeit, um vieles zu erreichen. Wir sind mit unseren Gedanken oft überall gleichzeitig, nirgends so richtig, permanent für alles und jeden erreichbar, »errasen« uns täglich unzählige neue Informationen und

Eindrücke, die einer Wagenladung Konfetti gleichkommen, die täglich über unserem Kopf ausgeschüttet wird. Unaufhaltsam und in ihrer Gänze unbegreiflich. Im Laufe der Zeit entsteigen wir dem Schnellzug und steigen fortwährend um. Unsere Reisemittel werden mit den Jahren per se langsamer, bis wir irgendwann in einem Regional- oder Bummelzug sitzen. Natürlich kamen wir früher im Intercity Express gefühlt schneller voran, doch rauschten wir an vielen Kostbarkeiten einfach vorbei. Das spätere langsamere Tempo hingegen hilft uns dabei, unsere Reise durchs Leben intensiv zu genießen, unseren Blick schweifen zu lassen und an schönen Orten zu rasten, statt daran vorbei zu hasten. Wir entschleunigen zunehmend, auch, weil wir meist bereits alle wesentlichen Lebenspflöcke eingeschlagen haben, nichts Großes mehr erreichen müssen.

Ist die Zeit gar unser heimlicher Verbündeter, der sich uns beim Älterwerden immer bemerkbarer macht, als wolle sie uns zuflüstern, dass alles, was wir gerade sehen, lesen, hören, erleben, vielleicht das letzte Mal sein könnte?

Obwohl die Zeit in jungen wie in reiferen Jahren, rein objektiv betrachtet, gleich schnell vergeht, scheint es unser Blick darauf zu sein, der zunehmend über unser empfundenes Glück entscheidet. Vielleicht mag es auch daran liegen, dass »im Alter« einfach der Tagesablauf anders ist, man vielleicht später aufsteht, und dadurch das Gefühl entsteht, die Zeit verrinne schneller als früher. In unvergleichbarer Weise visualisierte Salvador Dalí diesen Gedanken mit seinem Werk der »zerrinnenden Zeit«. Sicher kennen Sie das Gemälde mit den weichen, schmelzenden Uhren, die über Äste und Kanten hängen.

Je älter wir werden, desto eher erhalten wir einen Zugang zu dem, was Dalí uns damit verdeutlichen wollte. Einfach,

46

Sich symbolisch in Gottes Hand
legen. Aus langer Erfahrung heraus wissen, dass wir den Lauf
des Schicksals nur begrenzt
beeinflussen können. Vertrauen
lernen, dass es letztlich schon
gut wird, wenn wir unsere Lek-
tion gelernt haben.

weil wir »die« Zeit anders betrachten, genauer, mit dem
Gefühl des Unantastbaren, Unveränderbaren. Ebenso wie
Dalís wachsweiche Uhren können auch wir die Zeit nicht
beeinflussen. Das Bewusstsein, sie anders zu betrachten,
hilft uns dabei, sie mehr wertzuschätzen als früher und
bestmöglich zu nutzen.

Wenn wir dies wollen, dürfen wir uns über reichlich Unterstützung freuen, die uns im Alter zuteilwird. Neben der
eigenen Entdeckung von Langsamkeit und Intensität, die
sich irgendwann zu uns gesellen, verändert sich auch die
Relation von Dringlichkeit und Wichtigkeit – zugunsten
unseres Glücks.

Waren wir in jungen Jahren fast permanent von Dringli-
chem umgeben, das wir zu lesen, zu tun hatten, erobert sich
das Wichtige mit zunehmendem Alter immer mehr Raum.
Waren wir früher zeitlich oftmals fremdbestimmt, weil wir

für die Schule/das Studium lernen, Arbeit erledigen, die Kinder versorgen, einkaufen, den Haushalt führen und vieles weitere mehr mussten, weil es zeitlich drängte, gewinnen die für uns wichtigen Dinge immer mehr die Oberhand, je älter wir werden. Weil das Dringliche immer mehr entfällt und wir klarer sehen, was wirklich wichtig ist.

Kümmerten wir uns früher zuerst um das, was uns am stärksten und lautesten bedrängte, und schoben das scheue Wichtige auf später (oder vergaßen es ob der unzähligen dringlichen Dinge), wird das »Sofort« im Alter immer häufiger zu einem »Später« und das »Muss« zu einem »Kann« oder sogar zu einem »Muss nicht«.

Es scheint, als würden wir im Lebensverlauf unbewusst eine Erkenntnis Albert Einsteins beherzigen, die besagt, dass wir in einer Zeit vollkommener Mittel und verworrener Ziele leben. Im Alter sehen wir oftmals klarer, weil nichts oder wenig mehr da ist, das täglich an uns zieht, zerrt und eiligst beachtet oder erledigt werden möchte.

Wir bräuchten im Alter eigentlich gar keine Uhr, weil wir in keinem Hamsterrad mehr laufen, nicht zu irgendeiner Zeit irgendwo sein müssen, um irgendetwas zu tun – es sei denn, wir wollen es. Denn irgendwann beherrscht die Zeit nicht mehr uns, sondern wir sie. Auch, weil wir lernen, sie mit den richtigen Augen zu betrachten.

Vielleicht kennen auch Sie ältere Menschen, bei denen beispielsweise immer montags Waschtag ist und sonst nichts. Früher hätten sie das Waschen zwischendurch mal ebenso erledigt, weil noch tausend andere Dinge zu tun waren. Im Alter darf man sich den Luxus gönnen, sich Zeit zu nehmen, sich auf etwas für einen selbst Wesentliches zu beschränken.

Und wenn Dinge länger dauern, dann dauern sie eben länger. Im Alter wächst mit dem Sich-Zeit-Nehmen fast im

Gleichschritt auch unsere Geduld, weil Zeit relativ wird. Nicht ohne Grund werden Sie kaum ältere Menschen finden, die an einem Burn-out leiden. Einfach auch, weil wir uns das Leben mit den Jahren einfacher, effizienter gestalten. Unnötiges lassen wir zunehmend sein, wir werden pragmatischer, können auch effektiv sein mit geringerer Geschwindigkeit und gewinnen an Sorgsamkeit.

Fast sogar automatisch, denn nicht nur unser (Zeit-) Geist, unser zeitliches Bewusstsein helfen uns hierbei, auch unser Körper trägt seinen Teil dazu bei. Wir werden mit zunehmendem Alter körperlich förmlich dazu angehalten, unsere Fahrt durchs Leben zu verlangsamen, die Dinge mit mehr Ruhe anzugehen. Der Altersprozess bremst uns in Denken und Handeln ganz sachte ab, wodurch wir jedoch auch gründlichere und durchdachtere Entscheidungen treffen können. Auch die, mit unserer Zeit achtsamer umzugehen. Vielleicht will unser Körper uns auch schonen, damit wir uns die Zeit für das Wichtige wirklich nehmen, den Genuss in uns und um uns herum wahrnehmen.

Was wäre, wenn »die Zeit« eine imaginäre Person wäre, die neben uns geht und uns manchmal an der Schulter berührt, uns anhält, damit wir die kleinen und größeren Wunder um uns herum festhalten können?

Bei aller Ungewissheit ist eines gewiss: Die Zeit ist mächtig. Niemand kann sie manipulieren, austricksen, sich mehr von ihr erkaufen. Nur verschwenden können wir sie, was in sich bereits die Erkenntnis trägt, dass Zeit ein wertvolles Gut sein muss.

Laut Voltaire heilt sie gar alle Wunden, was Mark Twain um den Zusatz erweiterte, dass sie dabei aber eine miserable Kosmetikerin sei. Zeit allein genügt also nicht, um – auch im Alter – glücklich zu sein. Dass wir sie nutzen, ist das alles Entscheidende, denn nutzen wir sie nicht, kürzt sich unser Leben von ganz allein: um Erlebnisse, Gefühle, Glück. Was bleibt, ist die täglich wiederkehrende Eintönigkeit des Bekannten.

Also: Was fangen Sie jetzt mit Ihrer Zeit an?

47

Wir mögen es weder zu heiß noch zu kalt. Wir hungern ungern, wollen uns aber auch nicht sinnlos den Bauch vollschlagen. Wir haben gern Arbeit und Verantwortung, aber in bewältigbarer Menge – wollen weder arbeitslos noch ständig im Stress sein. In der Politik lieben die meisten von uns keine Extreme, ob nun links oder rechts. Und bei unseren Kindern ist es nicht anders: Sind sie im Babyalter, träumen wir davon, einmal eine Nacht nichts von ihnen zu hören, und achtzehn Jahre später davon, wenigstens alle drei Tage mal angerufen zu werden. Kurzum: die Dosis macht's, und in der Mitte lebt es sich am besten. Das mag langweilig klingen, ist aber ein Rezept für langes, glückliches und gesundes Leben.

KAPITEL 12

Dankbar sein

Wofür sind Sie dankbar?

Wenn Sie direkt weiterlesen, ohne einen Augenblick innezuhalten, ist es Ihnen ergangen wie den meisten Menschen: Sie sind unbewusst über eine wichtige Frage hinweggegangen, ohne wirklich in gebührender Form darüber nachzudenken. Kein Grund zur Besorgnis. Dies ist (leider) normal. Wir alle neigen des Öfteren dazu, lieber der Neugierde nachzugeben, was wohl als Nächstes im Buch, Film, um uns herum folgt, als innezuhalten, im Moment zu bleiben, um über das gerade Erlebte zu reflektieren. Bevor wir uns an dieser Station umsehen, bitten wir Sie daher, eine Ausnahme von der Regel zu machen.

Nehmen Sie sich eine Minute Zeit nur für sich und notieren Sie, wofür Sie in Ihrem Leben dankbar sind. Wenn gerade kein Stift parat liegen sollte oder Sie das reine Denken dem Schreiben vorziehen, klappen Sie das Buch einfach zu und gehen Sie im Geiste alle Faktoren und Menschen durch, die Sie mit Dankbarkeit erfüllen. Allen Ungeduldigen sei zur Beruhigung verraten: Auf der nächsten Seite erfahren Sie, warum wir Sie ausnahmsweise darum bitten, erst nachzudenken und dann weiterzulesen.

Wofür bin ich dankbar?

_____

_____

_____

_____

_____

_____

_____

_____

Und: Wie ist es Ihnen ergangen? Fiel es Ihnen leicht, gute Gründe fürs »Danke sagen« zu finden? Hat der halbseitige Freiraum vielleicht sogar nicht ausgereicht, weil Sie für so vieles dankbar sind? Neben einem »Danke«, dass Sie sich auf unseren Wunsch eingelassen haben, sind wir Ihnen noch eine Erklärung schuldig, warum diese Leseunterbrechung so wichtig war, ist und bleibt.

»*Dankbarkeit ist nicht nur die größte aller Tugenden, sondern auch die Grundlage für alle anderen.*«

Nicht nur Cicero, von dem diese Aussage stammt, erkannte, dass Dankbarkeit das wohl wichtigste und gleichermaßen unterschätzteste Gefühl überhaupt ist. In einer gemeinsamen Studie haben Forscher der University of California (San Diego) und der schottischen University of Stirling herausgefunden, dass sich unser Glücksgefühl um fünfundzwanzig Prozent hebt, wenn wir dankbar sind. Warum dies so ist, verraten wir Ihnen gleich. Vorher folgt eine schlechte Nachricht: Dankbarkeit ist kein Automatismus. Dies ist leicht zu erkennen, werfen wir einen kurzen Blick auf unsere heutige Gesellschaft.

Bitte überlegen Sie einmal: Wie oft am Tag hören Sie von anderen ein »Danke« oder sagen es selbst? Und wie oft wäre ein »Danke«, rein objektiv betrachtet, nicht nur höflich oder angebracht, sondern auch hilfreich? Die aufgehaltene Tür, der angebotene Platz in Bus und Bahn, der Vortritt in der Warteschlange, die ohne Grund überlassene Vorfahrt, der gebrachte Kaffee oder Tee, geliehenes Geld, geschenkte Zeit ...

Jeder von uns ist in der Welt »da draußen« unterwegs und mit anderen Menschen in Kontakt. Mal direkt, mal indirekt. Dennoch lässt uns das Gefühl nicht los, dass auf jeden Fall das artikulierte »Danke« weniger geworden ist, oder? Wenn Dankbarkeit also kaum mehr hörbar nach außen dringt, wie sieht es dann im Inneren vieler Menschen aus? Besser oder schlechter?

Unsere gewachsene Besitz- und Konsumgesellschaft scheint die Dankbarkeit verlernt zu haben. Nachvollziehbar, da das Verlangen nach immer »mehr, neu und anders« die Zufriedenheit mit dem, was man hat, verdrängt. Mehr noch. Das Verlangen führt dazu, dass wir das, was wir haben, nicht wertschätzen, weil mit der Zufriedenheit und Wertschätzung des Vorhandenen alles Bessere und Neuere obsolet wäre. Wer bräuchte ein neues Auto, wenn ihm das alte vollkommen genügen würde (es sei denn, es fährt nicht mehr)? Unsere Höher-schneller-weiter-Mentalität ist es, die der Dankbarkeit die Luft nimmt, die unserer Genügsamkeit keinen Raum lässt.

Bereits Kinder verlernen es, dankbar zu sein, weil sie sich – wer mag es ihnen verdenken – diebisch auf den nächsten Geburtstag, das nächste Weihnachtsfest und somit auf neue Geschenke freuen. Das Neue wird liebkost und wertgeschätzt, während das Alte in Schubladen verschwindet. Neu schlägt alt. Aber alt schlägt zurück: Im Alter.

Beim Älterwerden steigen unsere Chancen auf gelebte und erlebte Dankbarkeit rapide an. Verantwortlich hierfür ist zum einen unser natürlicher »Verfall«. Wie bei einem in die Jahre gekommenen Auto, fängt es auch bei uns irgendwann hier und da an zu klappern. Doch im Gegensatz zu früher werden wir dankbarer für die Teile in und an uns, die noch funktionieren. Auch wenn die Körperbaustellen zunehmen und uns zunehmend nerven, können wir uns darüber freuen, dass der »Motor« noch läuft, wir noch da ankommen, wo wir hinwollen. Manches fällt weg oder aus, anderes erfüllt treu seinen Dienst.

Dankbarkeit besitzt die Kunst, den guten Aspekten des Lebens mehr Aufmerksamkeit zu schenken als den schlechten. Manches Störende ignorieren wir gekonnt oder lernen, es nicht zu negativ aufzuladen, es nicht unnötig zu überhöhen. Was wir nicht können, was wir nicht haben, was früher mal war. Das alles radiert Dankbarkeit zwar nicht bis zur Unkenntlichkeit aus, sie schaut aber auch nicht genauer hin als gerade nötig.

Vielmehr richtet sie unsere Aufmerksamkeit auf all das, was wir haben, was uns umgibt, wer wir sind. Sie weiß, dass für jeden von uns unzählige Gründe existieren, dankbar zu sein. Es ist, wie so vieles im Leben: alles eine Frage der Einstellung, des Fokus.

Was sagt Bände über die Glücksfähigkeit von Menschen? Die Fähigkeit zur Dankbarkeit. Fürs Leben an sich, für die Lieben um uns herum, für Pflanzen und Tiere, für unser Tun und unsere Heimat. Was erstickt das Glück? Neid und Bitterkeit.

Was würden Sie sagen: Sind Sie eher ein Mensch mit einer ausgeprägten Sorgen-/Grübelneigung oder ein lebensfroher Optimist? Ist Ihr Wasserglas des Lebens eher halb voll, halb leer oder ist das Glas nur zu groß für den Inhalt?

Bewusstsein hilft, denn auf die Frage nach der eigenen Dankbarkeit fragen manche Menschen sofort zurück:

»Wofür soll ich denn dankbar sein?«

Ungefragt folgt nicht selten, fast schon enthusiastisch, eine Aufzählung der Gründe, warum man eben gerade nicht dankbar sein kann, warum es das Leben schlecht mit einem gemeint hat, zum Beispiel mit dem nörgelnden Partner, dem cholerischen Chef, undankbaren Kindern, falschen Freunden, zu wenig Geld und dergleichen mehr.

Natürlich gibt es auch andere, die mit etwas Nachdenken zehn Dinge zusammenbekommen, für die sie dem Leben, oder wem auch immer, dankbar sind. Vielleicht ein

Prozent schafft es gar, einhundert und mehr Gründe zu nennen. Im Gegensatz zu vielem anderen, wo weniger mehr ist, verhält es sich bei Dankbarkeit genau entgegengesetzt: Je mehr, desto besser, weil glücksbringender.

Dankbarkeit verändert unser Glücksgefühl. Dankbare Menschen können bestätigen, wie sehr positive Gefühle wie Optimismus und Zufriedenheit durch mehr Dankbarkeit zunehmen und gedrückte Stimmungen und Stress abnehmen.

Dankbarkeit hebt das allgemeine Lebensgefühl, weil sie unsere Suchscheinwerfer ändert. Haben wir aufgrund medialer Dauerpräsenz des Negativen und der Leichtigkeit des Klagens gelernt, durch die Defizitbrille zu blicken, auf das, was schlecht läuft, was wir nicht haben (andere dafür schon), korrigiert Dankbarkeit unseren Blick. Sie dreht unseren Kopf vermehrt vom Schatten ins Licht, wodurch wir nicht mehr nur den Mangel wahrnehmen, sondern zunehmend die Fülle des eigenen Lebens.

Kritiker mögen dies als Verzerrung von Tatsachen oder Ignoranz der Wahrheit bezeichnen. Der Blick zum Guten negiert weder das Schlechte, noch verharmlost er es. Er verleiht vielmehr Kraft und verleiht dem Positiven ein Mehr an Energie, was nicht nur zu mehr eigenem Glück führt, sondern auch dabei helfen kann, das Schlechte zu minimieren.

Je mehr Dankbarkeit wir also zulassen, desto breiter wird der Nährboden des Guten, der eine Aufwärtsspirale des Wohlbefindens in Gang setzen kann, die Weiteres nach sich ziehen kann, wie zum Beispiel:

Mehr Kreativität, weil wir lernen, anders wahrzunehmen, zu denken, und immer wieder etwas Neues entdecken, wofür wir dankbar sein können.

Mehr soziale Integration, weil echte Dankbarkeit, die

wir auch anderen entgegenbringen, immer für Resonanz sorgt und unwillkürlich zu uns zurückkommt (»Geben ist seliger denn nehmen«, steht schon in der Bibel).

Mehr psychische Widerstandsfähigkeit, weil wir unsere inneren (Abwehr-)Kräfte stärken, energiegeladener und krisenfester werden.

Dankbarkeit ist somit nicht nur ein wundervoller und vor allen Dingen kostenloser Glücks-, sondern auch ein hervorragender Gesundmacher. Der Wissenschaftler Robert Emmons und sein Kollege Michael McCullough starteten im Jahr 2003 drei Studien, die mit Dankbarkeitsinterventionen arbeiteten. Hundertzweiundneunzig Probanden mussten ein Tagebuch führen und wurden hierfür in drei Gruppen eingeteilt: Gruppe eins notierte alles, wofür sie dankbar war. Die Mitglieder der Gruppe zwei schrieben alles Schlechte auf, das ihnen täglich widerfahren war. Und Gruppe drei schrieb neutral über ihre Erlebnisse. Das Ergebnis nach zehn Wochen: Die Probanden der Gruppe eins wiesen bei psychologischen Befragungen mehr Optimismus auf als die Probanden der anderen Gruppen. Ebenso verspürten sie mehr Vitalität und Lebensfreude, berichteten von reduzierten Symptomen wie Bauch- oder Kopfschmerzen, Schwindel oder Muskelverspannungen. Die Dankbaren gingen seltener zum Arzt, schliefen länger und besser und verfügten auch über eine bessere Fitness, weil sie messbar mehr Sport trieben als die Vergleichsgruppen.

Der auf Psychoneuroimmunologie und Psychosomatik spezialisierte Paul J. Mills führte mit hundertsechsundachtzig Männern und Frauen, die unter einer Herzschwäche (Herzinsuffizienz im Stadium B) litten, eine Studie durch, bei der sie noch keinerlei körperliche Symptome hatten. Bei denen, die er ein Dankbarkeitstagebuch führen ließ, besserte sich die körperliche Verfassung, und ein Abrutschen in die kritischere Phase C konnte verhindert werden, was für Mills nahelegte, dass Dankbarkeit die Herzgesundheit von Herzpatienten unterstützt.

Andere Forscher verschiedenster Richtungen gehen weiterhin davon aus, dass Dankbarkeit sogar einen Schutzfaktor vor Depressionen und Suchterkrankungen sowie eine Hilfe bei der Prävention von Angst- und Panikerkrankungen und der Milderung von Phobien darstellen kann. Eigentlich logisch, denn wie sollen negative Gefühle wie Angst, Neid, Wut auch neben Dankbarkeit existieren? Können Sie gleichzeitig lachen und wütend sein, Freude und Angst in einem empfinden? Je mehr Licht wir in Form dankbarer Gedanken und Taten in unser Leben bringen, desto kleiner werden die Schattenseiten, desto klarer wird unser Kopf, desto wärmer wird uns ums Herz.

Natürlich dürfen wir auch die positiven Auswirkungen auf unseren Lebensstil nicht vergessen. Dankbarkeit bereichert uns (und andere) nicht nur emotional, sie spart uns auch eine Menge Zeit, Nerven und sogar Geld. Dankbare Menschen messen materiellen Gütern nämlich weniger Wert bei, kaufen dadurch weniger Unnötiges und entwickeln zudem kaum Neidgefühle gegenüber besser situierten Mitmenschen.

Dankbare Menschen verfügen über ein hohes Mitgefühl und Empathie und sind dadurch oftmals hilfsbereit und großzügig. Sie spenden mehr und stellen mit größerer Wahrscheinlichkeit persönliche Vorteile dem gemeinsamen Vorteil zuliebe zurück. Wer einen dankbaren Menschen in seinem direkten Umfeld hat, wird sich gern in seiner Nähe aufhalten. Weil Dankbarkeit nicht nur bedeutet, genügsam und wertschätzend zu sein, sondern vor allem: aufmerksam, achtsam. Welch Glück, dass wir Dankbarkeit trainieren können – in jeder Situation und in jedem Alter.

Gründe, dankbar zu sein, gibt es unzählige, wenn wir sie sehen und anerkennen. Zuallererst können wir dankbar sein für uns, für das, was wir sind, unsere Werte, Fähigkeiten, Eigenschaften. Seien wir dankbar für unsere Gesundheit und die Fähigkeit unseres Körpers, sich selbst in vielerlei Hinsicht zu heilen. Nicht umsonst nimmt im Alter die Dankbarkeit zu, schmerzfrei zu sein. Was in jungen Jahren Normalität zu sein scheint, ist es eben nicht. Nur wird dieses erst Gewissheit, wenn wir achtsam sind und es dankbar wahrnehmen.

»Carpe diem.« Jeder kennt es. Aber sind wir auch dankbar für jeden neuen Tag, nutzen wir ihn und freuen uns über jede neue Erfahrung, jedes Teilhabenkönnen? Wie sieht es mit Dingen um uns herum aus wie der Natur, unserem Zuhause? Erfreuen wir uns daran, oder ist alles unaufgeregte Normalität, weil es ja schon so lange bei uns und zur Gewohnheit geworden ist?

Wie dankbar sind wir für die Menschen, die unser Leben positiv beeinflussen (oder beeinflusst haben)? PartnerIn, Kinder, Eltern, Großeltern, Großfamilie, Freunde, Nachbarn …

Die Dankbarkeits-Palette ist unendlich. Vom Riesengroßen bis zum Klitzekleinen. Vom deutlich Sichtbaren bis zum unsichtbar Gefühlten. Wenn wir Augen und Ohren, Verstand und Herz öffnen, werden wir überflutet werden von Möglichkeiten, für die wir dankbar sein könnten, wenn wir denn wollen.

Auch alles, was wir nicht sehen, nicht erlebt haben, dürfen wir mit gutem Gewissen heranziehen. Was ist alles an Ihnen vorübergegangen, wofür Sie dankbar sind? Ängste, Abhängigkeiten, Krankheiten, Unfälle, Krieg, Hunger, Arbeitslosigkeit, finanzielle Not, Schicksalsschläge?

49

Was man Leben nennt, ist ein Tanz auf brüchigem Eis und eine sehr verletzliche Verein- barung, die jederzeit einseitig kündbar ist. Lasst uns daher jede Minute Leben genießen. Es ist ein Geschenk.

Übrigens: Wer es deplatziert findet, Dankbarkeit für ausgebliebene Schlechtigkeiten zu empfinden, wer es gar als deplatzierte Freude über das mögliche Unglück anderer Menschen ansieht, dem sei eine Veränderung des Blickwinkels empfohlen. Wer sich freut, dass er oder seine Kinder gesund sind, dass er Arbeit hat, genug zu essen oder ein Dach über dem Kopf, der schadet damit niemand anderem. Im Gegenteil: Weil er das scheinbar Normale, Gottgegebe- ne, eben nicht als solches ansieht, schätzt er den unschätz- baren Wert des Lebens.

Und noch etwas kann man hieraus wunderbar erkennen: Dankbarkeit und Demut sind Geschwister, die stets Arm in Arm durchs Leben geben. Daher ist es auch vollkom- men in Ordnung, mehr noch, fast schon erstrebenswert, dankbar dafür zu sein, *sein* zu dürfen. Der Demütige er- kennt und akzeptiert aus freien Stücken, dass es etwas für ihn Unerreichbares, etwas Höheres gibt. Er hadert nicht, sondern genießt das, was ist.

Danke.

Neben »Liebe« wieder so ein Wort, das mehr auslösen kann als die meisten anderen unserer drei- bis fünfhunderttausend Wörter, die wir kennen. Nicht ohne Grund hat ein bekannter Süßwarenhersteller eine Schokolade mit dem Wort »Danke« bedruckt, allerdings in französischer Sprache. Und ist es nach dem Aufenthalt an dieser Station unserer Erkundungsreise zu verdenken, dass das süße Dankeschön zu einem der beliebtesten Geschenke und Mitbringsel geworden ist? Ohne dieses eine Wort, samt unterbewusst mitschwingender Botschaft, wäre dies wahrscheinlich nicht gelungen.

Aus vielerlei Hinsicht ist es also sinnvoll, den »Dankemuskel« des Öfteren anzuspannen. Mit zwei kleinen Ideen kann es uns mit sehr wenig Aufwand gelingen, Dankbarkeit in Glück zu verwandeln.

Das Dankbarkeitsbuch

Notieren Sie, wofür Sie dankbar sind. Dazu müssen Sie kein ausführliches Tagebuch führen, aber das kurze Auflisten der Dinge, für die man heute dankbar ist, führt automatisch zu mehr Glücksgefühl. Ob jeden Tag oder einmal im Monat. Drei Dinge oder zehn. Wichtig ist einfach, es zu tun, weil es vor Ihnen schon hunderttausend andere mit großem Erfolg getan haben.

Viele fühlten sich bereits nach kurzer Zeit voller Optimismus, energiegeladen und konnten sich den Anforderungen des Alltags besser stellen. Selbst körperliche Symptome wie Bauch- oder Kopfschmerzen reduzierten sich, weil sie weniger Stress empfanden, sich weniger über Negatives aufregten.

Sie können sich alternativ auch ein Einmachglas in die Küche stellen und immer dann einen Zettel beschriften und hineinwerfen, wenn Ihnen etwas einfällt, wofür Sie dankbar sind. Oder auch Belege für Erlebnisse, die Sie mit Dankbarkeit erfüllen: Eintrittskarte von einem tollen Konzert- oder Kinoabend, die Rechnung von einem wundervollen Essen mit dem liebsten Schatz, Mitbringsel aus dem Urlaub, besondere Fotos. Alles, was Ihr Jahr besonders gemacht hat (und damit Ihr Leben), ist dringend erwünscht. Ein schöner Glücksrückblick am Jahresende an Silvester ist das Leeren und Lesen auf jeden Fall.

Seinen Dank ausdrücken

Schreiben Sie einen Brief an einen Menschen, dem Sie dankbar sind. Oder noch besser: Sagen Sie es ihm oder ihr. Sie könnten in Ihrem Umfeld eine Kultur des Bedankens einführen, die allen zugutekommt. Denn was man gibt, kommt zu einem zurück, weil das Glück keine Einbahnstraße ist, sondern ein Kreislauf.

Nicht die glücklichen Menschen sind dankbar. Die dankbaren Menschen sind glücklich. Also:

Wofür sind Sie dankbar?

50

Schicksal als Chance. Das Leben erscheint uns farbiger nach schweren Schicksalsschlägen. Wir lernen Dankbarkeit und Demut. Plötzlich erscheint uns das Alltägliche nicht mehr selbstverständlich. Wir können es neu genießen in ungeahnter Tiefe.

KAPITEL 13

Die dunkle Seite des Alters

Wäre es nicht wundervoll, wenn es eine Garantie gäbe, dass wir unsere Zeit auf Erden bis zu unserem letzten Tag in bester Gesundheit verbringen dürften!? So sehr wir dies uns alle wünschen, so sehr wir uns alle darüber freuen würden, so sicher ist auch, dass es eine solche Gesundheitsgarantie leider nicht gibt. Auch für kein Geld der Welt. Denn so, wie die Sonne nicht jeden Tag in all ihr möglichen Helligkeit und Wärme erstrahlt, hält auch das Älterwerden nicht nur unbeschwerte, freundliche Tage für uns bereit.

Auch im Alter gibt es Zeiten, in denen es dunkel wird um uns herum, in denen wir uns vor Kälte schütteln, uns Lichtblicke fehlen. Die Liste des möglichen Unglücks ist lang, zu lang. Sehen wir doch nur mal auf die im Vorwort erwähnte Liste der größten Befürchtungen, die Menschen hinsichtlich des Alters haben (siehe Abbildung 1).

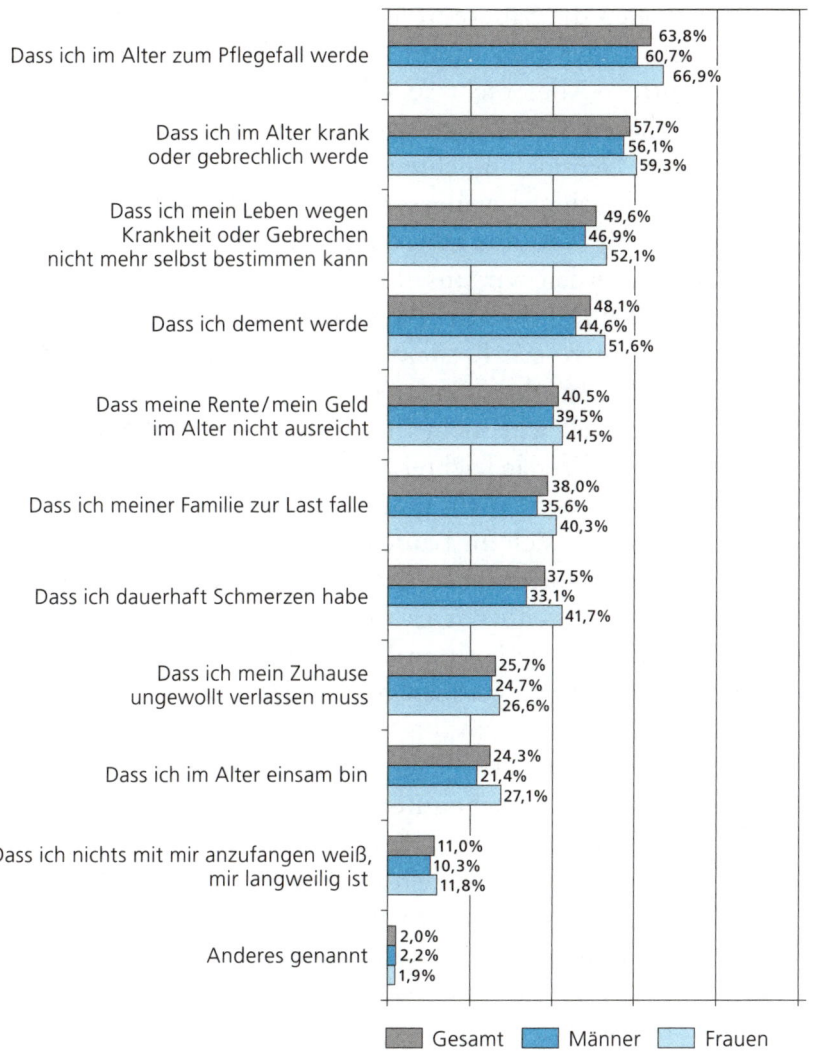

Dass ich im Alter zum Pflegefall werde
63,8%
60,7%
66,9%

Dass ich im Alter krank oder gebrechlich werde
57,7%
56,1%
59,3%

Dass ich mein Leben wegen Krankheit oder Gebrechen nicht mehr selbst bestimmen kann
49,6%
46,9%
52,1%

Dass ich dement werde
48,1%
44,6%
51,6%

Dass meine Rente/mein Geld im Alter nicht ausreicht
40,5%
39,5%
41,5%

Dass ich meiner Familie zur Last falle
38,0%
35,6%
40,3%

Dass ich dauerhaft Schmerzen habe
37,5%
33,1%
41,7%

Dass ich mein Zuhause ungewollt verlassen muss
25,7%
24,7%
26,6%

Dass ich im Alter einsam bin
24,3%
21,4%
27,1%

Dass ich nichts mit mir anzufangen weiß, mir langweilig ist
11,0%
10,3%
11,8%

Anderes genannt
2,0%
2,2%
1,9%

▨ Gesamt ▨ Männer ☐ Frauen

Abbildung 1: Die größten Befürchtungen im Alter
Quelle: Befragung von eintausend Männern und Frauen ab vierzehn Jahren (Schwerpunkt Menschen ab fünfzig Jahren) in der Bundesrepublik Deutschland (repräsentativ für 70,6 Mio. Personen) durch Ipsos im März 2020.

Wir wollen die Saboteure des Glücks nicht einfach verschweigen, oder nonchalant darüber hinweggehen nach dem Motto: »Alles nicht so schlimm.« Die dunklen Momente gehören zum Leben wie die hellen – auch beim Älterwerden. Dennoch möchten wir sie aber auch nicht über Gebühr betrachten, weil es für sie – glücklicherweise – auch nicht die Garantie gibt, dass sie uns ereilen.

Nähern werden wir uns ihnen daher nicht mit sorgenverbreitender Detailverliebtheit, sondern vielmehr aus der Vogelperspektive mit Respekt. Immer auf der Suche nach dem Aha-Effekt, dem Gedanken, der den Schattenseiten des Lebens vielleicht nicht ihre Traurigkeit und Schwere nimmt, aber hilft, sie leichter zu (er-)tragen.

Es gibt Dinge, die nicht in unserer Macht stehen.

Manches, was sich im Laufe eines Lebens ereignet, können wir weder vorhersehen noch beeinflussen oder gar vermeiden. Auch, wenn wir es uns noch so sehr wünschen und alles in unseren Kräften Liegende dafür unternehmen würden. Die Dinge geschehen trotzdem, obwohl wir sie nicht wollen.

Wir können den natürlichen körperlichen »Verfall« nicht aufhalten, ihn in manchen Bereichen sogar noch nicht einmal hinauszögern oder erträglicher machen. Wenn unser Gang beispielsweise unsicherer wird, wir langsamer gehen, uns beim Gehen mit Händen absichern oder unsere Schritte achtsam wählen müssen, kann dies an den Strukturen im Innenohr liegen, die steifer werden und langsam verfallen. Was wollen wir hiergegen vorbeugend unternehmen?

Nichts. Und auch für andere Glücks-Saboteure gibt es kein Gegenmittel, ist kein Kraut gewachsen, das wir nur pflücken und einnehmen müssten, damit alles wieder gut wird. Unfälle, schwere Krankheiten, lange Arbeitslosigkeit, unkalkulierbare Verluste, Pflegebedürftigkeit. Trotz größtmöglicher Achtsamkeit und intensivster präventiver Bemühungen können uns Dinge ereilen, die unser Leben von jetzt auf gleich einschneidend verändern, es manchmal gar komplett auf den Kopf stellen und uns mit der grausamen Frage konfrontieren, ob es überhaupt noch einen Sinn hat weiterzuleben.

Eigentlich könnten wir das Buch jetzt mit der Erkenntnis beschließen, dass wir das Unglückbringende, das uns oftmals wie aus dem Nichts ereilt, eben hinnehmen müssen. Ob wir es wollen oder nicht. Und dies stimmt ja auch, aber dennoch gibt es sie, die, wenn auch kleinen und manchmal kaum wahrzunehmenden Möglichkeiten, das Unvermeidbare etwas leichter zu (er-)tragen.

Was wir beispielsweise grundsätzlich tun können, ist, Hilfe anzunehmen. Sei es von hierfür extra entwickelten Objekten wie Gehhilfen oder elektrisch unterstützten Fahrrädern oder auch von Menschen. Obwohl gerade diese Annahme von Hilfe manchen Älteren schwerfällt, da sie schließlich das öffentliche Eingeständnis ist, manches allein nicht mehr zu meistern, ist sie richtig und wichtig. Es ist weder ein Makel noch eine Schande, helfende Hände anzunehmen. Scham ist irgendwann sowieso vollkommen fehl am Platz. Vielmehr ist es eine Schwäche, Hilfe nicht anzunehmen, weil wir uns selbst damit schaden und anderen das so wichtige Gefühl verwehren, helfen zu dürfen.

Wir sollten dankbar sein, dass sie uns überhaupt angeboten wird, uns zur Verfügung steht, weil wir durch sie auch weiterhin in vielen Situationen aktiv am Leben teilnehmen können. Wir sollten alles tun, um den natürlichen Rückbau des Lebens so lange wie möglich hinauszuschieben. Dieser beginnt oft damit, nicht mehr Fahrrad zu fahren, weil man sich unsicher fühlt. Danach fährt man weniger Auto und nicht mehr so weit. Irgendwann geht man nur noch spazieren,

51

In jedem Leben gibt es Phasen, in denen wir glauben, dass es nicht mehr weitergehen könne. Wir liegen am Boden und sehen das Licht nicht mehr. Aber fast immer folgen auf wundersame Weise andere Zeiten, in denen die Sonne wieder scheint und man kaum glauben kann, dass die Hoffnung mal weg war. Vergessen wir das nicht, wenn es wieder mal dunkel wird!

wenn's weder zu heiß noch zu kalt, noch zu stürmisch oder glatt ist. Irgendwann geht man dann gar nicht mehr aus dem Haus, weil draußen alles zu unsicher geworden ist. In Wahrheit hat sich das Außen mit den Jahren gar nicht so stark verändert, nur wir selbst im Inneren.

Indem wir die Hilfe anderer annehmen, erhalten wir uns unsere Mobilität. Und wir machen unsere Helfer glücklich, eben weil sie uns helfen können. Auch werden wir nicht vermeiden können, dass wir irgendwann schlechter schmecken können. Unsere Geschmacksknospen werden einfach weniger empfindlich und transportieren die im Mund versammelten Genüsse nicht mehr in aller Pracht zu unserem Gehirn. Gleiches gilt für unsere immer dünner und trockener werdende Nasenschleimhaut und die verfallenden Nervenenden in der Nase, was bedeutet, dass wir schlechter riechen können.

Wir können unseren nachlassenden Geruchs- und Geschmackssinn jedoch etwas auffangen, indem wir unser Gehirn zurate ziehen. Auch wenn wir den aufgenommenen Genuss nicht mehr in Gänze wahrnehmen können, ist unser Gehirn dazu in der Lage, den verbliebenen Rest mit genossenen Erinnerungen aufzufüllen.

Das selbst gegrillte Essen, das wir bei unserem fünfzigsten Geburtstag im Kreise unserer Liebsten bei blauen Himmel und Sonnenschein in unserem Garten genossen haben. Den nach Frühling duftenden Blumenstrauß, der aufgrund seiner ausladenden Größe gar nicht in unseren Arm passte, als wir ihn einfach mal so zwischendurch von unserem Liebsten erhielten. Der salzige Geschmack des Meeres auf der Zunge, als wir uns den Wind um die Nase wehen ließen, weil wir eine Auszeit vom Hamsterradrennen brauchten ...

Sie werden viele ganz eigene Momente erlebt haben, die Ihnen sofort wieder in den Sinn kommen und Ihre Sinne aufs Neue erwecken mit den Dürften und Geschmäckern von damals. Je intensiver unsere Erfahrungen damals waren, desto eher können wir auf sie im Alter zurückgreifen, wenn das Essen vielleicht nicht mehr so kräftig schmeckt, die Blumen schwächer duften. Unser Gehirn speichert auch Unsichtbares für uns, wenn wir ihm zeigen, dass es uns wichtig ist.

Es gibt noch eine Menge weiterer kleinerer Schattenseiten, die vielleicht nicht so sehr ins Gewicht fallen, unser Lebensglück nicht aus seiner Balance reißen, aber die uns trotzdem belasten können. Bei ihnen könnten wir versuchen, neue Blickwinkel zu finden, aus denen wir sie betrachten. Wenn wir uns im Alter beispielsweise nicht mehr alles leisten können, wäre ein hilfreicher Gedanke, was wir überhaupt brauchen an Besitz und Konsum, um glücklich zu sein. Vielleicht sind wir ja genügsamer als früher und wir benötigen nicht immer wieder etwas Neues?

Auch können wir die Dinge anders in Relation setzen. Wenn körperliche Probleme auftreten oder zunehmen und manche Funktionen gar ihren Geist aufgeben, könnten wir uns bewusst machen, dass wir eine liebe Partnerin/einen lieben Partner an unserer Seite haben, tolle Freunde, ein schönes Zuhause, eine gute Nachbarschaft, Tiere zum Kuscheln oder vieles andere mehr …

All dies macht das Schlechte nicht ungeschehen, aber mildert zumindest seine negative Wirkung auf uns, weil anderes, Schöneres, sie zumindest phasenweise überstrahlt. Alles ist relativ, und wir selbst setzen den Maßstab, für wie schlimm wir die Dinge erachten. Damit ist ausdrücklich nicht gemeint, sich am (schlimmeren) Leid anderer Menschen zu ergötzen, weil es ihnen noch schlechter geht als uns. Aber manchmal kann uns dieser Vergleich einfach helfen, auch im Unglück einen Funken Dankbarkeit zu finden.

Übrigens: Auch, wenn dunkle Wolken über uns aufziehen, sollten wir den Blick nicht neidvoll zu anderen wandern lassen, denen es aus unserem Blickwinkel besser geht als uns. Neid und Missgunst führen uns nur immer tiefer in die Dunkelheit. Und dort ist nichts Positives mehr zu finden. Vielmehr sollten wir nach Wegen suchen, auf denen wir das eigene Unglück ein Stück weit umgehen oder auf denen wir damit zumindest besser umgehen können.

Beispielsweise, indem wir aufhören, nach einer Antwort zu suchen auf die Frage: »Warum gerade ich?« Niemand wird sie uns (zufriedenstellend) beantworten. Wenn uns diese drei Worte unser ganzes weiteres Leben begleiten, uns innerlich weiterbeschäftigen, werden wir nicht finden, was wir so dringend benötigen: inneren Frieden. So schwer es ist, so unmöglich es gerade in den Momenten erscheinen mag, in denen das Tragische geschieht: Wir müssen akzeptieren, was passiert ist.

Und dazu gehört, dass wir zum einen aufhören müssen, verstehen zu wollen, warum es gerade uns ereilte und ausgerechnet jetzt kam. Und zum anderen, dass wir auch die zweite Dauerfrage unseres Verstandes ausschalten: »Was wäre, wenn …?«

All das hält uns in der Vergangenheit gefangen, hält uns fest und lässt uns frustriert auf der Stelle treten, was dazu führt, dass wir uns danach immer weiter eingraben. Was wir brauchen, ist der so oft bemühte »Blick nach vorne«. Und dieser gelingt uns nur, wenn wir uns mit dem Geschehenen nicht bis zum Lebensende zusätzlich innerlich beschweren, sondern es verarbeiten – wie lange es auch dauern möge.

52

Wenn alles nur noch dunkel ist, wenn Rollstuhl und Rollator einen voll im Griff haben oder der Krebs unheilbar ist, sei uns immer bewusst, dass der Genuss jedes Lebensmoments und die Dankbarkeit für all das erfahrene Glück eine kleine Schwester haben: den bewussten Abschied aus freiem Willen. Die Politik versucht uns das schwer zu machen, aber es ist das Recht eines jeden Einzelnen.

Helfen kann uns die Gewissheit, dass das Positive auch dann da ist, wenn wir uns in tragischen Lebenssituationen befinden, das Negative quasi rund um die Uhr um uns präsent ist und dadurch alles andere verdrängt. Wir müssen selbst auf die Suche nach dem Guten gehen, auch wenn es nicht leicht ist.

Selbst wenn bei einem Unterseeboot das Radar ausfällt, man nicht mehr weiß, wo man ist, wo man hinsoll oder wenn man nicht mehr manövrierfähig ist: Es gibt vieles, das auch bei Ausfällen einzelner Teile noch funktioniert. Gleiches gilt für uns und unser Leben. Egal, was uns Tragisches geschieht: Wir verfügen in uns, um uns herum, immer über Dinge, aus denen wir Kraft ziehen können. Das gelingt uns aber nur, wenn wir unseren Fokus darauf richten. Dies können Menschen sein, für die es sich lohnt, nicht aufzugeben, oder eigene positive Lebensziele, die wir noch erreichen wollen. Diese dürfen übrigens durchaus andere sein als vor dem Eintritt des Tragischen in unser Leben.

Waren wir früher Läufer, können die Beine jetzt aber nicht mehr bewegen, erinnern wir uns vielleicht an eine andere frühere Leidenschaft: malen, basteln, werken, Gedichte schreiben oder was auch immer. Vielleicht schwingen wir uns zu ganz neuen Möglichkeiten auf, die wir vorher gar nicht gesehen haben, weil wir es nicht mussten. Mit (neuem) Glauben, erstrebenswerten Zielen, geliebten Menschen an unserer Seite kann es uns gelingen, unser Leben ein Stück weit oder komplett neu aufzustellen. Hierbei können wir jede Form von Hilfe gebrauchen. Ob verständnisvolle Worte, offene Ohren oder helfende Hände. Alles, was uns das Gefühl gibt, nicht allein zu sein mit dem persönlichen Unglück, stützt uns bei unserem weiteren Lebensweg, auf dem uns manch Tragisches leider bis zum Ende begleitet.

Suchen wir daher nach unseren Kraftquellen, werfen wir so viel Ballast wie möglich über Bord, damit wir ihn nicht zu lange mit uns herumschleppen müssen. Selbst in Schattenseiten können wir unser Glück finden. Auch, wenn es dann anders aussieht, als wir es früher gewohnt waren.

Das in unserer Macht Stehende

Glücklicherweise existieren auch Möglichkeiten, manche Schattenseiten gar nicht erst in unser Leben hineinzulassen beziehungsweise, wenn sie doch ungewollt kommen, sie mit Licht zu erfüllen. Beispielsweise können wir unseren im Alter immer penetranter werdenden inneren Schweinehund nicht nur bewusst wahrnehmen, sondern ihn auch ebenso bewegen.

Wenn irgendwann unser Durst- oder Hungergefühl nachlässt, unser Körper aber dennoch Nahrung braucht, um alle Organe am Leben zu erhalten, können wir uns Rituale schaffen, die uns das Essen und Trinken erleichtern. Wir könnten uns Tage einrichten, in denen wir mit dem Partner oder Freunden in der Stadt essen gehen, um das Notwendige mit dem Schönen zu verbinden. Ebenso könnten wir uns morgens vier große Gläser mit Wasser bereitstellen, die wir über den Tag verteilt zu uns nehmen.

Aber nicht nur unseren Hunger und Durst hat der eingenistete innere Schweinehund irgendwann fest im Griff, auch unseren Bewegungs- und Erlebnisdrang steuert er zunehmend. Wenn unser Bedürfnis, uns auszuruhen, gerade abends die Oberhand gewinnt, wenn unsere Gelenk- und Bewegungsschmerzen bestätigend mitteilen: »Lass uns lieber sitzen oder liegen!«, sollten wir hellhörig werden.

Natürlich wird es irgendwann so sein, dass Dinge, die früher gar kein Problem darstellten, nicht mehr von allein gehen. Auch normale Dinge, die uns früher leichtfielen, können uns mit der Zeit schwerfallen. Selbst für manche Kleinigkeiten müssen wir uns manchmal mehr anstrengen, als es uns lieb ist. Unser Körper muss (wie unser Geist übrigens auch) häufiger »geschmiert« werden, je älter er wird. Was dem Motor sein Öl, ist unseren Gelenken die Bewegung.

Daher bringen wir unseren Körper auch dann auf Trab, wenn in uns alles nach Ruhe ruft. Vielleicht kennen Sie es schon aus eigenem Erleben: Sie haben zwar eine Verabredung mit Freunden, Karten fürs Konzert oder Kino, eine Tischreservierung bei Ihrem Lieblingsitaliener, aber Sie haben eigentlich gar keine Lust. Die Couch und das Fernsehprogramm sind Ihnen lieber. Wenn Sie sich trotz aller Unlust und körperlichem Widerstand aber doch aufraffen und tun, was Sie sich vorgenommen hatten, kommt bei der Rückkehr nach Hause auch meist die Erkenntnis: »Schön war's. Gut, dass ich das gemacht habe.« Der innere Schweinehund hat nämlich die Fähigkeit, eine bleischwere blickdichte Decke über unsere möglichen Glücksmomente zu werfen, damit wir nicht in Versuchung geraten, sie zu genießen.

Trotz dieser positiven »Ich hab mich aufgerafft«-Erfahrung wird jedoch beim nächsten Mal mit an Sicherheit grenzender Wahrscheinlichkeit auch der innere Schweinehund wieder Chef spielen, indem er Ihnen zuraunt: »Muss das sein? Ruh dich lieber aus.« Je häufiger wir diesen Miesepeter-Kreislauf durchbrechen, für je mehr regelmäßige positive »Hintern hoch«-Erlebnisse wir selbst sorgen, desto häufiger stellen wir uns gegen den inneren Schweinehund und somit gegen das langsame Verblassen des Lebens, weil wir das »sein lassen« einfach sein lassen.

Um so lange wie möglich für wolkenfreien Himmel zu sorgen, sollten wir uns fragen, was wir vorbeugend unter-

53

Ob es nun die beginnende Demenz ist oder das simple Vergessen und Verdrängen, ob das Schmerzempfinden zurückgeht oder sich Sturzfolgen entgegen aller Expertenvoraussagen wieder »zurechtruckeln«, ob es das schlechtere Gehör ist oder einfach das Nicht-mehr-alles-hören-Wollen – das Altern hilft uns gnädig ein wenig bei der Bewältigung seiner Folgen.

nehmen können, um uns die Sonnenseiten des Lebens so lange wie möglich zu erhalten. Prävention schützt uns natürlich nicht vor allem, aber sie kann uns dabei helfen, unseren Körper, Geist und unsere Seele lebendig und stark zu halten. Zudem wirkt sich allein schon das Bewusstsein positiv auf uns aus, überhaupt etwas proaktiv zu tun, sich gegen Unerwünschtes zu stemmen.

Entscheidend ist hierbei jedoch auch wieder ein gewisser Fokus statt einer hyperventilierenden Aktivität in alle möglichen Richtungen. Wer so lange wie möglich ohne fremde Hilfe auskommen, also selbstbestimmt leben möchte, im eigenen Zuhause statt im Altersheim, der kann zumindest seine Wahrscheinlichkeit erhöhen, dies zu erreichen, wenn er dem Dreiklang »Ernährung, Bewegung, Denken« eine gewichtige Rolle beimisst.

Nicht alles werden wir hiermit im Leben umgehen können, aber immerhin so einiges. Manche Dinge, vor denen wir uns fürchten, existieren oftmals nur in unserem Kopf. Natürlich gibt es pflegebedürftige Menschen, Unglückliche in Altersheimen, Kranke mit Schmerzen. Aber müssen wir deshalb auch irgendwann automatisch betroffen sein? Nicht selten ängstigen wir uns vor Dingen, die später gar nicht eintreten, wie übrigens schon Jean-Paul Sartre wusste: »*Ein großer Teil der Sorgen besteht aus unbegründeter Furcht.*«

Woher aber kommt dieses »Sorgen-Phänomen«, das uns scheinbar alle ereilt? Vielleicht ereilt es uns gar nicht, sondern wohnt bereits seit Geburt in uns. Stellen Sie sich vor, wir befänden uns für einen Augenblick in der Steinzeit. Wir säßen, gemütlich an einen Felsen gelehnt, vor unserer Höhle und schauten genussvoll in den klaren Himmel. Vielleicht schlössen wir sogar die Augen, um die Sonnenstrahlen intensiv genießen zu können. Und ruckzuck, wären wir vermutlich tot, weil wir den Säbelzahntiger nicht gesehen hätten, der sich uns leise genähert hatte.

Es kommt nicht von ungefähr, dass wir auf Angstmachendes so stark reagieren. Schon seit Menschenbestehen sind wir auf das Negative getrimmt, das uns umgibt (oder umgeben könnte), weil sich dahinter vielleicht eine Lebensgefahr verbirgt, der wir aus dem Weg gehen wollen. Ganz früher bestimmte die Angst unser Leben, weil sie es sicherte. Angst war hilfreich, sogar überlebensnotwendig. Heute, da die Säbelzahntiger nicht mehr ganz so häufig bei uns vorbeischauen, brauchen wir keine Angst. Sie behindert uns mehr, als dass sie uns nützt.

166

Tauschen wir das Wort »Angst« um in »Respekt«, weil es einen immensen Unterschied ausmacht und die einzige Positivwirkung der Angst (die Vorsicht) trotzdem beinhaltet. Wer Angst im Straßenverkehr hat, der sieht in jedem Auto eine mögliche Todesfalle. Wer Respekt hat, verhält sich achtsam, was gut ist. Im Unterschied zur nur lähmenden Angst, die im schlimmsten Fall sogar dafür sorgt, dass wir gewisse Dinge, vor denen wir uns (unnötig) ängstigen, meiden, sorgt Respekt dafür, dass wir auf kluge Art (und weise!) vorsichtig sind. Respekt reicht uns daher als Schutzreflex vor möglichen Gefahrenquellen.

Zumal: Niemand von uns wird mit der Masse an Ängsten geboren, die in (zu) vielen Menschen herrschen. Ein neugeborenes Kind empfindet (vielleicht) dann Angst beziehungsweise fühlt sich unsicher und unwohl, wenn es friert, sich allein gelassen fühlt, Hunger oder Durst hat oder stark geschüttelt oder gekippt wird. Alle anderen Ängste, die es gibt (und dies sind Unmengen), sind erlernt beziehungsweise übernommen von anderen: unseren Eltern, Großeltern, Freunden, Lehrern, Kolleginnen, Medien und so weiter.

Dennoch kommt die Angst noch dann und wann in uns hoch, zeigt uns, dass sie da ist. Wenn wir die Angst nicht mehr in uns haben wollen, müssen wir uns zuerst klarmachen, dass es für die meisten Ängste keine Legitimation gibt, wenn überhaupt, dann geringe Wahrscheinlichkeiten. Außerdem können wir die Angst überhaupt erst dann überwinden, wenn wir zunehmend auf das Mutmachende, Bereichernde blicken, und das Sorgenbringende immer öfter links liegen lassen.

Dazu könnte beispielsweise zählen, nicht andauernd über Krankheiten zu reden, auch nicht darüber nachzudenken. Und wenn, dann mit dem »guten Blick«, eine Lösung dafür zu finden. Auch die Nachrichten über Kriege und Katastrophen mag zwar unseren Geist interessieren (in Wahrheit ist es wohl eher unser Angstüberlebenszentrum, das auf der Suche nach neuen möglichen Bedrohungen ist), ebenso wie das tägliche Studieren von Todesanzeigen. Dies alles führt uns aber nicht hin zu unserem Glück, sondern immer weiter davon weg.

Manche Schattenseiten werden kommen, keine Frage. Wir müssen sie aber nicht extra herbeidenken, indem wir uns darauf fokussieren, uns zu oft und zu intensiv damit beschäftigen. Wenn wir dies tun, drehen wir den Sonnenseiten des Lebens den Rücken zu. Mal ganz keck gefragt: Sind beispielsweise Rücken- oder Kopfschmerzen – relativ gesehen – im Sommer und Winter nicht gleich stark, fühlen sich im Sommer aber weniger schlimm an?

Vielleicht können wir auch mit dem Belastenden besser umgehen, wenn wir uns mit Sonne umgeben. Dies gelingt uns übrigens immer mehr, wenn wir nicht nur in uns selbst aufräumen und strahlen, sondern wenn wir auch um uns herum für eine Umgebung sorgen, in der wir uns rundum wohlfühlen.

Garantien mag es zwar für nichts geben. Wir können aber einiges dafür tun, um beim Älterwerden mehr Licht und weniger Schatten zu erleben und die dunklen Momente so gut es geht zu (er-)tragen. Zusammengefasst sind all diese Erkenntnisse in einem der wohl beliebtesten Zitate, dessen Urheber nicht mehr einwandfrei zu identifizieren ist, weil mehrere Menschen einen Erfindungsanspruch darauf erheben. Vielleicht zeigt bereits dies, wie viel Wahrheit sich hierin verbirgt.

»Gib mir die Gelassenheit, Dinge hinzunehmen, die ich nicht ändern kann, den Mut, Dinge zu ändern, die ich ändern kann, und die Weisheit, das eine vom anderen zu unterscheiden.«

Um diese Weisheit umzusetzen und dafür zu sorgen, dass unser Himmel im Alter dadurch etwas klarer wird, die Wolken kleiner und die sonnigen Momente mehr werden, brauchen wir neben »Übung« vor allem Wissen. Das Wissen darüber, was wir hinnehmen müssen und wo wir etwas ändern können. Denn es existieren unzählige kluge Ideen, wie wir uns vor allem auf der dunklen Seite des Alters bestmöglich zurechtfinden und leben können. Einige dieser Möglichkeiten, die wichtige Expertinnen und Experten unserer Zeit ans Licht gebracht haben, könnten und sollten Sie sich zu Herzen nehmen und im Hirn speichern. Die genannten Experten kommen nun auf den folgenden Seiten in ihren Gastbeiträgen zu Wort.

Lassen Sie sich überraschen, wie sie mit ihren einzigartigen Erfahrungen und nachgewiesenen Kompetenzen ganz neue Perspektiven aufzeigen und manche Schattenseite des Alters mit ein wenig Licht erhellen. Nicht selten ist es nur ein kleiner Gedanke, der uns hilft, Zuversicht zu gewinnen und in uns wohnende Sorgen vor die Tür zu setzen.

Die Welt der Demenz
EIN GASTBEITRAG VON SOPHIE ROSENTRETER

Lassen Sie sich von mir in die Welt der Demenz entführen. Demenz ist neben meiner Kindheit, der Wärme und Liebe meiner Familie, wohl der größte Lehrmeister in meinem Leben. Ich möchte Ihnen mit den nächsten Seiten einen imaginären bunten Koffer von Möglichkeiten an die Hand geben und erklären, warum ich der Meinung bin, dass wir als Gesellschaft an Demenz gesunden können.

Die Macht der Worte

Etwas Grundlegendes vorab, es geht um die Macht der Worte, denn so wie wir uns äußern (denken), so verhalten wir uns auch: Zum einen lassen Sie uns doch bitte davon ausgehen, dass Demenz keine Krankheit ist, sondern ein Syndrom mit vielen Symptomen. Einige Betroffene wünschen sich sogar die Bezeichnung »Behinderung«. Zum anderen sollten wir Menschen mit Demenz nicht auf die Diagnose reduzieren, in dem wir sie als »Demenzkranke/r« oder »Demente/r« benennen. Die betroffene Autorin und Demenzaktivistin Helga Rohra lehrte mich, dass sie am liebsten als »demenziell veränderte Person« bezeichnet werden will oder »Mensch mit Demenz«. Wir sollten uns also immer wieder fragen, wie wir es denn gern hätten.

Demenz heißt übersetzt »ohne Geist«, »abnehmender Geist« oder »weg vom Geist« – als pflegende Angehörige habe ich diese einseitig negative Sicht voll und ganz gespürt. Meine Großmutter hat sich immer mehr von uns entfernt. Und wir uns als Familie von ihr – und uns selbst auch. Sie war nicht mehr bei Verstand, war »ver-rückt« – und das machte uns Angst, Unbehagen, Sorge und oft auch wütend. Heute, mit einem Jahrzehnt Erfahrung als

»Demenzaktivistin«, würde ich diesem Syndrom gerne eine neue Beschreibung geben. »Hin zum Gefühl« wäre meine Essenz. Ja, die kognitiven Fähigkeiten nehmen ab, Sprache fällt zunehmend schwer, die Orientierung lässt nach, und auch die Wahrnehmung der Sinne verändert sich. Aber, es bleibt das Gefühl!

Wir sind aber eine Gesellschaft, in der der Verstand fast alles zu sein scheint. Fortschritt ist unser Motor – höher, schneller, weiter die Devise. Das Ich, das Ego immer fest im Sattel, treiben wir uns mit dem Verstand selbst an. Der Demenzexperte Erich Schützendorf bedient sich im Hinblick auf den Umgang mit demenziell veränderten Menschen gerne des Satzes aus dem Buch »Der kleine Prinz«: »Die Sprache ist die Quelle aller Missverständnisse.« Um mit Menschen mit Demenz zu kommunizieren, müssen wir innehalten, beobachten, dabei ehrlich in uns hineinspüren und so wertfrei wie möglich an die Gefühlswelt des Gegenüber herantreten und mitfühlen. Nutzen Sie Gestik, Mimik, Tonalität viel mehr als die Sprache. Erich Schützendorf fordert auf: Flirten Sie, ohne weitere Absichten und egal welchen Alters, welchen Geschlechts. Die Leichtigkeit des Momentes, wenn zwei Seelen miteinander flirten, bezeichnet er so: »Feenstaub – und der genügt sich selbst!«

Musik, Kunst, Poesie, Spiele und Sinnlichkeit, Berührung und vieles mehr sind unsere Brücken, um eine Beziehung zu gestalten, das Gegenüber zu aktivieren, einen gemeinsamen schönen Moment zu teilen. Der Verstand ist eben nicht alles! Die Demenz fordert uns quasi auf: Zurück zum Gefühl! Und deshalb bin ich der festen Überzeugung, dass wir als Gesellschaft an Demenz wachsen, vielleicht sogar ein Stück weit gesunden können.

Der Anfang – Demenz, der ungebetene Gast
Wie ein Stein, den man ins Wasser schmeißt und der seine Kreise immer weiter zieht, ist Demenz ein Stein, der in das Meer unserer Gesellschaft fällt. Angehörige, Nachbarn – wir alle sind betroffen! Viele Familien zerbrechen an dieser Behinderung. Andere reiben

sich an der Pflege so auf, dass Krankheiten entstehen. Wie bei meiner Mutter. Sich sieben Jahre lang keine Hilfe zu holen macht etwas mit einem ... Unter anderem »macht« das Krebs. Was hat Mami also empfunden im Pflegealltag? Scham, weil ihre Mutter sich nicht mehr kontrollieren konnte, sich beim Einkaufen auffällig, unangemessen verhielt. Angst, weil Omi bedrohlich wurde, unvorhersehbar in ihren Ausbrüchen. Wütend, weil sie mit etwas Absurdem, Bösem beschuldigt wurde.

Pflegende Angehörige werden schnell selbst zum Pflegefall. Studien belegen das[1].

Sorge macht krank, wenn sie nicht als Antrieb, als Impuls für Mut, Taten und Neugier nach Wissen und Verständnis wahrgenommen wird. Auch mich hat das Leben in der Pflege so geschwächt, dass ich kurz nach dem Tod meiner Mutter ebenfalls an Krebs erkrankte. Heute, nachdem ich mich seit zehn Jahren beruflich und voller Leidenschaft täglich mit dem Thema Pflege beschäftige, wachse ich mit jeder Erfahrung, und meine Seele gesundet. Ich verstehe, dass meine damalige Wahrnehmung sehr eingeschränkt, sehr ichbezogen und sehr begrenzt auf die eigenen Bedürfnisse war. Meine wichtigste Erkenntnis aus der Zeit der unwissenden, pflegenden Angehörigen ist: Hilfe annehmen ist ein Zeichen von Stärke, nicht von Schwäche! Zurzeit leben 1,7 Millionen Menschen mit Demenz in Deutschland (die Dunkelziffer wird doppelt so hoch geschätzt).

Über siebzig Prozent werden (noch) zu Hause gepflegt. Von diesen nehmen gerade mal dreißig Prozent der pflegenden Angehörigen Hilfe an. Es gibt sie, die Hilfe, die uns zusteht, die uns den Alltag um einiges erleichtern wird – wir nehmen sie nur nicht wahr und an. Das mag an der Generation der Pflegenden liegen, die nicht wirklich gelernt hat, nach Hilfe zu fragen. Das mag an dem Bild der Demenz liegen, das von den Medien düster geprägt wird. Das mag an der Angst vor Alter, Krankheit und Tod in unserer Gesellschaft selbst liegen.

Eckpfeiler der Demenz

Demenz ist der Überbau, unter dem sich sehr viele unterschiedliche Formen sammeln. Als ich angefangen habe, mich hauptberuflich mit diesem Thema auseinanderzusetzen, waren fünfzig Formen von Demenz belegt. Nur drei Prozent aller bekannten Demenzformen sind vererbbar. Was sind also die Auslöser? Zum einen ist unser Lebensstil ausschlaggebend: Wie ernähren wir uns (die mediterrane Küche gilt als die beste zur Vorbeugung)? Soziale Kontakte sind wichtig, aber auch Sport und Bildung wirken präventiv – »je höher der Berg, desto länger der Abstieg«, erklärte mir mal der Hirnforscher Manfred Spitzer. Rauchen erhöht das Risiko, starker Alkoholkonsum ebenfalls und die Zuckerkrankheit auch. Beim Alkohol macht die Dosis das Gift, laut einiger Studien schadet ausschließlich hoher Alkoholkonsum, während milder bis moderater Alkoholgenuss sogar förderlich sein kann. Zum anderen – und dem wohnt ein Zauber inne – liegt laut dem Neurologen Gerald Hüther die beste Prävention in der Lebensfreude! Heißt: Je glücklicher wir waren/sind, umso besser sind wir vor Demenz geschützt! Setzen Sie also alles daran, glücklich zu sein! Machen Sie Ihr Lebensglück zur höchsten Priorität auf Ihrer To-do-Liste!

Nonnenstudie – wie wir uns selbst heilen können

Der Neurologe Gerald Hüther hat in seinem Buch »Raus aus der Demenzfalle« die lang bekannte Nonnenstudie beleuchtet. Die Nonnenstudie wurde in den 1990er-Jahren von Professor David Snowdon, Alzheimerforscher an der Universität von Kentucky (USA), ins Leben gerufen.

Etwa sechshundert amerikanische katholische Nonnen haben daran teilgenommen. Die Nonnen waren im Alter zwischen sechsundsiebzig und hundertsieben Jahren. Sie haben sich seinerzeit sowohl zu Lebzeiten als auch nach ihrem Tode der Alzheimerforschung zur Verfügung gestellt.

Nach dem Ableben wurden in ihren Gehirnen große Mengen der Plaques gefunden, die laut gängiger Theorien das Syndrom Alzheimer größtenteils ausmachen. Mit Computertomografie sichtbar gemacht, werden die befallenen Regionen auch treffend »schwarze Löcher« genannt. Zum Teil wurden so große Mengen der Ablagerungen gefunden, dass laut der Diagnose des Arztes Alzheimer im Endstadium vorlag. Und dennoch gab es bei diesen Nonnen zu Lebzeiten keinerlei Anzeichen von Demenz! Im Gegenteil – die kognitiven Tests haben gezeigt, dass die Nonnen bei bester geistiger Verfassung waren. Sie haben zum Teil am letzten Tag ihres Lebens den Chor geleitet, Gartenarbeit erfüllt und ganz »normal«, also ohne große Einschränkungen, ihren Alltag gestaltet – und wohl am wichtigsten: ihren Alltag genossen!

Die Essenz ist also: Unser Gehirn kann sich selbst heilen! Der Ausfall einiger Gehirnregionen kann von anderen Arealen übernommen werden. Wir sind unsere beste Medizin! Laut Gerald Hüther müssen wir dafür »nur« das Gefühl der Kohärenz spüren. Aber um das Gefühl der Kohärenz zu erleben, müssen drei Faktoren erfüllt sein:

Verstehbarkeit: Ich verstehe die Welt, in der ich mich befinde.

Handhabbarkeit: Ich kann die Welt mit gestalten.

Last but not least – Sinnhaftigkeit: Ich empfinde das, was ich mache, als sinnvoll. Und damit ist die innere Erfüllung gemeint, nicht die kurzweilige Befriedigung durch Konsum im Außen, sondern der Sinn des Lebens!

All das war für die Nonnen erfüllt. Sie haben sich kohärent gefühlt.

Tun Sie das? Ich kann Punkt 2 und 3 zum Glück mit einem klaren Ja beantworten – aber eben auch erst, seitdem ich mich mit dem schweren Thema Demenz und allen begleitenden Aspekten auseinandersetze.

Verlauf

Gerade am Anfang dieses Syndroms ist es besonders schwer für die Betroffenen. Sich selbst zu verlieren, sich selbst nicht wiedererkennen zu können, verloren zu gehen – ob in den eigenen Gedanken, der Sprache, oder den Straßen, die man sein Leben lang kennt, macht traurig, wütend und ängstlich. Hier empfehle ich aus zahlreichen Gesprächen mit demenziell veränderten Menschen: Fragen Sie nach und hören Sie den Betroffenen zu! Geben Sie Raum, sich über all die Veränderungen mitzuteilen, sich auszuschütten, gesehen zu werden. Spenden Sie Trost, ohne die Herausforderung kleinzureden. Seien Sie gemeinsam traurig, wütend oder ängstlich, lassen Sie zu, ohne zu unterdrücken, und begegnen Sie sich immer auf Augenhöhe! Dann kann man gemeinsam nach Lösungen, Unterstützungen suchen, die den Alltag erleichtern und manchmal auch bereichern.

Den Angehörigen rate ich: Gehen Sie in Selbsthilfegruppen. Den Betroffenen rate ich: Tauschen Sie sich mit anderen Betroffenen aus. Mit zunehmender Demenz kommt die »gnädige Grenze«. Hier beginnen demenziell Veränderte immer mehr in ihre Welt aus Emotionen und Erinnerungen abzudriften. Sie vergessen, dass sie die Diagnose Demenz gestellt bekommen haben. Für Betroffene wohl gnädig. Für die begleitenden An- und Zugehörige natürlich noch fordernder und intensiver.

In der letzten Phase, wenn Sprache ganz verstummt ist, Bewegungen extrem eigeschränkt und auch die Körperfunktionen stark beeinträchtigt sind, können wir über die Sinne, das Gefühl wunderbare gemeinsame Momente teilen. Erich Schützendorf wählte dafür folgendes Bild: »Man muss sich vorstellen, sie gehen die Stufen zurück, die sie als Kind hochgegangen sind, nur in umgekehrter Reihenfolge.« Der Vergleich mit Kindern birgt immer die Gefahr, die Betroffenen zu verkindlichen, sie nicht ganz ernst zu nehmen. Hier sollte man im Kopf und im Herzen behalten, dass diese Menschen ein ganzes Leben voller Gefühle und

Erfahrungen in sich tragen, die Spuren auf der Seele hinterlassen haben. Aber eines haben Menschen mit Demenz und Kinder gemeinsam: Sie sind am besten über das Gefühl zu erreichen, nicht über den Verstand, sondern über die Sinne. Und ich bin der festen Überzeugung, dass mehr Gefühl uns allen, als Gesellschaft und jedem Einzelnen, sehr guttun würde.

Demenz als Chance

Der erste Vortrag, an dem ich zum Thema Demenz teilnahm, war von Professor Reimer Gronemeyer. Tellergroße Augen bekam ich bei seiner Aussage: »Jede Gesellschaft bekommt die Krankheit, die sie verdient.« Innerlich ging ich auf die Barrikaden und dachte mir, das kann er doch nicht ernst meinen? Sind wir wirklich so schlechte Menschen? Niemals!

Er erklärte dann weiter, dass er häufig in Afrika sei, wo er dort wesentlich weniger Symptome von Demenz erleben würde. Er räumte ein, dass es noch keine Studien dazu gibt und die Menschen dort früher sterben. Dennoch lautete seine Schlussfolgerung: Es liegt an dem Stellenwert, der sozialen Integration der Alten in der Gesellschaft. Die Alten sind dort die Weisen, die Menschen, auf die man zugeht, wenn man Rat braucht, und sie sind diejenigen, die auf die Kinder aufpassen, während die mittlere Generation arbeiten geht. Was passiert also bei uns, wenn man »alt« ist? Fällt man raus oder wird man aufgefangen? Natürlich ist alles im Wandel, und die »Silversurfer« werden immer agiler – aber generell macht Alter uns Angst. Achtzehnjährige Frauen, die sich Botox spritzen lassen, sind doch ein Indiz dafür, oder? Können wir eine »Leistung« vielleicht hier ganz neu definieren? Nähe und Wärme spenden, Weisheit weitergeben, Lebenserfahrungen vermitteln sind Leistungen, die unser aller Lebensqualität steigern können. Und ja, Menschen mit Demenz sind dazu auch noch fähig!

Wenn wir Demenz zum Teil unseres Lebens machen, lernen wir durch den Umgang, was wirklich wichtig ist im Leben.

Eine uralte japanische Technik namens Kintsugi kümmert sich um die Schönheit im Vergänglichen, Alten oder Fehlerhaften. Wenn eine Keramik zerbrochen ist, werden die Scherben mit Gold wieder zusammengeklebt. So sind die Risse noch sichtbar, aber die Schale ist dadurch noch viel wertvoller.

Helfen wir uns gegenseitig, unser Leben zu vergolden und im Herzen reicher zu werden!

Über die Gastautorin

Sophie Rosentreter, ehemalige MTV-Moderatorin, pflegte neun Jahre ihre demenziell veränderte Großmutter und kurz danach ihre Mutter. 2010 gründete sie daraufhin die Firma *»Ilses weite Welt«*. Mit den Schulungen und Filmen sollen den Betroffenen, Angehörigen und professionell Pflegenden Hoffnung und glückliche Momente geschenkt werden.

Mit der DAK-Gesundheit hat sie das Aufklärungsprojekt »PflegeLeicht« ins Leben gerufen. In diesen monatlich erscheinenden Filmen klärt sie rund um das Thema Demenz auf.

Sophie Rosentreter hat viele Preise gewonnen – unter anderem den Deutschen Pflegepreis 2018 in der Kategorie »Freund der Pflege«. Sie hat sich ganz und gar dem Thema Demenz verschrieben und hat hier ihre Berufung gefunden.

Quellen:

1 Dies geht beispielsweise aus folgenden Studien hervor:
Vitaliano PP, Ustundag O, Borson S: »Objective and subjective cognitive problems among caregivers and matched non-caregivers«. *Gerontologist* 2017;57(4):637-47.
Dassel KB, Carr DC, Vitaliano P: »Does caring for a spouse with dementia accelerate cognitive decline? Findings from the Health and Retirement Study«. *Gerontologist* 2017;57(2):319-28.

Wie überwinde ich die Einsamkeit?
EIN GASTBEITRAG VON HENNING SCHERF

Alle reden von Altersgebrechen. Dabei sind wir Altgewordenen fitter als unsere Vorfahren. Was uns in unserem immer länger werdenden Leben wirklich bedrückt, ist die Einsamkeit.

Über fünfzig Prozent der Haushalte in Deutschland sind Single-Haushalte, und in den allermeisten Fällen sind das allein lebende alte Menschen.

Das habe ich mir schon während meiner Berufstätigkeit klargemacht und bin früh (1987) mit Freunden in ein gemeinsam bewirtschaftetes Haus eingezogen. Hier leben wir (zurzeit mit acht Freunden) in einer Mehrgenerationenbuntheit. Wir helfen uns beim Älterwerden, wir sind Gastgeber für Kinder und Enkel, wir machen Urlaub zusammen. Und wenn es einem nicht gut geht, steht ihm das ganze Haus zur Seite und packt mit an.

Vor gut einem Jahr ist ein alter Freund, ein pensionierter Pastor, bei uns eingezogen. Er kam nach dem Tode seiner Frau nicht aus der Trauer heraus, alles in seinem Haus erinnerte ihn an seine geliebte Frau. Was er brauchte, war ein Tapetenwechsel. Wir haben ihn mit viel Geduld zu einem Umzug überreden können. Nun wohnt er bei uns, hat sehr sorgfältig seinen Hausrat verkleinert und sich schön eingerichtet. Als dann unser junges Paar Hochzeit feierte und ihn als Prediger gewonnen hatte, passierte es: die verwitwete Tante des Bräutigams entdeckte den verwitweten Pastor, und nun sind sie ein unternehmungslustiges Paar, das allen große Freude bereitet.

Das Allerbeste zur Überwindung der Einsamkeit sind möglichst tägliche Begegnungen mit Kindern. Da unsere elf Enkelkinder nicht in unserem Wohnort Bremen leben, haben meine Frau Luise und ich seit vier Jahren eine Flüchtlingsmutter aus Nigeria mit drei

Kindern »angenommen«. Es ist für uns eine große Freude mitzuerleben, wie diese Kinder aufwachsen. Sie konnten kein Wort Deutsch, als sie hier im Flüchtlingshaus eintrafen. Und nun sind sie auf weiterführenden Schulen, sind dort gute Schüler, wollen Abitur machen und studieren. Wir haben ihnen das Schwimmen, das Radfahren, das Musizieren beigebracht und sind dabei selbst jung geblieben.

Seit fünfzehn Jahren lese ich wöchentlich in einer Grundschule Kindern vor, die zu siebzig Prozent keine deutschen Muttersprachler sind. Diese bunte Gesellschaft begeistert mich jede Woche. Mit mir sind noch zwei Dutzend Pensionäre in dieser Schule unterwegs. Jeder hilft auf seine Weise mit Förderunterricht, mit Schwimmunterricht, mit Klassenfahrten, mit gemeinsamen Mittagessen (die Schule ist eine Ganztagsschule). Wir haben mitgeholfen, aus einer Schule in einem sozialen Brennpunkt eine der erfolgreichsten Grundschulen in Deutschland zu machen.

Nicht vergessen möchte ich meine wiedergefundene Freude am Chorsingen und am Malen. Chorsingen ist eine zauberhafte Möglichkeit, die Einsamkeit zu überwinden. Das Zusammenwirken von Jung und Alt, das Einüben von großen Chorsätzen, das Vorsingen in Konzerten ist etwas, das Leib und Seele zusammenhält. Wir strahlen uns nach dem Konzert alle glücklich an.

Auch das Malen und Aquarellieren, das Auf-Leinwand-Malen kann man als älterer Mensch besonders gut in der Gruppe erlernen. Es geht noch so viel. Wir haben in unserer Kulturkirche eine Ausstellung mit Bildern von Demenzbetroffenen organisiert. Die Resonanz war überwältigend, und unsere alten Künstler erlebten eine wohltuende Wertschätzung. Meine eigenen Bilder sind zurzeit auf »Wanderschaft« und regelmäßiger Anlass, darüber zu berichten.

Das Alter ist eine Chance, sich neu zu entdecken. Die Neurologen berichten von Wunderheilungen, bei denen das verletzte Gehirn wieder mobilisiert worden ist. Die berühmte Nonnenstudie,

die auch im Beitrag von Sophie Rosentreter beschrieben wird, ist um die Welt gegangen: Die hochbetagten Damen waren allesamt dement, und keine hatte es bemerkt. Ihr festes tägliches Ritual hat sie im Leben gehalten. Der Kopf hat die vielen Anregungen aufgenommen und nicht erkrankte Teile des Gehirns mobilisiert. Mein Fazit: Aufgeben gibt es nicht. Die Chancen eines gelungenen Alterslebens wachsen. Es hilft, sich zusammenzutun und neugierig zu bleiben.

Über den Gastautor
Henning Scherf, Bremer Bürgermeister a. D., Jahrgang 1938, erlebt seit 1987 eindrücklich, dass es einem im Alter sehr viel besser geht, wenn man mit vielen Freunden und Verwandten unter einem Dach wohnen kann.

Der Segen neuer Wohnformen
GASTBEITRAG VON DR. HAJO SCHUMACHER

Welche Wohnformen gibt es für ältere Menschen, mit denen sich Einsamkeit am einfachsten bekämpfen lässt?

Auf den Expeditionen zu meiner eigenen Restlaufzeit begegnete mir die frühere Chefsekretärin Renate, die seit wenigen Jahren pensioniert war. Ihr ganzes Leben hatte sie darauf hin gespart, ihr Rentnerinnendasein in einem eigenen schicken Apartment zu verbringen, in guter Düsseldorfer Lage, mit – ganz wichtig – Blick auf den Rhein. Mit dem Ersparten und ihrer Lebensversicherung konnte sich Renate ihren Traum von der Eigentumswohnung mit sechzig Jahren endlich erfüllen. Es war sogar noch Geld für eine schicke weiße Ledercouch übrig. Und da saß sie nun, allein auf ihrem Supersofa und guckte auf den Rhein.

Befreien wir diesen Fluss von seiner mythologischen Aufladung, dann bleibt ein Gewässer, das sich mit einer trägen Gemächlichkeit fortbewegt, hin und wieder ein Schiff transportiert und im Sommer viele Menschen an seine Ufer zieht. Oft ist der Rhein aber auch grau und, seien wir ehrlich, ziemlich langweilig. Das spürte unsere ehemalige Chefsekretärin auch. Tolles Wohnen. Aber ein fades Leben.

Glücklicherweise war Renate so selbstkritisch, dass sie ihre Fehlannahme selbst aufdeckte: Die Aussicht auf Rheinblick war ein wunderbarer Motivator gewesen, der sie über Jahrzehnte angetrieben hatte. Aber jetzt, wo sie das Ziel erreicht hatte, spürte sie, dass ihr die schicke Wohnung nichts mehr gab. Immer wieder hatte sie sich vorgestellt, wie sie ihre Freundinnen zum Panoramafenster führen würde. Deren mutmaßliches »Ist ja toll!« war in Wirklichkeit ihr Antrieb gewesen.

Jetzt, da sie tatsächlich in der vermeintlichen Traumwohnung lebte, stellte Renate fest, dass das erreichte Ziel ihr nicht viel gab. Sie wünschte sich von Herzen einen neuen Weg, einen Aufbruch, einen Antrieb, eine Fantasie, wie es mal sein könnte. Immobilie und Zufriedenheit hängen offenbar nicht zwingend zusammen. Der wunderbare Philosoph Frithjof Bergmann definiert wahres Glück als »das, was du wirklich, wirklich willst«. Renate weiß inzwischen, was sie will. Sie hat ihr Düsseldorfer Apartment vermietet und lebt in einer ökologischen Kommune in Sachsen-Anhalt. Sie arbeitet jeden Tag im Garten, sie organisiert die Finanzen der Gemeinschaft und wohnt in einem sechzehn Quadratmeter großen Zimmer. Wenn sie einen Fluss sehen mag, fährt sie mit dem Rad an die Elbe, die wenige Kilometer entfernt vorbeifließt.

Renate war ehrlich zu sich selbst und hat den Mut aufgebracht, ihre eigenen Bedürfnisse zu erspüren und umzusetzen. Mögen die ehemaligen Kolleginnen sie auch für verrückt halten (»... wie kann man nur so ein tolles Apartment aufgeben und zu den Hippies ziehen ...«), Renate ist glücklich. Sie hat eine Gemeinschaft gefunden, die sie mag, sie hat sich von der sehr deutschen Vorstellung verabschiedet, dass »Glück« und »eigene vier Wände« Synonyme sind. Meine vorsichtige Prognose: In ihrer schicken Wohnung in Düsseldorf wäre Renate womöglich einsamer gewesen als in Sachsen-Anhalt.

Wichtig ist mir die Unterscheidung zwischen Einsamkeit und Alleinsein. Wer allein sein möchte, entscheidet sich freiwillig und als souveräner Mensch dafür. Alleinsein ist großartig, weil wir die Regisseure unserer eigenen Zeit sind. Keiner quatscht uns rein. Wir entscheiden, was wir machen mit unserer Alleinzeit, wir bestimmen, wann diese Phase beginnt und endet. Alleinsein beinhaltet stets die Alternative: das Zusammensein.

Einsamkeit dagegen ist alternativlos, ist kein selbst gestaltetes Sein, sondern fremdbestimmt. Anfang und Ende bestimmen nicht wir. Einsamkeit schleicht herbei wie eine Krankheit, ungewollt und so tückisch leise, dass die Warnsignale leicht zu überhören sind. Der Kampf gegen die Einsamkeit beginnt allerdings nicht erst mit der Rente, sondern ist eine Lebensaufgabe. Wer schon in der Lebensmitte Probleme hat, andere Menschen anzusprechen, wird im Alter kaum ein kontaktfreudiges Menschenskind werden. Das Miteinander in all seinen Spielarten ist wie ein Muskel: Regelmäßiges Training hilft, auch nach längeren Pausen. Es lohnt sich. Denn es ist unwahrscheinlich, dass es eines Tages klingelt und ein Mensch vor der Tür steht, der uns einlädt, mitzukommen, ins Theater, ins Konzert, zum Spaziergang in den Wald. Wer will, dass es klingelt, sollte selbst den Knopf drücken. Daher lässt sich Einsamkeit weniger mit Wohnformen bekämpfen als vielmehr mit einem offenen Herzen.

Das beste Mittel gegen Einsamkeit, so haben jedenfalls meine Recherchen ergeben, sind gemeinsame Interessen. Ich plädiere dafür, Wohnprojekte für Senioren nicht nur nach Barrierefreiheit oder Quadratmeterzahlen zu bewerten, sondern nach der Ernsthaftigkeit, mit der Programme für Körper, Geist und Seele jenseits der mäßig aufregenden Bastelnachmittage angeboten werden.

Viele ältere Herren zum Beispiel arbeiten sich mit zunehmendem Alter in historische Themen ein, lesen Churchill-Biografien, graben sich in Preußens Gloria ein oder lesen Cäsars »De bello Gallico« noch einmal und zwar mit weitaus größerer Begeisterung als damals in der Schule. Warum gibt es keine Seniorenheime für Hobby-Historiker, wo Dokumentationen geschaut und besprochen werden, Fachleute zum Diskurs geladen, Studienfahrten unternommen und womöglich in der Umgegend eine archäologische Ausgrabung organisiert wird?

Ob Wissenschaft oder Sport, Gärtnern oder Kochen, Spielen oder Reparieren – gemeinsames Tun schafft Sinn. Und es ist meist zweitrangig, ob das Schlafzimmer nun zwölf oder vierzehn Quadratmeter ohne Meerblick hat. Die rheinland-pfälzische Ministerpräsidentin Malu Dreyer ist eine der engagiertesten

Förderinnen von selbstverwalteten Wohnprojekten für Senioren. Und besonders großer Beliebtheit erfreuen sich Wohngemeinschaften auf Bauernhöfen. Der Komfort erreicht nicht immer die Fünf-Sterne-Kategorie, aber das Miteinander im täglichen sinnvollen Tun gleicht jede Unbequemlichkeit aus. Es gilt, was von einem Philosophen stammen könnte: »Lieber mit guten Freunden billigen Wein von der Tankstelle trinken, als allein einen dreißig Jahre alten Bordeaux.«

Warum leben so viele ältere Menschen allein?

Häufig, auch bei meiner eigenen Mutter, begegnete mir dieser kleine, miese Halbsatz, man wolle ja »nicht zur Last fallen«. In diesen wenigen Worten versteckt sich oft tiefe Tragik. Zuerst ist da natürlich der verborgene Hilferuf. Wer sich selbst als Last bezeichnet, hört natürlich nichts lieber als ein Dementi: »Aber nein, liebe Mutter ...«

Zweitens hat dieses Last-Gefühl einen ernsten gesellschaftlichen Hintergrund. Allen Lebensversicherungs- und Uhrenanzeigen zum Trotz, wo grau melierte Herren souverän am Ruder eines Segelboots stehen, ist das Alter in Deutschland eine hochtoxische Angelegenheit. Wir können noch so anerkennend von unseren »Silberrücken« sprechen, Sky Dumont und Senta Berger feiern – am Ende ist das Alter in unserer Gesellschaft bis heute kein erstrebenswerter Zustand. Wer alt ist, der leistet weniger und kostet mehr, der strapaziert die Rentenkasse und spannt die Lage auf dem Wohnungsmarkt an, ohne einen nennenswerten Beitrag zum Bruttosozialprodukt abzuliefern.

Alt zu sein passt nicht in unsere Leistungsgesellschaft. Meine Mutter neigte dazu, sich mit zunehmendem Alter immer unauffälliger zu machen. Am Ende trug sie bevorzugt »leberwurstgraue« Hosen und Jacken in »Tarnbeige«. Vor einer Betonwand wäre sie kaum aufgefallen. Und das wollte sie auch nicht. Nicht-zur-Last-fallen, das entspricht einem Gemütszustand der

Selbstverzwergung, der gegen grassierenden Jugendwahn lieber nicht aufsteht, um Bedürfnisse zu formulieren oder gar Interessen durchzusetzen.

Dankbares Dulden aber, das Leben in selbst gewählter Unauffälligkeit, ist ein gut wirkendes Gift gegen jede Art der Bekanntschaft. Man will ja nicht zur Last fallen, man kommt schon zurecht. »Danke, nein, ich brauche nichts.« Wer sich selbst so verortet, wird auch andere so betrachten. Kennenlernen aber braucht Lebenslust, Freude am Austausch, ein Selbstbild der positiven Energie und nicht der Lästigkeit.

Dieses verhaltene Verhalten scheint jedoch auch ein Generationenphänomen zu sein. Langsam wächst eine weitere Kohorte von Senioren heran, die ihre Interessen sehr viel selbstverständlicher anmeldet.

»Sehr eindrucksvoll ist das starke Unabhängigkeitsstreben«, urteilt Renate Köcher, Chefin des Instituts für Demoskopie Allensbach, über die neuen Alten. Die Avantgardisten des neuen Alterns haben ihre Gestaltungsmacht entdeckt. Sie haben sich von Stereotypen verabschiedet, wie Alte zu sein haben, sie haben verstanden, dass wir nicht länger in einer Mehrheitsgesellschaft leben, sondern in einem Multiminoritätsgeflecht, wo die Minderheit der Normalfall ist und das Abweichen von der Norm die Regel.

Diese Avantgardisten akzeptieren nicht länger den Mythos vom gehorsamen Senioren, der dem unausweichlichen Verfall entgegendämmert. Und dieses Selbstbewusstsein wirkt sogar lebensverlängernd. Britische Studien zeigen, dass das Demenzrisiko nicht zwangsläufig steigt. In drei Regionen Englands fiel der Anteil der Erkrankten um ein Viertel niedriger aus als prognostiziert, berichtet das Medizinfachblatt Lancet. Der Lebensstil hat offenbar einen gewaltigen Einfluss, seien es Ernährung, geistige oder körperliche Bewegung.

Die Angst vor dem Alter ist offenbar weit schlimmer als das Alter selbst. Wer die Angststarre überwunden hat, traut sich wieder was: eine neue Sprache oder ein Instrument lernen, Freundschaften schließen oder pflegen, meditieren. Eine neue Zeit der Selbstjustierung: Was will ich? Was tut mir gut? Was kann ich der Gemeinschaft Gutes tun? Mit wem will ich meine Zeit verbringen?

Immer mehr »Silberrücken« scheinen sich mit diesem neuen Bild von den ungezähmten Alten anzufreunden. Als der Folk-Rocker Neil Young im Sommer 2013 in der Berliner Waldbühne gastierte, waren die Besucher im Schnitt sicher sechzig, aber die Cannabis-Wolken standen über dem Publikum wie einst in Woodstock.

Die neuen Alten sind anders: keine Sardinen in Verkaufsfahrtbussen, keine Fernsehsesselzombies oder Klagegeister. Denn sie haben mehr Chancen, mehr Zeit, mehr Geld, mehr Wissen als je eine Seniorengeneration zuvor. Und Erfahrungen, die für ein glückliches Alter prädestinieren: Sie sind mit dem Rucksack um die Welt gezogen, haben kalte Dosenravioli überlebt, die Enge der WG, das Gequatsche der Projektgruppen. Sie waren oder sind Hacker, Esoterikjünger, Patchworkexperten, Job-Hopper, SM-Freaks und werden nie den schrecklichen Satz sagen: »Ich will euch doch nicht zur Last fallen.«

Sie haben es selbst erlebt: Alles lässt sich ändern. Ehen werden geschieden, Geschlechter verändert, der Arbeitsplatz wird von der Firma nach Hause und wieder zurück verlegt. Mit etwas Glück fallen sie nicht dem Kontinuitäts- und Abgeschlossenheitswahn unserer Vorväter anheim, die unbedingt etwas Fertiges hinterlassen wollten und darüber oft ihr Leben vergaßen.

Der knorrige Altersernst, den die Flakhelfer-Generation der von Weizsäckers und Schmidts in die Gesellschaft getragen hat, dürfte von einer neuen emotionalen Breite abgelöst werden. In Zukunft werden Legionen fröhlicher, alberner, egomanischer, vergnügungssüchtiger, neugieriger, ehrgeiziger, verrückter Alter lärmend durchs Land ziehen. Und das ist auch gut so.

In welchem Alter sollte man alternative Wohnformen am besten angehen?

Ein Gedankenspiel: Sie rufen an Ihrem fünfundsiebzigsten Geburtstag Ihre verbliebenen Freunde an und fragen, wer denn Lust hat, ein tolles gemeinsames Wohnprojekt auf die Beine zu stellen. Die Antworten werden eher mäßig begeistert ausfallen: Jetzt gerade nicht ... der Hund ... die Hüfte ... der Carport, der noch gekärchert werden muss. Diese Erfahrung machten viele Menschen, die im Alter gemeinsame Projekte in Angriff nehmen und dafür im Bekanntenkreis werben wollten: Mitmacher sind rar und nicht immer diejenigen, die sich die Organisatoren wünschen. Spätestens in jenem spannenden Moment, in dem eine Unterschrift zu leisten ist unter einen Vertrag, der das künftige Zusammensein regeln soll, spätestens in diesem Moment springen auch die letzten Verbliebenen oft ab.

Wer ein Seniorenwohnprojekt anschieben will, der braucht Geduld, so wie die beiden wunderbaren Frauen, die vor knapp zehn Jahren aus einem leer stehenden Essener Finanzamt mitten im Studentenviertel Rüttenscheid den Beginenhof gemacht haben, ein Wohnprojekt für ältere Frauen, die aber gern auch ein paar Junge um sich herum haben. Die Beginen dienten in den Städten des Mittelalters als Gemeindeschwestern, die bei der Geburt halfen, in der Altenpflege, sich aber auch aufs Bierbrauen verstanden. Moderne Beginen verstehen sich als kulturelle und spirituelle Dienstleisterinnen für ihr Wohnviertel.

Fünfzehn Jahre lang haben die beiden Frauen gesucht, probiert und verworfen. Mal stimmte die Finanzierung nicht, dann erwies sich die Immobilie als unpassend. Dann plötzlich »kam« das leer stehende Essener Finanzamt zu ihnen. Plötzlich passte alles. Und die beiden Initiatorinnen waren froh, dass zuvor so vieles gescheitert war. Die gemeinsame Suche, das Planen und Ausmalen hatte die Frauen über die Jahre immer enger zusammengebracht. Mit jedem Scheitern wurde ihnen klarer, was sie wirklich wollten und was nicht. Und sie trafen Menschen, die tatsächlich entschlossen waren, das Projekt gemeinsam mit ihnen durchzuziehen.

Sich auf das Wohnen im Alter vorzubereiten kann Spaß machen und Freundschaften stiften, auch wenn alles anders kommt. Deswegen lautet die Antwort auf die Frage, wann mit dem Planen zu beginnen sei: gestern. So lässt sich der Druck senken und das spielerische Probieren genießen. In gemeinsamen Urlauben kann man entspannt testen, ob die möglichen Mitbewohner tatsächlich so unkompliziert sind, wie man dachte. Genügend Zeit, das bedeutet auch, sich von Flausen oder Wackelkandidaten zu verabschieden.

Mir hat der Blick nach vorn in den vergangenen fünf Jahren viel Spaß bereitet. Wir haben unsere Ferien absichtlich auf Gegenden außerhalb der Komfortzone verlegt; Wir haben Berghütten ohne WLAN, Wohnmobile, Untermieten überall auf der Welt ausprobiert und sind zu dem Entschluss gekommen, dass wir unsere Restlaufzeit möglichst nicht an einem Standort zubringen wollen. Im Hochsommer ist unsere Heimatstadt Berlin großartig. Aber in den grauen Monaten würden wir lieber mit einem kleinen Camper durch die Gegend trödeln. Wir haben Freunde gefunden, die begeistert sind, wenn wir ihr Häuschen am Mittelmeer hüten und dafür gern unsere Berliner Wohnung nutzen. Ob es wirklich so kommt? Wir wissen es nicht. Aber allein das Vorbereiten hat schon jede Menge Spaß bereitet.

Für seinen Bestseller »Restlaufzeit« unternahm *Dr. Hajo Schumacher* einen Ausflug in die eigene Zukunft. Er arbeitete als Pflegepraktikant, wohnte im Mehrgenerationenhaus und in einer luxuriösen Seniorenresidenz, interviewte Rentner in Thailand und Schlesien. Sein Fazit: »Wir reden zu viel über Geld und zu wenig über die anderen Faktoren, die gelingendes Altern möglich machen: Freunde, Bildung, Bewegung, Ziele und viel Sinn. Aber es wird niemand an unserer Tür klingeln und uns anleiten. Das müssen wir schon selbst machen.«

Vom Umgang mit (Hör-)Hilfe

EIN GASTBEITRAG VON DIRK STOLLHOFF

Warum tun sich Menschen schwer zu akzeptieren, dass ein Punkt im Leben erreicht ist, wo es sinnvoll ist, Hilfe und Unterstützung in Anspruch zu nehmen, um sich und anderen den Alltag zu erleichtern?

Das Produkt, mit dem wir alltäglich in selbstverständlicher Art und Weise umgehen, stellt für viele unserer Kunden einen Zeitpunkt im Leben dar, der in der Vorstellung immer in weiter Ferne lag. Ich glaube, kaum eine andere Sache steht, in der individuellen Wahrnehmung, so markant für Attribute, die so stark mit dem Alter und dem Älterwerden verbunden werden. Das Stigma, das Hörgeräten anhaftet, ist riesig, obwohl es im Grunde genommen nichts anderes als eine Brille ist. Es unterstützt ein schwächelndes Sinnesorgan, welches nebenbei bemerkt eine nicht ganz unwesentliche Rolle spielt, und sorgt für die Vereinfachung bestimmter Lebenssituationen.

Schon bei der Geburt steht fest, wo die Reise hingeht. Von einigen Ausnahmen abgesehen, gibt die Natur vor, wie sich Dinge grundlegend entwickeln. Wir können zwar einige Details beeinflussen, der Generalplan aber steht fest. Wenn wir das akzeptieren, kommt man zu dem Schluss, dass das eigentliche Thema psychologischer Natur ist. Und damit hat man auch schon einen der Kernpunkte für den Umgang mit (Hör-)Hilfe benannt, was es aber nicht unbedingt einfacher macht.

Für mich ist eine Hörminderung eine vollkommen normale Sache. Viele unserer Kunden kommen mit der Annahme zu uns, ihnen wäre etwas Außergewöhnliches zugestoßen. Aussagen wie »Das habe ich von meinem Vater geerbt, der hat auch schon sehr früh, mit siebzig Jahren, Hörgeräte getragen«, oder Ähnliches hören wir immer wieder. An dieser Stelle muss ich demjenigen dann die erste Enttäuschung bereiten. Er oder sie ist nichts Besonderes. Eine nachlassende Hörfähigkeit nach dem fünfzigsten Lebensjahr ist ebenso gewöhnlich wie eine vergleichbare Entwicklung bei den Augen. Und vererbt ist es in den seltensten Fällen, wenn man das Leben an sich nicht als vererbt bezeichnet. Leider lässt sich eine Hörminderung nicht so deutlich erkennen wie ein Nachlassen der Sehfähigkeit. Kein Mensch würde auf die Idee kommen, dass die »Zeitungsmacher« unsauber gesetzt hätten. Beim Hören ist die Liste der Begründungen für ein schlechtes Verstehen häufig schnell parat. Vom undeutlichen und zu schnellen Sprechen der Mitmenschen über eine schlechte Sprachausbildung der heutigen Schauspieler bis zu eigener Unaufmerksamkeit zieht sich diese.

Relativ spät wird die Möglichkeit in Betracht gezogen, dass es eventuell auch an der eigenen Hörfähigkeit liegen könnte. Das liegt einerseits an der nachvollziehbaren menschlichen Eigenschaft, Schwierigkeiten im Eingestehen eigener Schwächen zu haben. Auf der anderen Seite gibt es aber eine grandiose Unwissenheit darüber, wie unser meistgenutztes Sinnesorgan überhaupt funktioniert.

Hier eine kurze Anmerkung dazu. Drei Hauptbestandteile bilden unser Hörorgan. Zuerst der Signalempfänger (das Ohr), dann der Signalleiter (der Hörnerv) und abschließend der Signalverarbeiter (das Hörzentrum im Gehirn). Und alle drei Komponenten besitzen wir in doppelter Ausführung, rechts und links. Diese Funktionseinheit hat sich im Laufe der Evolution dahin entwickelt, wo sie jetzt ist, und ich bin mir ziemlich sicher, dass alles einem speziellen Zweck und Nutzen dient.

Während das Ohr schon kurz nach der Geburt in vollem Leistungsumfang arbeitet, müssen Hörnerv und Hörzentrum im Gehirn durch einen intensiven und langwierigen Lernprozess zu höchster Leistungsfähigkeit entwickelt werden. Kurz gefasst lässt sich sagen, das Hören ist uns von der Natur gegeben, das Verstehen haben wir erlernt, mit allem, was dazugehört.

Wir nutzen unser Ohr vierundzwanzig Stunden am Tag, sieben Tage die Woche und das ein Leben lang. Genau genommen beginnt es ja schon vor der Geburt. Diese Nutzung ist natürlich individuell bedingt unterschiedlich in ihrer Intensität und Qualität. Aber all das hinterlässt, so wie viele andere Dinge auch, seine Spuren. Mal mehr, mal weniger.

Mit diesem Wissen ist vollkommen klar: Irgendwann zeigt der Signalempfänger Abnutzungserscheinungen und liefert nicht mehr ausreichend Informationen an den Zentralrechner. Dieses »Irgendwann« kommt früher, als man glaubt und wahrhaben möchte. Das bleibt, wie schon vermutet, nicht folgenlos. Zur Vereinfachung der Darstellung ziehe ich die Muskulatur heran, da einiges in unserem Inneren in vergleichbarer Art und Weise funktioniert. Die Muskulatur ist so leistungsfähig, wie sie angeregt und trainiert wird. Wir können auf Zuwachs trainieren, im Erhaltungsniveau oder darunter. In letzterem Fall wird die Muskulatur an Leistungsfähigkeit verlieren. Ähnlich funktioniert das Ganze beim Hören, wird das Gehirn durch die Schwäche des Signalempfängers (Ohr) nicht mehr ausreichend mit Informationen versorgt, wird logischerweise ein Prozess in Gang gesetzt. Und der bewirkt in der Endkonsequenz nichts Gutes.

Die Frage, die sich an diesem Punkt stellt, ist, wie gehen wir mit diesen Informationen um. Aus meiner Erfahrung beginnt die Antwort damit, ehrlich zu sich selbst zu sein. Wenn man an dieser Stelle die Natur so akzeptiert, wie sie ist, und gleichzeitig formuliert, was man diesbezüglich von der Zukunft erwartet, ist man schon ein gutes Stück weiter. Vor zweihundert Jahren hätte ein Erdenbewohner an dieser Stelle die Auskunft erhalten: »Tut uns leid, da kann man leider nichts machen.« Heutzutage sind wir glücklicherweise ein gutes Stück weiter, und wir können Entwicklungen zum Positiven kehren.

Also, Optimismus ist angebracht. Noch nie war es so einfach und komfortabel, eine Hörminderung auszugleichen. Hörgeräte sind heutzutage hochleistungsfähige Minicomputer und definitiv in der digitalen Welt des einundzwanzigsten Jahrhunderts angekommen. Sicherlich wird auch künftig niemand jubeln, wenn er sich an dem Punkt befindet, an dem ein Ausgleich der Hörminderung erforderlich wird. Gerade deshalb ist es besonders hilfreich, wenn man es vermeidet, sich von Vorurteilen leiten zu lassen. Es ist immer wieder erstaunlich, mit welchen überholten Vorstellungen Kunden zu uns kommen. Dabei ist von vornherein klar, je größer die eigene Abneigung gegen etwas ist, desto schwieriger wird man sich im Umgang damit tun. Ebenso ist es auch keine Neuigkeit, dass das Lösen von Problemen für alle Beteiligten schwieriger wird, je länger man notwendige Dinge verzögert.

Fazit: Hörminderung oder Schwerhörigkeit ist keine Krankheit oder Behinderung. Hörhilfen haben positiven Einfluss auf die eigene Lebensqualität und manchmal auch auf die der Angehörigen. Betroffene sollten sich keine Gedanken darüber machen, was andere von ihnen denken. Ein sehr häufig gehörter Satz von meinen Kunden lautet: »Hätte ich gewusst, dass es so unkompliziert ist, hätte ich es schon viel früher gemacht.« Akzeptieren wir also Hilfe, wann immer wir sie brauchen!

Über den Gastautor

Dirk Stollhoff, Wirtschaftsingenieur, gründete 2003 »Hörgeräte an der Kaisereiche« in Berlin, ist seitdem Geschäftsführer dort und beschäftigt sich auf vielfältigste Weise mit Hörhilfen.

Was wir früh gegen den befürchteten Verlust der Selbstständigkeit tun können

EIN GASTBEITRAG VON PROF. JÜRGEN M. BAUER

Lasse ich zu Beginn meiner Vorträge zum Thema Alter abstimmen, wer unter den Zuhörern hundert Jahre alt werden möchte, ist es bislang eine deutliche Minderheit, die die Hand hebt und bereit ist, sich dieser Herausforderung zu stellen. Die große Mehrheit weist dieses Ansinnen weit von sich. Dabei ist es nicht entscheidend, ob ich vor interessierten Laien oder vor Medizinerkollegen spreche. Das Abstimmungsergebnis unterscheidet sich nicht. Auf Nachfrage wird die Angst vor Gebrechlichkeit, vor Pflegebedürftigkeit und dem Verlust der Selbstständigkeit als Begründung für diese ablehnende Haltung angegeben. Im Folgenden möchte ich daher darlegen, dass es viele gute Gründe für eine positive Einstellung zum Alter gibt. Allerdings muss der Einzelne bereit sein, Verantwortung für sein gutes Altern zu übernehmen.

Mehrere Studien[2] der letzten Jahre weisen darauf hin, dass sich in vielen Ländern nicht nur die durchschnittliche Lebenserwartung erhöht hat, sondern dass wir tatsächlich auch besser altern. So hat zum Beispiel ein Mann, der 1930 geboren wurde, in seinem fünfundachtzigsten Lebensjahr ein geringeres Risiko, in seinen Alltagsaktivitäten wie Mobilität und Selbstversorgung eingeschränkt zu sein, als dies für einen 1910 geborenen Senior der Fall ist. Zusätzlich ließ sich für die letzten Jahrzehnte eine etwa zwanzigprozentige Abnahme des Demenzrisikos dokumentieren. Das Ausmaß dieser positiven Veränderungen kann als Beleg dafür gelten, dass unser Altern nur in einem geringen Prozentsatz genetisch bestimmt ist. Dieser wird gegenwärtig nur noch mit etwa zwanzig Prozent berechnet. Der Gestaltung unserer persönlichen Lebensumstände kommt demnach eine überragende Bedeutung zu. Wir sollten diesen Umstand als Chance begreifen, für ein gutes Altern vorzusorgen. Wann gilt es nun, mit einer diesbezüglichen Vorsorge zu beginnen?

Altern ist prinzipiell ein lebenslanger Prozess. Bereits unser Leben als Fetus hat Auswirkungen auf den Funktionserhalt im höheren Lebensalter. Zum Beispiel ist eine Mangelernährung während der Schwangerschaft mit einer schlechteren muskulären Ausstattung jenseits des siebzigsten Lebensjahrs verbunden. Daher müssen wir in unserer Gesellschaft langfristig Verantwortung dafür übernehmen, die Bedingungen für ein gutes Altern zu gestalten. Ein diesbezüglich wichtiges Beispiel ist die sportliche Aktivität im Kindes- und Jugendalter, sei es im Rahmen des Schul- oder des Vereinssports. Als junge Erwachsene erreichen wir die höchsten Werte für unsere Muskel-, aber auch für unsere Knochenmasse. Bereits jenseits des dreißigsten Lebensjahres kommt es zu einer kontinuierlichen Abnahme der ersteren, welche sich jenseits der sechzig beschleunigt. Ein guter Muskelstatus im jüngeren und mittleren Erwachsenenalter hilft uns, funktionell gut ins hohe Alter zu kommen.

Hinsichtlich der persönlichen Lebensperspektive erscheint es unwahrscheinlich, dass wir die Hochaltrigkeit vor dem fünfzigsten Lebensjahr in den Blick nehmen. Spätestens mit dem Ende der Berufstätigkeit sollten wir dies jedoch unbedingt tun. Ein Leben als Couch-Potato ist dabei keine Option. Es gilt lebenslang aktiv zu bleiben. Allerdings ist es auch nie zu spät, um mit einem körperlichen Training zu beginnen. Der plakative Satz »Leben ist Bewegen« trifft in jeder Hinsicht auf die zweite Lebenshälfte zu. Eine hohe körperliche Aktivität hat günstige Wirkungen auf eine Vielzahl unserer Organe, wie Muskel, Knochen, Immunsystem, Hormonstoffwechsel und unser Gehirn. Die für den Erhalt der Gesundheit und Funktionalität geeignetste Trainingsform bedarf jedoch mit steigendem Lebensalter der Anpassung. Im mittleren Lebensalter legt man gewöhnlich den Schwerpunkt auf ein Ausdauertraining, zum Beispiel in Form von Laufeinheiten in der Natur oder einem Training auf dem Ergometer oder Stepper. Hier steht der positive Effekt hinsichtlich des Auftretens von Herz-Kreislauf-Erkrankungen im Vordergrund. Später sollte zwar das Ausdauertraining beibehalten werden, dabei erlangt jedoch das Krafttraining zunehmende Bedeutung. Allein letzteres ist geeignet, dem sich beschleunigenden Muskelabbau entgegenzuwirken. Ergänzend sollten Übungen zur Förderung der Balance zum individuellen Trainingsprogramm hinzugefügt werden, zum Beispiel in Form von Tai-Chi, dessen gesundheitsfördernde Wirkung vor allem als Sturzvorbeugung wissenschaftlich gut belegt ist. Wenn es mit dem Training nicht täglich klappt, sollte man sich zumindest zwei bis drei Trainingseinheiten pro Woche vornehmen. Da nicht für jeden der Gang in die Turnhalle oder das Fitnessstudio eine Option darstellen, bieten sich häusliche Übungen mit und ohne Hilfsmittel als eine Alternative an. Ein wissenschaftlich fundierter Trend besteht gegenwärtig ohnehin in der Betonung eines alltagsnahen Trainings, welches die langfristige Akzeptanz verbessern soll. Beispielhaft seien die LiFE-Alltagsübungen erwähnt (https://www.life-alltagsuebungen.de).

Ähnlich bedeutend wie unsere körperliche Aktivität ist unser individuelles Essverhalten. Dabei sollten wir weder zu dünn noch zu dick sein. Letzteres ist im höheren Lebensalter mit einem deutlich erhöhten Risiko für eine eingeschränkte Beweglichkeit sowie für Schmerzen im Bewegungsapparat verbunden. Bewegungsabhängige Schmerzen begünstigen eine verminderte Mobilität, und somit kann leicht ein Teufelskreis entstehen, der früh durchbrochen werden muss. Ein gutes Verhältnis zwischen körperlicher Aktivität und Körpergewicht stellt daher einen der wichtigsten Schlüssel zum guten Altern dar. Jenseits des siebzigsten Lebensjahres sollte eine Gewichtsabnahme, selbst eine gewollte, kritisch hinterfragt werden, da sich mit dem Gewicht nicht nur das Körperfett, sondern auch die Muskelmasse verringert.

Sowohl für die körperliche Aktivität als auch bei unserer Ernährung gilt es, Extreme zu vermeiden. Weder für Außenseiterdiäten noch für den Extremsport existieren verlässliche Daten, die Rückschlüsse auf eine bessere Gesundheit im Alter zuließen. Das goldene Prinzip der Mäßigung gilt auch hier. Gerade auf dem Gebiet der Ernährung werden immer wieder Beobachtungen aus Tierexperimenten frühzeitig auf den Menschen übertragen, ohne dass eine hierfür ausreichende wissenschaftliche Beweislage existiert. Es sei beispielhaft auf das Konzept einer deutlichen Senkung der täglichen Kalorienzufuhr (kalorische Restriktion) verwiesen. Aktuell ist es nicht geklärt, in welchem Lebensalter und in welchem Umfang diese beim Menschen erfolgen sollte, um positive Gesundheitseffekte zu erzielen. Zudem geht ein Gewichtsverlust im Alter mit einem erhöhten Sterblichkeitsrisiko einher. Fastenphasen sind daher jenseits des siebzigsten Lebensjahres kritisch zu bewerten. Eine bewusste Gewichtsabnahme bei Adipositas ist prinzipiell auch bei Senioren zur Verbesserung der Funktionalität möglich. Sie bedarf jedoch immer einer fachkundigen Betreuung einschließlich eines abgestimmten Trainings und einer ausreichenden Eiweißzufuhr. Ob das gegenwärtig viel diskutierte Intervallfasten auch für ältere Erwachsene eine sinnvolle Option zur Gewichtskontrolle darstellt, kann noch nicht abschließend beurteilt werden.

Die angemessene Eiweißzufuhr im Alter ist ein viel diskutiertes Thema, da es zahlreiche Hinweise gibt, dass eine leicht erhöhte Eiweißzufuhr – pflanzlich oder tierisch – einen Erhalt der Muskulatur und ihrer Funktion begünstigt. Entsprechende Studienergebnisse führten zur Empfehlung der Deutschen Gesellschaft für Ernährungsmedizin (DGEM), dass Senioren ein Gramm Eiweiß pro Kilogramm Körpergewicht pro Tag zu sich nehmen sollten. Mit Hinblick auf ein gutes Altern empfiehlt sich eine gesunde hochwertige Mischkost, die reich an Mikronährstoffen ist. Ob eine vegane Ernährung im Alter befürwortet werden kann, erscheint fraglich.

Mit Hinblick auf den Erhalt unserer geistigen Leistungsfähigkeit ist es entscheidend, dass wir ein Leben lang geistig flexibel bleiben und bereit sind, uns auch in der zweiten Lebenshälfte neuen Aufgaben zu stellen. Die für viele Ältere nicht einfach zu bewältigenden Herausforderungen der Digitalisierung scheinen hier positive Effekte zu ermöglichen. Das in diesem Kontext nicht immer freiwillige »Life Long Learning« könnte tatsächlich einer der Faktoren sein, der die Demenzrate in den letzten Jahren gesenkt hat. Von vergleichbar großer Bedeutung ist der Erhalt des sozialen Miteinanders, das heißt des zwischenmenschlichen Austausches sowie die Teilnahme an sozialen Ereignissen, wie Theater, Konzerte, Diskussionen et cetera. Hier gibt es keine Altersschwelle, jenseits derer die Bedeutung des Zwischenmenschlichen abnimmt, ganz im Gegenteil nimmt die Relevanz des Austausches von Mensch zu Mensch mit dem Alter eher zu. Zurückgezogenheit beschleunigt den Abbau sowohl in geistiger als auch in körperlicher Hinsicht. Es darf in diesem Zusammenhang jedoch nicht unerwähnt bleiben, dass auch die konsequente Behandlung kardiovaskulärer Risikofaktoren wie Bluthochdruck, Fettstoffwechselstörungen und Diabetes mellitus nachweislich günstige Effekte auf den Erhalt unserer geistigen Leistungsfähigkeit hat.

Abschließend möchte ich darauf hinweisen, dass sich in der Hochaltrigkeit die Maßstäbe für ein lebenswertes Leben verschieben können. Betagte Menschen bewerten auch bei Vorliegen von teilweise erheblichen Beeinträchtigungen den Wert ihrer Existenz anders, als dies jüngere Erwachsene tun. Allerdings ist es eine unverrückbare Tatsache, dass das Leben in der zweiten Lebenshälfte körperlich und geistig anstrengender ist, als dies in der ersten Hälfte der Fall war. Aber die Einschätzung, bis zu welchem Ausmaß an Belastungen und Einschränkungen das eigene

Leben noch lebenswert ist, ändert sich häufig im höheren Alter. Für sehr viele ältere Menschen bleibt das Leben damit trotz aller Handicaps ein kostbares Gut, das man nicht leicht weggibt. Der einsame Asket ist keine geeignete Ikone des guten Alterns. Stattdessen sollten wir uns körperlich und geistig aktive Menschen, die sozial gut integriert sind und sich die Lebensfreude bewahrt haben, als Vorbild nehmen. Mit Hinblick auf die Einleitung zum vorliegenden Beitrag möchte ich ergänzen, dass während meiner letzten Vorträge eine Zunahme der Mutigen, die ihren hundertsten Geburtstag erleben möchten, zu verzeichnen war. Und ich bin mir sicher, dass aus dieser Minderheit bald eine Mehrheit wird.

Über den Gastautor

Prof. Jürgen M. Bauer ist Professor für Geriatrie und Leiter des Geriatrischen Zentrums der Universität Heidelberg am Bethanien-Krankenhaus Heidelberg. 2016–18 war er Präsident der Deutschen Gesellschaft für Geriatrie (DGG). Zahlreiche Veröffentlichungen und Forschungsprojekte auf den Gebieten Ernährung des älteren Menschen, Sarkopenie (Muskelschwund im Alter), Rehabilitation und Technikunterstützung stammen von ihm.

Quellen:
2   Diese Ergebnisse finden sich beispielsweise in folgenden Studien:
Engberg H., Christensen K., Andersen-Ranberg K., Vaupel JW., Jeune B.:
»Improving activities of daily living in danish centenarians--but only in women: a comparative study of two birth cohorts born in 1895 and 1905«. *J Gerontol A Biol Sci Med Sci.* 2008;63(11):1186–1192. doi:10.1093/gerona/63.11.1186.
Zeng Y., Feng Q., Hesketh T., Christensen K., Vaupel JW.: »Survival, disabilities in activities of daily living, and physical and cognitive functioning among the oldest-old in China: a cohort study.« *Lancet.* 2017;389(10079):1619–1629. doi:10.1016/S0140-6736(17)30548-2.

Beweglichkeit und Kraft im Alter
EIN GASTBEITRAG VON DR. IMKE KÖNIG

Beweglichkeit ist die halbe Miete«, hat mein Großvater immer gesagt. Jetzt könnte man sagen, klar, er war ja auch Sportlehrer, aber er hat auch Mathematik unterrichtet, und deshalb kam dann natürlich immer »und Kraft ist die andere Hälfte«.

Es lebt sich leichter, wenn man sich eine gewisse Beweglichkeit im Alter bewahrt. Und Kraft. Und Balance. Das Ergebnis dieser Fähigkeiten heißt nicht Vaslav Nijinsky oder Arnold Schwarzenegger, sondern Unabhängigkeit. Körperliche Unabhängigkeit bei allem, was das Leben ausmacht. Beweglichkeit heißt Freiheit, die Freiheit zu tun, was man will. Und wann man will. Und wie lange man will.

Als Jugendlicher sehnt man sich danach, endlich allein entscheiden zu dürfen, was man machen will. Nur um sich im Alter so lange gehen zu lassen, bis man nicht mehr in der Lage ist, das zu tun, worauf man Lust hat. Selbst wenn man es sich endlich leisten könnte.

Die Einstellung, dass körperliche Ruhe »Luxus« sein könnte, wenn einem dienstbare Geister jeden Handgriff abnehmen, anstatt sich selbst recken und strecken und bücken zu dürfen, führt dazu, dass immer mehr Menschen im Alter auf einer Parkbank sitzen und Tauben füttern. Dabei gäbe es so viele angenehme Alternativen zur körperlichen und geistigen Unbeweglichkeit. Und ich rede als bekennender Sportmuffel (nur nicht aus der Puste kommen!) nicht von Triathlon oder Marathon oder sonstigen »-thons«. Das Gegenteil von Bewegung ist jede Form von »Nicht-Bewegung«, also sitzen oder liegen. Oder fernsehen. Oder im Internet surfen.

Bewegung ist definiert als eine Tätigkeit, bei der einem angenehm warm wird, auch ohne zu schwitzen oder außer Puste zu geraten. Und im besten Fall sollte sie auch noch Spaß machen.

Zum Beispiel gärtnern. Oder: mit dem Hund spazieren gehen und Stöckchen werfen (ja, ab und zu bücken muss sein). Wandern (nicht nur in der Einkaufsmeile, sondern über Stock und Stein, bergauf und bergab). Tanzen (vielleicht nicht mehr Rock'n'Roll, sondern einen gepflegten Slow Fox). Musizieren. Oder dirigieren (soll einen ja richtig langlebig machen). Golf spielen soll auch gehen (wenn es einem Spaß macht).

Kurz und gut, es geht fast alles. Solange möglichst viele verschiedene Muskeln und Gelenke dabei involviert werden. Also nur Radfahren oder Spazierengehen/Joggen wäre zu wenig, weil da die Beweglichkeit zu kurz kommt. Reines Krafttraining hat dasselbe Problem. Letztendlich kommt es, wie immer im Leben, auf die Balance an.

Bewegungsausgewogen, vielseitig, besonders gerne im Freien, die Bekleidung dem Wetter angepasst und so, dass es Ihnen Spaß macht. Sonst machen Sie es nämlich nicht lange. Wenn das Wetter nicht mitspielt, muss man sich halt drinnen bewegen. Und da reicht die gute alte Gymnastik voll und ganz aus. Turnvater Jahns Rumpfbeugen, Kniebeugen, Armbeugen und sonstige Beugen. Der gute alte Joseph Pilates kannte diese Übungen auch alle und hat sie in seiner Pilates-Methode so genial eingebaut, dass man heute glaubt, dass Pilates eine neue Lifestyle-Gymnastik aus Hollywood ist und keine Turnübungen aus den Goldenen Zwanzigern. Bauch, Beine, Po-Gymnastik nannten wir das noch in den Siebzigern, heute heißt es Pilates.

Haben Sie schon gemerkt, dass Beugen nur zusammen mit Strecken funktioniert? Und dass man richtig fit bleibt, wenn man einmal am Tag alle Gelenke im Körper beugt und streckt? Gegen die Schwerkraft. Sonst wäre es zu einfach. Kompliziert geht natürlich auch. Fernöstlich indisch mit Yoga. Oder chinesisch mit Qigong.

Warum sind Katzen eigentlich so beweglich? Weil sie sich jedes Mal, wenn sie aufwachen, einmal komplett durchstrecken.

Man merke, Dehnübungen funktionieren nur, wenn man sie regelmäßig macht. Und das heißt nicht »in der Regel mäßig«, sondern »einer Regel gemäß«, und diese Regel heißt, siehe Katze, am besten mehrmals täglich. Also im Optimalfall. Ansonsten würde ich sagen, mindestens einmal täglich. Wenn Muskeln nicht bewegt werden, verkürzen sie sich automatisch, deshalb ist man morgens beim Aufstehen immer steifer als abends beim Hinlegen.

Sie müssen nicht sofort den Lotussitz versuchen. Aber Schneidersitz wäre nicht schlecht. Sonst können Sie nicht mehr mit Ihren Enkeln zelten gehen. Und das wäre wirklich jammerschade.

Unzählige wissenschaftliche Studien, beispielsweise veröffentlicht im »Aging Research Review« unter dem Titel »Physical activity and healthy aging« im September 2017, haben bereits gezeigt, dass es kein Alter gibt, ab dem Bewegung schädlich wäre.

Also: Reduzieren wir die Nicht-Bewegung (zum Beispiel sitzen, Auto fahren, Fahrstuhl/Rolltreppe fahren) und steigern die echte Bewegung (gehen, Rad fahren, Treppen steigen). Versuchen wir täglich einmal den ganzen Körper durchzubewegen. Fünfzehn Minuten reichen dafür am Anfang locker. Kniebeugen, Rumpfbeugen vorwärts und rückwärts, Arme kreisen, Hüfte kreisen, Katzenbuckel und Ein-Bein-Stand (ohne Festhalten).

Das Ganze mit flotter Musik, im Wohnzimmer bei offenem Fenster, damit die Nachbarn neidisch werden. Oder gleich im Park, um die Parkbänkler zu beeindrucken. Und wenn Ihnen das zu langweilig wird oder Ihnen der spirituelle Hintergrund fehlt oder der Grund, sich hübsche neue Trainingskleidung zu kaufen, dann können Sie natürlich auch jede andere Bewegungsform wählen. Hauptsache, es wird Ihnen warm und Sie fühlen sich gut dabei. Und noch besser danach.

Lachen ist übrigens auch Bewegung. Je öfter, desto besser. Am allerbesten in Gesellschaft. Am Boden rollen und sich den Bauch halten. Kann man gar nicht oft genug machen. Und dann tief durchatmen und langsam wieder aufstehen. Leben ist Bewegung. Genießen Sie es!

Über die Gastautorin:
Dr. Imke König ist Ärztin auf Schloss Elmau und beschäftigt sich seit über fünfunddreißig Jahren mit Qigong, Taijiquan und Traditioneller Chinesischer Medizin.

Die (unnötige) Angst vor der Altersarmut

EIN GASTBEITRAG VON ASTRID LABUSTER

Fast die Hälfte aller Menschen in Deutschland fürchtet sich laut der am Anfang dieses Buches enthaltenen Umfrage davor, im Alter arm zu sein. Daher die beste Nachricht zuerst: Sie brauchen *keine* Angst vor Altersarmut zu haben. Die Gründe für diese Aussage verrate ich Ihnen gleich. Vorher möchte ich für Klarheit sorgen, denn oftmals werden über Worte falsche Vorstellungen transportiert, ohne dass klar ist, was sie *wirklich* bedeuten – so wie bei »arm« beziehungsweise »altersarm«.

Ab wann gilt man eigentlich als arm?

Grundsätzlich unterscheidet man drei Arten von Armut:

1. Die absolute Armut

Besitzt ein Mensch nicht einmal das Nötigste, das er zum Überleben braucht (Essen, sauberes Trinkwasser, Kleidung, eine Wohngelegenheit), lebt er in absoluter Armut.

2. Die relative Armut

Besitzt ein Mensch im Vergleich zu dem, was andere haben, nur sehr wenig, gilt er als relativ arm (verglichen mit dem durchschnittlichen materiellen und finanziellen Besitz aller Menschen in Deutschland).

Für Menschen, die in absoluter oder relativer Armut leben, gibt es in Deutschland die staatliche Grundsicherung, damit jeder wohnen und sich ernähren sowie kleiden kann. Laut einer Studie im Auftrag der Deutschen Rentenversicherung bezogen diese staatliche Hilfe zum Beispiel im Jahr 2018 jedoch nur drei Prozent der über Fünfundsechzigjährigen (knapp eine halbe Million Menschen). Nicht wenige, aber nicht so viele, wie man oftmals denkt. Dies liegt daran, dass sechzig Prozent der Menschen, denen die Grundsicherung zusteht, diese gar nicht in Anspruch nehmen (aus Scham oder Unwissenheit). Dies wiederum bedeutet, dass auch Menschen unnötig in Armut leben, weil sie ihren Anspruch auf Grundsicherung nicht geltend machen. Würden sie es tun, hätten sie im Durchschnitt monatlich dreißig Prozent mehr Einkommen und damit zweihundertzwanzig Euro mehr Geld zur Verfügung.

Dies vorweg, weil es wichtig ist, sich diesem emotionalen Thema möglichst sachlich zu nähern, um Ängste zu lindern oder sie gar komplett zum Verschwinden zu bringen. Hierbei hilft ebenso das Bewusstsein über die dritte und letzte Art von Armut.

3. Die gefühlte Armut

Die meisten Bedrohungen, die wir Menschen fürchten, werden niemals real – sie existieren nur in unserem Kopf. Das heißt nicht, dass es für diese Ängste keine Berechtigung gäbe. Natürlich sind manche Menschen im Alter arm (manche auch davor), aber eben nicht alle und auch nicht die Mehrheit. Es gibt zum Beispiel viel mehr arme Kinder, Alleinerziehende oder Arbeitslose als arme RentnerInnen. Auf die Relation kommt es an, und die sollten wir zuerst einmal in uns selbst herstellen. Daher sollten wir nicht unnötig unter Angst vor Bedrohungen leiden, die uns mit großer Wahrscheinlichkeit niemals ereilen werden. Die Ängste davor beeinflussen unser Lebensglück und unsere Altersvorfreude aber in jedem Fall entscheidend.

Leben wir lieber in berechtigter Vorfreude auf das Morgen. Und, ganz gleich, wie finanziell vermögend wir heute sind: Gehen wir achtsam mit unserem Geld um – und uns selbst. Denn Geld ist immer nur Mittel zum Zweck, und den Zweck sollten wir bewusst und mit Augenmaß wählen. Wie genau, liegt nur an uns. Obwohl jeder von uns so wunderbar individuell ist, anders lebt, anders denkt und finanziell anders aufgestellt ist, hilft Ihnen einer der folgenden sechs Impulse vielleicht auf Ihrem Weg weiter.

1. Machen Sie sich bewusst, welchen Lebensstandard Sie wirklich brauchen

Was macht mich glücklich? Wirklich, wirklich, wirklich glücklich? Diese drei »wirklich« sind wichtig, weil wir uns zu selten fragen, was wir *wirklich* brauchen, um ein (für uns) gutes Leben zu führen. Muss es wirklich der Neuwagen sein, der teure Schmuck, die vierwöchige Kreuzfahrt? Gibt es vielleicht günstigere Alternativen, die Ihnen ebenso viel Freude bereiten würden? Auch Hobbys müssen nicht teuer sein, um Spaß zu machen.

Die Suche nach preiswerten oder kostenfreien Freizeitbeschäftigungen kann sogar glücklicher machen, weil man am eigenen Leib erlebt, dass Glück nicht käuflich ist, sondern nur eine Frage des Blickwinkels. So können besondere Erlebnisse, die nichts kosten außer Zeit, mit Menschen, die man liebt, die beste Altersvorsorge der Welt sein, weil sie zu Erinnerungskapitel werden und lebenslang Zinsen zahlen in Form glücklicher Momente.

2. Schmeißen Sie alles raus, was Sie nicht wirklich brauchen

Wann haben Sie das letzte Mal aufgeräumt; räumlich und finanziell? Werfen Sie zuerst alle Besitztümer raus, die Sie nicht mehr brauchen. Was haben Sie in den letzten zwei Jahren weder benutzt noch angesehen? Im Idealfall können Sie manch toten Besitz sogar wieder in Geld zurücktauschen. Auf Flohmärkten zum Beispiel, wo man reicher werden kann an Barem und menschlichen Kontakten. Und räumen Sie Ihre Finanzen auf. Streichen Sie Ihre Kontoauszüge ab und kündigen Sie alles, auf das Sie verzichten können. Brauchen Sie wirklich alle Ihre Versicherungen, Zeitungsabos, alles, was sonst monatliche Kosten verursacht? Was ist mit dem Energie- oder Telefonanbieter? Gibt es günstigere Alternativen?

3. Schätzen und schützen Sie das, was Sie haben

Glücklich sein heißt, akzeptieren, was ist. Wenn man Ihnen alles nehmen würde von dem, was Ihr Leben heute ausmacht: Was würde Ihnen wirklich fehlen? Welchen Besitz lieben Sie heiß und innig? Welche Menschen sind für Sie unverzichtbar? Vielleicht machen Sie gar nicht die Restaurantbesuche oder die Shopping-touren glücklich, sondern in Wahrheit ist es die Zeit, die Sie dabei mit Ihrem Partner oder Ihren Freunden verbringen? Weniger Konsum und mehr Genuss des Bestehenden. So einfach könnte es sein. Und günstig. Im Alter soll man ja bekanntlich sowieso nicht mehr so viel brauchen und mit weniger zufrieden sein. Nutzen Sie diese Erkenntnis und bewahren Sie das, was Ihnen lieb und teuer ist, indem Sie zum Beispiel Kaputtes reparieren, statt es neu zu kaufen.

4. Nehmen Sie Hilfe an und helfen Sie anderen

Die besten Versicherungen der Welt sind eine gute Gesundheit, Bildung und ein Netzwerk an Menschen, die sich gegenseitig unterstützen. Lernen Sie, sich helfen zu lassen, und berauben Sie die Menschen, denen Sie am Herzen liegen, nicht der Freude der guten Tat. Denn: Anderen zu helfen macht glücklich. Lassen Sie es zu und werden Sie auch selbst zum Glückshelfer. Teilen Sie Ihren Besitz mit anderen, zum Beispiel Garten- und Technikgeräte, Werkzeuge, Bücher ... Unterstützen Sie sich gegenseitig in der Nachbarschaft, dem Freundes- und Bekanntenkreis mit Ihren Fähigkeiten. Oftmals helfen den Ärmsten der Armen die Menschen, die selbst wenig haben. Vielleicht, weil sie aus eigenem Erleben wissen, wie wichtig es ist, ganz praktische und emotionale Hilfe zu erhalten.

5. Verdienen Sie sich etwas dazu

Für manche mag es merkwürdig klingen, ist doch die Zeit des Arbeitens in der nachberuflichen Phase vorüber (für viele sogar »endlich«). Doch auch für RentnerInnen kann es sinnvoll sein, das monatliche Einkommen aufzubessern und die eigene Laune zu verbessern. Wer für ein paar Stunden oder Tage im Monat einem Mini-Job nachgeht, bekommt mehr als das ausgezahlte Geld: Resonanz für das eigene Tun, das unbezahlbare Gefühl, Teil einer Gemeinschaft (und wichtig!) zu sein. Wer weiterarbeitet, und sei es auch nur auf Sparflamme, erhält sich zudem seine geistige Frische und die körperliche Vitalität.

Übrigens: Wenn Sie eine (möglichst schuldenfreie) Immobilie besitzen, können Sie Ihre Rente ebenfalls über eine Immobilienverrentung aufbessern. Hierfür verkaufen Sie Ihre Immobilie zum Beispiel an eine Bank, die Ihnen den Kaufpreis monatlich auszahlt (Ihr Leben lang) und Ihnen zudem ein lebenslanges Wohnrecht garantiert. Besonders interessant ist dies für Kinderlose, deren Immobilien(vermögen) nach ihrem Tod ansonsten an den Staat fallen würden.

6. Ändern Sie Ihr Leben – zumindest punktuell

Vielleicht haben Sie innerlich gezuckt, als Sie gerade das Wort »ändern« gelesen haben. Nicht umsonst gehört »Veränderung« zu einem der großen negativen Schlüsselwörter unserer Welt. Veränderungen haben einen schlechten Ruf. Auch, weil wir uns in der Gewohnheit, dem Bekannten, wohler fühlen als beim ungewissen Ausblick auf Neues. Doch hierin liegen unzählige Chancen, gerade dann, wenn man im Alter über weniger Geld verfügt als gewünscht.

Vielleicht ist gerade das Alter eine gute Gelegenheit, seine (zu) große Wohnung zu kündigen, sein Haus zu verkaufen, sich räumlich zu verkleinern (und finanziell zu vergrößern). Oder es ist gerade umgekehrt richtig und man zieht mit (alten oder neu zu findenden) Freunden zusammen, um zu zweit oder mehreren Kosten zu sparen.

Zum Schluss drei Tipps für alle, die noch Zeit bis zur Rente haben und für ihre finanzielle Situation im Alter vorsorgen können:

Legen Sie gezielt Geld für später zurück, zum Beispiel durch Investitionen in selbst ausgewählte zukunftsfähige Unternehmen (über Aktien oder durch direkte Beteiligungen in Start-ups oder die regionale Wirtschaft) sowie in greifbare Werte wie Gold oder Silber (Finger weg von Anleihen, Zertifikaten, Investmentfonds und Renten- sowie Lebensversicherungen).

Verschulden Sie sich nicht unnötig (keine Konsum- und Autokredite und raus aus dem Dispositionskredit).

Wählen Sie ein (für Sie!) bezahlbares Leben, damit Sie auch zukünftig nicht nur körperlich, geistig und seelisch bei bester Gesundheit sind, sondern auch finanziell.

Über die Gastautorin

Astrid Labuster ist Expertin für Finanzaufklärung und Lebensinspiration. Sie leitete als Mitinhaberin mehr als zwanzig Jahre lang eine Beratungsgesellschaft für Finanzinstitute.

Achtsamkeit als Lebenskompass
EIN GASTBEITRAG VON KARIMA STOCKMANN

O el ngati kameie«, übersetzt »Ich sehe dich«, heißt es in einem der erfolgreichsten Filme aller Zeiten – in Avatar. Einen Menschen wahrhaftig zu sehen ist eines der größten Geschenke, das wir ihm machen können.

Doch in einer Zeit voller Smartphones, voller Ablenkungen und Aufgaben ist dies heute keine Selbstverständlichkeit mehr: seine Mitmenschen zu »sehen«, sie im Alltagstrubel in ihrem Sein wirklich wahrzunehmen, ihre Gefühle nachzuempfinden, einfach nur zuzuhören, ohne schon eine schnelle Antwort parat zu haben.

Viele Menschen sind gefangen in einem Strom aus Gedanken und Informationen aus den Medien. Unsere Grübeleien im Inneren sind laut und wollen gehört werden. Im Außen schreien die Werbung und vielerlei schlechte Nachrichten nach unserer Aufmerksamkeit. Unsere Aufmerksamkeit ist zu einem der wertvollsten Güter geworden, denn wir haben nur eine, und wir dürfen entscheiden, wem wir diese widmen.

Statt uns unbewusst in unseren Sorgen zu vergraben oder uns von der Medienflut fremdbestimmt hin und her werfen zu lassen, dürfen wir uns unserer Auswahlmöglichkeiten wieder bewusst werden. Denn es liegt an uns, ob wir eine Stunde, einen Tag, einen Urlaub, einen potenziellen, flüchtigen Glücksmoment wirklich erfassen, ob wir ihm unsere Aufmerksamkeit schenken oder ob er an uns vorüberzieht, ehe wir wirklich darin angekommen sind.

Doch gerade dieses Ankommen im Moment – bei uns und unseren Mitmenschen – macht den Unterschied, ob wir uns nachhaltig zufrieden und erfüllt fühlen. Denn wie sagte Cicely Saunders, Pionierin der Palliativmedizin, so schön:

»Es geht nicht darum, dem Leben mehr Tage zu geben, sondern den Tagen mehr Leben.«

Mir persönlich wurde diese Wahrheit sehr bewusst, als mich eine Krankheitsdiagnose im Alter von siebzehn Jahren schon recht früh mit der Endlichkeit meines Lebens konfrontierte. Von einem Tag auf den anderen hieß es: Rund um die Uhr Medikamenteneinfluss, denn ohne geht es ab heute nicht mehr, eine um zwanzig Jahre verkürzte Lebenserwartung und höchstes Risiko für mögliche Folgeerkrankungen. Dialyse, Erblindung, Herzinfarkt, Schlaganfall, Koma – begründete Ängste, die mit siebzehn Jahren plötzlich zum täglichen Begleiter wurden und dem Alltag seine Leichtigkeit nahmen.

Doch nur solange bis ich erkannte, dass ich eben nicht dem Hier und Jetzt meine Aufmerksamkeit widmete, sondern einem Risiko, einem möglichen Ende in der Zukunft. Und so traf ich die Entscheidung, mich wieder der kostbaren Gegenwart mit all ihren Geschenken zuzuwenden.

Ich wollte mein Leben nicht verpassen aus lauter Angst vor dem, was vielleicht ohnehin nicht eintreffen würde, aus Furcht vor all dem, was da überwiegend in meinem Kopf und nicht in der realen Welt vonstattenging. Ich drehte den Spieß um und machte meine Krankheit nicht weiter zum Schreckgespenst, sondern zu meinem ganz persönlichen Lebensberater, zu meinem Achtsamkeitstrainer des Glücks. Ich wurde zufriedener und gesünder, als ich es ohne Diagnose je gewesen wäre.

Denn statt Angst zu haben vor der eventuellen Erblindung, begann ich ganz genau hinzusehen, zu beobachten und mich von den Farben des Lebens begeistern zu lassen.

Was können Sie genau in diesem Moment demütig bestaunen?

Anstatt mich davor zu fürchten, früher als andere Herzprobleme zu bekommen, fing ich an auf mein Herz zu hören. Ich schenkte meinen Herzenswünschen Aufmerksamkeit, meinen Werten, meinen Bedürfnissen.

Welcher Ihrer Herzenswünsche möchte ebenso endlich mehr Gehör finden?

Statt mich zu schämen für meinen unperfekten Körper, bedankte ich mich bei ihm für all das, was er tagtäglich in Perfektion unermüdlich leistete.

Welches Körperteil unterstützt Sie bedingungslos und ermöglicht Ihnen heute zu atmen, zu sehen, zu laufen, zu leben?

Ich verabschiedete mich von meiner gesundheitlichen Schwäche, indem ich meine Mitmenschen stärkte – mit genau dieser Achtsamkeit, mit Dankbarkeit und unbeugsamer Lebensfreude.

Welche Stärke haben Sie bereits aufgrund zurückliegender Herausforderungen entwickelt?

Und anstatt mich über traurige Tage zu ärgern, an denen ich mich ganz allein in diesem gesundheitlichen Chaos fühlte, nahm ich mich immer öfter selbst in den Arm und ließ auch diese Momente zu – als Teil eines facettenreichen, farbenfrohen Lebens, in dessen Malkasten eben auch die Farben Grau und Schwarz gehören.

Mit welchen Farben bemalen Sie Ihre heutige »Leinwand des Lebens«?

Ich schenkte mir, meinem Leben und meinen Mitmenschen wahrhaftige Aufmerksamkeit, und das ist bis heute so. Auf diese Weise erlebe ich jeden Tag viel intensiver. Ja, manchmal auch langsamer, weil mich meine Krankheit ausbremst, oder stürmischer, weil weitere Herausforderungen meinen Lebensweg kreuzen.

Doch mit jeder bewusst wahrgenommenen Kostbarkeit, durch achtsames Sehen, Hören, Schmecken, Spüren und durch jeden bewussten, tiefen Atemzug lassen wir Zufriedenheit und Vertrauen wachsen – in die eigene Stärke, in das Leben selbst. Wir machen uns dadurch Stück für Stück unabhängiger von äußeren Umständen, unserer körperlichen Verfassung oder unserer generellen Lebenssituation.

Wir lassen den inneren Grübler, den Zweifler, den harten Richter in uns verstummen und schenken damit unserem Alltag mehr Leichtigkeit, mehr Selbstbestimmtheit, mehr Glanz.

Ich freue mich von Herzen, wenn auch Sie sich auf das Abenteuer Achtsamkeit einlassen und sich mit all Ihren Sinnen dem Hier und Jetzt widmen, wenn Sie sich mit all Ihren kleinen oder großen Herausforderungen selbst in den Arm nehmen und auch Ihren Mitmenschen das Geschenk des »Gesehenwerdens« machen. Wer den Anfang macht, kann nur dazugewinnen … Begegnen Sie also am besten jedem Tag und jedem Menschen, Ihrem Körper und Ihren Stimmungen mit Offenheit, Verständnis und Akzeptanz und bereichern Sie damit sich selbst ebenso wie Ihr Umfeld. Nehmen Sie Ihre Mitmenschen – vor allem aber auch sich selbst – bewusst wahr und lassen Sie Ihr Herz (zu sich) sprechen: »Oel ngati kameie.« – »Ich sehe dich.«

Über die Gastautorin

Karima Stockmann ist Rednerin, Bestseller-Autorin, Achtsamkeitscoach und Lebensfreude-Stifterin. Mit ihrem Institut für betriebliche Gesundheitsförderung sowie ihrem Blog »lebensfreude-heute.de« motiviert sie Jung und Alt zu einem achtsamen Umgang mit Körper, Geist und Seele.

Menopause und glückliches Altern

EIN GASTBEITRAG VON DR. CHRISTIANE ZEDELIUS
UND DAGMAR MAHNEL

Glück und Menopause, passt das überhaupt zusammen? Was für eine Kombi, war mein erster Gedanke. Ein Widerspruch!? Niemand würde heute Glück und Menopause in einem Atemzug nennen. Menopause erlebt die Frau, wenn sie alt wird. Ist sie dann glücklich?

Menopause ist ein immer noch so unergründetes Thema, wenige wissen genau, was da bei den Frauen so passiert. Ja, eigentlich nur, dass die Frauen anders werden, emotional, zickig, unvorhersehbar und ach ja – dass sie häufig Hitzewallungen, Schlafprobleme und Stimmungsschwankungen haben. Es ist also ein eher negativ behaftetes Thema. Nein! Das sollte man nicht so sehen.

Was ist denn eigentlich Glück? Ist Glück nicht ein Zustand der besonders bewussten Zufriedenheit in einem Moment oder auch in einem Lebenszustand? Kann das mit der Phase der Wechseljahre zusammenpassen? Ich denke schon.

Beginne ich einmal ganz von vorne. Früher, vor Jahrhunderten haben Frauen mit ihren Ehemännern eine Familie gegründet, Kinder bekommen, diese großgezogen, und dann sind die Frauen oft schon gestorben, noch bevor sie fünfzig Jahre alt wurden. Sie hatten ihren Job als Mutter erfüllt, der weibliche Körper hatte seiner Funktion entsprochen, und bestimmt haben diese Frauen ihr Lebensglück in der Familie gefunden. Von Menopause, auch Wechseljahre genannt, haben sie gar nichts mitbekommen. Erst als Frauen dann von den Jahren her älter wurden und ihre Regel irgendwann ausblieb, sie keine Kinder mehr bekommen konnten und auch ihr äußeres Erscheinungsbild nicht mehr knackig jugendlich blieb, sie die Jahre der Hormonumstellung im Körper erlebten, erhielt diese Zeit der Wechseljahre eine negative Bedeutung. Die Frau fühlte sich alt, verbraucht, wertlos und abgestellt. Sie zog sich zurück und schwieg über alles, was sie mit der Umstellung in ihrem Körper erlebte. Dieses Thema wurde zu einem Tabuthema. Bis heute ist nicht viel anders. Durch Information, Wissen und Erfahrungen könnte sich das aber ändern.

Und das ist ein wichtiger Ausgangspunkt. Die Frauen von heute wissen ja selbst immer noch nicht genau, was auf sie zukommt. Nur selten wurde und wird öffentlich darüber gesprochen. Wechseljahre? Was bedeutet das? Was passiert im Alter zwischen zweiundvierzig und sechzig Jahren? Alle wissen nur – Hormonumstellung. Und die kommt von ganz allein. Teilweise fühlen sich die Frauen dabei auf den Kopf gestellt, teilweise merken sie es auch gar nicht so genau. Diese Phase im Leben der Frau kommt leise. Schleicht sich unbemerkt an. Und bricht plötzlich förmlich aus ihr heraus. Es gibt keine echte Kontrolle. Im wahrsten Sinne des Wortes überrollt Frau eine Welle .... die dann bricht ....

Die Frau fühlt plötzlich diverse körperliche und geistige Symptome, die oft erst mal belastend oder auch peinlich sind. Aber was bedeuten die Wechseljahre denn noch? Ist es nicht viel mehr? Und wo ist da der Zusammenhang zum Glück?

Um es vorab zu meinen Ausführungen zu bekräftigen, heute ist die Frau, die in die Menopause kommt, ein anderer Typ Frau als noch vor ein paar Hundert Jahren. Heute ist sie in der Lebensmitte – liegt die durchschnittliche Lebenserwartung der deutschen Frau doch immerhin bei mehr als dreiundachtzig Jahren, was für ein Glück! Sie ist meistens fit, aktiv, krempelt die Ärmel hoch und möchte oft sogar Neues beginnen. Die Hormone spielen buntes Feuerwerk und geben ihr neue Impulse. Eine Zeit der möglichen Veränderung beginnt. Eine Zeit, sich neu zu definieren und die Parameter für eine glückliche Zeit im Alter neu zu ordnen.

Zwei Drittel aller Frauen setzt sich über etwa siebeneinhalb Jahre mit der Umstellung der Hormone in ihrem Körper und damit

mit sich selbst intensiver als sonst auseinander. Ein Drittel merkt eigentlich gar keine Veränderung. Zusätzliche äußere individuelle Einflüsse sind: Wie geht die Familie mit den physischen und psychischen Herausforderungen der Frau um? Wie sieht das ihr Partner? Gibt es Verständnis und Unterstützung? Wie beeinflusst das berufliche Umfeld diese Phase? Es sind Beschwerden wie Hitzewallungen, Gelenkschmerzen, Herzstolpern, Stimmungsschwankungen und Schlaflosigkeit zu bewältigen. Die Symptome kommen und gehen und sind auch individuell unterschiedlich intensiv. Die Phase geht oft mit Gewichtszunahme einher – was ja immer ein delikates Thema bei Frauen ist. Migräne und Verlust von Libido tragen auch noch ihren Anteil bei. Frauen lernen aber, mit dem neu funktionierenden Körper umzugehen. Puh – hört sich anstrengend an. Und zurück zur Ausgangsfrage: Wie können Frauen damit glücklich altern?

Die Bewältigung dieser Phase ist ein Weg mit neuen Beziehungen, Erfolgen und Sichtweisen. Und damit auch Quelle für neues Glück. Die Frau sucht Unterstützung, um ihren Körper wieder unter Kontrolle zu bringen. Dies geht über neue Beziehungen zu unterschiedlichen Menschen. Sie braucht Hilfe von Ärzten für eine Entscheidung zur unterstützenden Hormontherapie oder Behandlung mit pflanzlichen Präparaten. Sie erhält Informationen zur Umstellung ihrer Ernährung oder auch ihres Bewegungsprogramms. Die Linderung der Symptome lässt viele Frauen wieder bewusst positiver und glücklicher in die Zukunft schauen.

Im Internet gibt es viele Informationen. Insbesondere der Austausch in wachsenden digitalen Communitys zu diesem Thema ist hilfreich, denn Frauen müssen mit Frauen reden, und in einer großen Community wird sich immer eine andere Frau finden, die ein ähnliches Potpourri an Symptomen hat. Wie glücklich bin ich, wenn ich jemanden treffen kann, dem es ähnlich geht wie mir! Geteiltes Leid ist halbes Leid. Wie glücklich fühle ich mich, wenn mir jemand hilft oder ich jemandem helfen kann! Auch hieraus kann man Glück ziehen: Anderen geht es wie mir, sie bewältigen das, und dann schaffe ich das auch. Frauen geben Glück durch gegenseitige Unterstützung. Freundschaften entstehen. Freundschaften sind ein großer Teil des Glücks im Leben.

Oft haben die Kinder zum Zeitpunkt der Menopause der Mutter das Familiennest verlassen und gehen ihre eigenen Wege. Neuer Freiraum in der Familie und mehr Zeit für sie selbst bieten sich jetzt für die Frau. Eine neue Sicht auf den Tag. Endlich auch mal wieder nach den eigenen Bedürfnissen schauen können und dürfen. Sich selbst auf Platz eins der Prioritätenliste zu setzen und nicht weiterhin hinter die Plätze der Kinder und der Familie. Es ergibt sich jetzt die Möglichkeit, sich nach neuen Betätigungsfeldern umzuschauen. Vielleicht wird aus dem Halbtagsjob nun ein neuer interessanter Fulltime-Job. Vielleicht gibt es sogar einen Wechsel in der Berufsausrichtung. Vielleicht ist es die Möglichkeit, mit dem Partner entspannter auf Reisen zu gehen und das Leben zu genießen. Vielleicht ist es die schmerzliche Erkenntnis, dass der Partner für den weiteren Lebensweg nicht mehr der Richtige ist und ein neuer Weg für das Ich beschritten werden muss, um das eigene Glück zu finden. Vielleicht ist es aber auch nur die kleine Möglichkeit, durch mehr Sport und Yoga und die richtige Ernährung sich auf seinen Körper einstellen zu können, ohne Rücksicht auf die gesamte Familie nehmen zu müssen, und das entschleunigte Leben bewusster zu genießen.

Neue Wege, neue Möglichkeiten für Glück. Viele kleine Dinge, die das individuelle Glück der Frau bereichern. Dinge, die dem Leben einen neuen Sinn geben können. Wie wir alle wissen, ist es der Sinn, der das Leben mit Glück bereichert.

An dieser Stelle muss ich allerdings auch offen anmerken, dass es natürlich einige Frauen gibt, die erst wenn die Wechseljahre vorüber sind, wieder aufatmen können ... und dann aber auch besonders intensiv das Glück dieser neuen Freiheit in einem veränderten Körper empfinden.

Frauen legen durch die Wechseljahre wieder mehr Fokus auf ihr eigenes Leben, finden ihr neues eigenes Ich, fühlen sich wieder wohler in ihrer Haut, kommen mit sich wieder in Einklang und spüren so Glück und Zufriedenheit. Neues Glück durch andere Sichtweisen. Dann eben, wenn der Körper, der mit der Umstellung der Hormone gekämpft hat, dies zulässt – früher oder später. Aber dann.

Das Leben bleibt unvorhersehbar, auch wenn man älter wird. Es bleibt spannend. Die Phase der Menopause bietet den Frauen einen Impuls. Einen Impuls zur Veränderung oder auch nicht. Das Glück der Möglichkeit der Veränderung und Weiterentwicklung beim Älterwerden! Nicht stehen bleiben, sondern neue Wege beschreiten. Und dabei ist es ein Glück zu spüren, dass man immer noch und wieder neu auch von anderen wahrgenommen wird. Wir müssen es uns nur bewusst machen. Und wir müssen das Glück erkennen, dass man manchmal, auch nur weil man älter wird, so viele andere Dinge gestalten und genießen kann.

Über die heutige lange Lebenserwartung ist da noch so viel geschenkte neue »Zeit ohne Hormone« für die Frauen ab der Lebensmitte. Wenn wir Frauen in der Menopause unterstützen, fördern wir ihr Glück und damit das Glück der Gesellschaft ... schließlich ist die Hälfte der Bevölkerung weiblich!

Über die Gastautorinnen

Dr. Christiane Zedelius und *Dagmar Mahnel* sind die Gründerinnen von mimemo, einer App, die Frauen in den Wechseljahren begleitet. Sie wollen Frauen in der Lebensmitte digitale Unterstützung für diese Lebensphase bieten.

Die Bedeutung des Internets

EIN GASTBEITRAG VON FLORIAN SCHINDLER
UND PAUL LUNOW

Das ist nichts mehr für mich.« Diesen Satz haben wir von älteren Menschen immer und immer wieder gehört, wenn sie auf das Internet angesprochen wurden. So ist auch zu erklären, warum über dreizehn Millionen Menschen in Deutschland als sogenannte »digital weniger Erreichte« beschrieben werden. Diese Menschen haben Angst, sie stehen vor den Toren der virtuellen Welt und fragen sich, ob sie hindurchschreiten sollen. Dort soll das Glück liegen? Es geht doch auch so; ist bisher immer so gegangen. So wichtig kann das doch plötzlich nicht sein.

Was ist wichtig? Und was hat wichtig mit Glück zu tun?

Getränke und schwere Einkäufe in die Wohnung gebracht zu bekommen? Einen verbindlichen Termin beim Amt statt Nummer ziehen und lange Warteschlangen? Jederzeit an besonderen Momenten der Kinder und Enkel teilhaben können? Wenn einem danach ist, auch mal Sendungen ohne Werbung, aber mit Niveau anschauen oder ein klassisches Konzert live erleben zu können, ohne länger im Konzertsaal sitzen zu müssen?

All das ist nicht mehr so wichtig, wenn man älter wird? Oder ist es gerade dann, wenn man auch mal weniger beweglich sein möchte oder sein muss, besonders wertvoll, mobil durch das Internet zu sein, um dadurch weiterhin am Leben aktiv teilhaben zu können?

Körperliche Erleichterungen, aber noch wichtiger, die aktive Teilnahme am Leben, das ist nicht nur wichtig, sondern macht nachweislich glücklich.

Der Satz »Warum machst du das nicht im Internet« hängt aber oft wie ein Damoklesschwert über den Köpfen älterer Menschen.

Dabei handelt es sich um eine Generation, die ihr Leben meist sehr erfolgreich, auch in härtesten Krisenzeiten, bewältigt hat. An der Digitalisierung und ihren vermeintlichen Schönheiten drohen sie aber jetzt zu scheitern.

Warum das so ist? Weil wir im zunehmenden Alter weniger lernfähig werden, dafür aber verstärkt auf unsere Erfahrung zurückgreifen. Eine wunderbare neurologische Entwicklung, die uns als Kinder vieles leichter erlernen lässt und uns dann die Möglichkeit bietet, mit zunehmendem Alter auch auf die Intuition, den Bauch zu hören. Dies kann wertvolle Kräfte sparen und oft zu noch souveräneren Entscheidungen oder auch mehr Gelassenheit bei Missgeschicken führen.

Doch im Internet gibt es keine gelernten Strukturen. Keine Muster, die ältere Menschen aus anderen Lebensbereichen wiedererkennen. Keine Beschilderungen oder Wegweiser, wenn man hineingestolpert ist oder von der Verwandtschaft hereingeführt wurde. Und wenn man dann wieder raus möchte, findet man oft noch nicht einmal allein den Ausgang.

Das Internet selbst ist noch jung. Es verändert sich ständig, verletzt bereits aufgestellte Regeln und möchte ständig Neues ausprobieren. Ältere Menschen verirren sich dadurch allzu leicht, sehen Gefahren, wo keine sind, oder übersehen Bedrohungen, die zu gut getarnt wurden. Das Internet mutet manchmal an wie ein Enkelkind: voller Tatendrang und Euphorie, das einen an die Hand nimmt und zieht und gleichzeitig auch gebremst werden müsste. Für eine zaghafte Entdeckungsreise ist es nicht bereit. Dafür kann es den Alltag aufrütteln, bereichern und gerade älteren Menschen neue Lebensfreude bringen.

Aus eigener Überzeugung, wie viel Glück man durch das Internet erleben kann und wie unnötig anstrengend es gerade für ältere Menschen noch ist, haben wir uns vor einigen Jahren aufgemacht, um im Internet diese dringend notwendigen Wegweiser aufzustellen und immer mehr ältere Menschen mit auf eine selbstbestimmte digitale Reise zu nehmen, bei der sie allein das Tempo bestimmen und doch alles erleben können.

Nun ist es auch für uns pures Glück zu sehen, welches Glück sie empfinden, endlich »drin« zu sein. »Ich bin drin«, verkündete Boris Becker vor mehr als zwanzig Jahren in einer der erfolgreichsten Werbekampagnen eines Internetkonzerns, Erleichterung und Stolz waren ihm dabei deutlich anzumerken. Genau diesen Stolz empfinden die Menschen, die wir ins Internet gebracht haben. Sie verspüren tiefes Glück und pure Lebensfreude, weil sie wieder einen Schritt unabhängiger im Alltag sind, aktiver am Leben (anderer) teilhaben und sogar längst verloren geglaubte Hobbys und Leidenschaften wiederaufleben lassen können. Diese Menschen sitzen vor kleinen tragbaren Tablets, und ihre Augen leuchten wie die von Kindern. Es sind übrigens die gleichen Personen, die Momente zuvor behaupteten, sie bräuchten das alles nicht mehr.

Auch die heutigen Jugendlichen werden im Alter die gleiche Reise antreten müssen. Auch sie werden dann das Bewährte mehr schätzen als das Neue, und ihre Kinder und Enkel werden genauso vor ihnen stehen, sie an die Hand nehmen wollen und von der neuen Glückseligkeit schwärmen.

Auch früher war es schon so, wie ein Ausflug in die Eisenbahngeschichte zeigt: Vor zweihundert Jahren wurde die Lokomotive im heutigen Sinne erfunden. Wie sah sie zwanzig Jahre später aus? Ein älterer Mensch mochte damals auf das neumodische »Feuerross« geschaut und gedacht haben: »Das brauche ich nicht mehr. Ich bin zufrieden hier, wo ich bin.«

Aber gleichzeitig sah er in die leuchtenden Augen der Jüngeren, die von den Möglichkeiten schwärmten, in eine andere Stadt zogen und nur noch zu Weihnachten zu Besuch kamen. Dabei nahmen sie schwere, langsame und anstrengende Fahrten auf sich.

Das Internet in seiner heutigen Form ist in diesem Zustand. Das kollektive Wissen der Menschheit darüber hat sich in den letzten vier Jahrzehnten gebildet. Das kann den Einstieg schwierig machen, aber er lohnt sich. Fragt heute jemand, ob Bahnfahren glücklich macht? Nein, es ist ein Transportmittel. Um uns zu unseren Liebsten zu bringen, neue Welten zu entdecken und Waren zu transportieren.

Auch das Internet selbst wird niemanden glücklich machen. Aber es ist das Werkzeug unserer Zeit, in dem wir alles finden können, was für unser Glück notwendig ist. Es ist das Fortbewegungsmittel unserer Zeit, das für ältere Menschen sogar noch wichtiger ist als für die Jugend, denn es kann die ganze Welt zu uns nach Hause bringen. Dort verbessert es unsere Lebensqualität, verhindert Einsamkeit, ermöglicht Teilhabe … und leistet täglich einen Beitrag zum Glücklichsein.

Über die Gastautoren

Florian Schindler und *Paul Lunow* sind Experten auf dem Gebiet »Technologie im Alter« und die Gründer von Nepos, einem Unternehmen, das Technologieprodukte für die ältere Generation optimal aufbereitet. Gemeinsam mit Gerontechnologen, Usability-Experten, Software-Architekten und Designern haben sie in einem mehrjährigen Entwicklungsprozess mit mehr als dreihundert Testern über fünfundsechzig die weltweit erste, universelle Bedienoberfläche für das Internet entwickelt.

Hoffnung trotz Depression

EIN GASTBEITRAG VON PROF. GABRIELA STOPPE

Vor einer Depression ist man auch im Alter nicht geschützt. Allein von der Häufigkeit und dem damit verbundenen Leiden, ist die Depression eine der wichtigsten Volkskrankheiten heutzutage. Betroffen sind mindestens jeder fünfte bis zehnte Erwachsene, auch im höheren Lebensalter.

Bevor wir jedoch über Vorbeugung vor und den Umgang mit der Depression sprechen, soll zunächst einmal erklärt werden, was eine Depression überhaupt ist. Beginnen wir damit, was eine Depression nicht ist. Wenn jemand schon ein Leben lang die Welt immer negativ sieht und pessimistisch ist, ist das keine Depression. Eine Depression ist auch nicht, wenn jemand oft traurig ist, aber zum Beispiel in Gesellschaft immer wieder besserer Stimmung ist und sich mit den Enkeln freuen kann. Auch nicht jeder, der jammert, ist depressiv. Eine Depression ist etwas, das einen überkommt, einem die Möglichkeit nimmt, emotional teilzunehmen, und einem die Zuversicht raubt. Während man zum Beispiel in einer melancholischen Stimmung sein kann, diese aber auch wieder aufgeben kann, wenn es die Situation verlangt, gilt dies bei der Depression nicht. Bildlich gesprochen ist die Melancholie – oder auch die Trauer – ein Raum in einem Haus, den man betreten kann und in dem man sich vielleicht durchaus wohlfühlen kann; die Depression ist jedoch ein Raum, den man nicht aus eigenem Willen verlassen kann. Der Depressive spürt, dass er sich nicht mehr freuen kann, mitunter, und besonders quälend, auch, dass er auch Trauer nicht mehr richtig spüren kann. Der depressive Mensch kann nicht anders. Dies bedeutet, dass alle Appelle, dass er sich zusammenreißen soll, er hätte doch früher alles geschafft, ins Leere laufen. Der Depressive kann nicht wollen und sollte genau darin auch akzeptiert werden.

Besonders gefährdet, im Alter eine Depression zu bekommen, sind diejenigen, die im Leben schon einmal eine Depression gehabt haben. Dies gilt auch für die, die an einer Angststörung und vermehrter Ängstlichkeit leiden, auch sie haben in ihrem früheren Leben meistens schon einmal entsprechende Probleme gehabt. Sollte eine Depression erstmals im Alter auftreten, ist in jedem Fall eine ärztliche Abklärung angezeigt.

Das Risiko ist auch erhöht bei Menschen, die sich mit chronischen Krankheiten auseinandersetzen. Dabei stehen Herz-Kreislauf-Erkrankungen und Schmerzerkrankungen an vorderster Stelle. Es scheint zudem bedeutsam zu sein, ob es möglich ist, bis in das Alter hinein gut zu schlafen. Auf soziale Faktoren komme ich noch zu sprechen.

Die typische Schlafstörung in einer Depression zeichnet sich dadurch aus, dass man Mühe hat einzuschlafen, also länger als eine halbe Stunde braucht, in den Schlaf zu finden. Auch werden die meisten ungewöhnlich früh wach, ohne dass sie dringend auf die Toilette gehen müssten. Obwohl sie früh wach werden, haben sie Mühe aufzustehen. Oft ist der Morgen schlimmer als der Abend. Das Leben macht keine Freude mehr, der Appetit und auch die Sexualität gehen zurück. Typisch ist ein Gewichtsverlust, den man sich nicht erklären kann.

Depressionen gehen häufig mit Lebensmüdigkeit einher. Sie sind deshalb die Hauptursache für die im Alter leider besonders hohe Rate an Selbsttötungen. Jeder, der in seiner Krankheit auf die Idee des Suizids kommt, sollte davor geschützt werden. Dies bedeutet auch, dass man dieses Thema anspricht. Dies kann zum Beispiel auf einfühlsame und anständige Art in der Form geschehen, dass man folgende Frage stellt: »Wenn es dir so schlecht geht, könnte ich mir vorstellen, dass du gar nicht mehr leben magst. Hast du den Gedanken, dem Leben ein Ende zu setzen?« Wer daran denkt, wird froh sein, dass Sie ihn ansprechen. Wer nicht daran denkt, nimmt die Frage nicht übel.

Depressionen werden aber auch gefördert durch soziale Faktoren wie Isolation und Armut. Der Mensch ist ein soziales Wesen. Wer an der Gesellschaft nicht mehr teilhaben kann und keine Ansprache mehr hat, fühlt sich auf Dauer wertlos und sieht das Leben als sinnlos an. Dies zu ändern liegt nicht nur in der Kraft des Einzelnen, sondern braucht ein gesellschaftliches Bewusstsein für Teilhabe.

Hier kommen wir auch schon zu der Frage, ob Depressionen vermeidbar sind. Im Rahmen der Prävention unterscheiden wir zwischen der gesellschaftlichen und der individuellen Prävention. Wie eben schon angesprochen, ist es die Gesellschaft, die älteren Menschen eine Teilhabe ermöglicht. Der Ruhestand sollte eine Zeit sein, in der die Pflichten weniger werden, aber noch viel »Kür« möglich ist. Dass viele das wollen, zeigt sich auch daran, dass es immer mehr Aktivitäten im Bereich der freiwilligen Arbeit älterer Menschen gibt. Klassisch ist die Aufgabe, dass Großeltern die Enkelkinder hüten. Zur Teilhabe gehört aber auch, dass kulturelle, Sport- und andere Angebote genutzt werden können. Wirtschaftliche Verunsicherung und Armut haben immer wieder in der Geschichte in allen Altersgruppen zu Gefühlen der Bedrohung und Existenzangst geführt mit der Folge seelischer Krisen.

Die individuelle Vorbeugung besteht darin, dass wir auf dem Lebensweg ins Alter lernen, sorgsam mit uns umzugehen. Dies bedeutet, dass wir uns um unsere körperliche und seelische Gesundheit noch mehr kümmern. Im Alter bedeutet dies, sich um das gute Sehen und Hören zu kümmern sowie körperlich in Bewegung zu bleiben. Moderate Bewegung tut dem Körper und der Seele gut. Es geht nicht darum, Seniorenolympiaden zu gewinnen, sondern täglich auszugehen. Bei vielen ist hier das Haustier wichtig, weil man einen Hund täglich mehrfach ausführen muss. Zusätzlich gilt es, sich das Interesse an der Welt zu erhalten. Das wache Interesse auch an der jüngeren Generation und ihren Themen hält selbst jung. Es gibt inzwischen Studien[3] zur

Vorbeugung von Depression im Alter, die zeigen, dass zum Beispiel »Problemlösetrainings«, aber auch Bewegung und ein erholsamer Schlaf einen enormen Effekt haben, wenn es darum geht, in einer Situation nicht depressiv zu werden. Insbesondere den oben genannten Risikogruppen gelingt es so, sich vor einer Depression zu schützen.

Wenn es aber zu einer Depression gekommen ist, sollte sie behandelt werden. Die Depression gehört gerade im Alter zu den gut behandelbaren Störungen. Dies bedeutet, dass die Beschwerden von fast allen durch Behandlung verringert werden können. Behandlung und vor allem auch fachpsychiatrische Behandlung sollte immer dann gesucht werden, wenn jemand sehr isoliert ist und/oder sich nicht mehr um seinen Haushalt kümmern kann. Körperliche Krankheiten oder zum Beispiel ein starker Gewichtsverlust oder eine bedrohliche Suizidalität sollten ebenfalls Anlass für eine Fachbehandlung sein.

Im Umgang ist es wichtig, zum einen Verständnis zu zeigen (»Ich kann das zwar nicht nachvollziehen, aber ich kann akzeptieren, dass du so denkst«), zum anderen aber auf eine fachärztliche Abklärung und Behandlung hinzuwirken. Die Ergebnisse in Studien sowohl zur Psychopharmakotherapie als auch zur Psychotherapie sind sehr ermutigend. In den letzten zwanzig Jahren wurden auch eine Reihe von Medikamenten entwickelt, die gerade Älteren große Vorteile bringen, weil sie wenig Nebenwirkungen haben und gut verträglich sind. Und die Angst, abhängig zu werden, ist unbegründet.

Zusammenfassend ist die Depression zwar eine Art Bedrohung im höheren Lebensalter, wenn man sich ihr jedoch stellt und sie besonnen angeht, kann man bei sich selbst und bei den eigenen Bezugspersonen Erfolge erzielen und damit Lebensqualität und Freude.

Über die Gastautorin

Prof. Gabriela Stoppe ist Psychiaterin und Psychotherapeutin in eigener Praxis (MentAge Basel) und Professorin an der Medizinischen Fakultät der Universität Basel. Seit mehr als dreißig Jahren engagiert sie sich für die psychische Gesundheit alter Menschen.

Quellen:

3   Diese Ergebnisse finden sich unter anderem in folgenden Studien:
Kok RM, Reynolds CF 3rd.: »Management of Depression in Older Adults: A Review«. *JAMA.* 2017;317:2114–2122.
Smits F, Smits N, Schoevers R, Deeg D, Beekman A, Cuijpers P.: »An epidemiological approach to depression prevention in old age.« *Am J Geriatr Psychiatry.* 2008;16:444–53
Farioli Vecchioli S, Sacchetti S, Nicolis di Robilant V, Cutuli D.: »The Role of Physical Exercise and Omega-3 Fatty Acids in Depressive Illness in the Elderly«. *Curr Neuropharmacol.* 2018;16:308–326.

Schmerz und Alter

EIN GASTBEITRAG VON PROF. MARCUS SCHLEMMER

Wenn wir über Schmerz sprechen, ist es wichtig, uns klarzumachen, was Schmerz ist, was Schmerz heißt und was Schmerz bedeutet.

Schmerz ist eine Wahrnehmung und hat den Sinn einer Warnung. Eine Flamme verursacht an der Haut Schmerzen, damit ich meine Hand wegziehe, um möglichst wenig Schaden zu erleiden, meine Haut, Muskeln, Sehnen, Nerven oder Knochen nicht zu verbrennen. Schmerz ist somit wichtig zum Überleben.

Schmerz heißt aber auch Stress für unseren Körper, und länger anhaltender Schmerz kann weitreichende Folgen für uns haben. Neben Auswirkungen auf die körperliche Funktionalität kann lang anhaltender Schmerz, man spricht dann auch von chronischen Schmerzen, zu seelischen Veränderungen führen wie Depression oder Vereinsamung.

Schmerz hat eine tief greifende Bedeutung für Menschen. Nicht jeder objektiv vergleichbare Schmerz bedeutet für den Einzelnen Vergleichbares. Schmerzen machen Angst. Was bedeutet der Schmerz im Rücken? Habe ich einen Bandscheibenvorfall? Habe ich einen Knochenschwund (Osteoporose)? Habe ich eine Tumorerkrankung, die zu einer Metastase in einem Wirbelkörper geführt hat? Droht ein Bruch eines der Wirbel? Kann ich mich bald gar nicht mehr bewegen?

Ärzte sollten diejenigen sein, die uns unsere Sorgen nehmen. Fragen Sie jemanden, der etwas davon versteht! Suchen Sie einen Arzt auf, der sich mit der Therapie von Schmerzen auskennt, er wird immer eine Untersuchung machen (Diagnostik), um den Grund Ihrer Schmerzen zu finden. Zuerst durch eine genaue Befragung, hoffentlich auch durch Zuhören, dann durch eine körperliche Untersuchung und wenn notwendig durch weitere apparative Untersuchungen wie Ultraschall, Computertomografie oder Kernspintomografie. Dadurch kann sehr oft die Sorge oder Angst vor einer schweren Erkrankung genommen werden.

Da Schmerzen für den Organismus einen starken Stress bedeuten, sollten Menschen nicht versuchen, Schmerzen auszuhalten. In der Therapie von Schmerzen empfehlen wir die Schmerzmedikation eher früher als später einzunehmen, nicht zu warten, bis der Schmerz noch stärker wird. Das dann eingenommene Medikament braucht eine gewisse Zeit bis zur optimalen Wirkung. In dieser Zeit können die Schmerzen noch anhalten. Wir empfehlen auch Schmerzmedikamente regelmäßig, also in einem festen Zeitintervall einzunehmen, um die sogenannten Schmerzspitzen gar nicht erst aufkommen zu lassen.

Schmerzen sind nicht objektiv, sind nicht messbar wie Blutdruck oder Körpertemperatur. Schmerzen sind subjektiv. Was einem Menschen wehtut, schmerzt einen anderen gar nicht. Die Patienten sind Experten bezüglich ihres Schmerzes. Nur sie können ermessen, warum ihnen etwas so sehr wehtut. Und Ärzte sollten den Patienten ihren Schmerz immer glauben, Schmerzäußerungen von Patienten ernst nehmen. Und Ärzte sollen Menschen ernst nehmen.

Wir wissen, dass Schmerz – oder besser Schmerzempfindung – abhängig ist von Situationen. Wenn Menschen abgelenkt sind, empfinden sie Schmerzen weniger stark, als wenn sie sich auf den Schmerz konzentrieren. Und es gibt viele Möglichkeiten, Schmerzempfinden ohne Medikamente zu beeinflussen.

Menschen in gesicherten sozialen Netzen empfinden Schmerzen geringer als Menschen, die einsam sind oder sozial schlechter gestellt. Einsamkeit oder Armut kann Schmerzen verstärken.

Wenn wir von Schmerzen sprechen, denken wir alle primär an körperliche Schmerzen wie Kopfschmerzen, Zahnschmerzen,

Halsschmerzen und Rückenschmerzen. Es gibt aber neben den körperlichen Schmerzen auch seelische Schmerzen.

In einem Seminar für Medizinstudenten frage ich gelegentlich: »Wer von Ihnen hatte schon einmal einen schlimmen Schmerz?« Dann berichten die Studenten von Knochenbrüchen, Zahnschmerzen, Operationen, die sie hatten. Wenn ich weiter frage, ob sonst niemand einen schlimmen Schmerz hatte, verneinen die Studenten das oft. Dann frage ich: »War noch nie jemand von Ihnen unsterblich verliebt? Wurden Sie noch nie verlassen von jemandem, den Sie sehr lieben? Hat niemand von Ihnen einen geliebten Menschen verloren?« Dann ist es plötzlich sehr still im Seminarraum. Den jungen Ärzten wird klar, dass sie trainiert werden auf den körperlichen Schmerz und sie wissen sehr genau, wie dieser zu behandeln ist. Seelischer Schmerz ist nicht minder schmerzhaft, nicht weniger schlimm, oft sogar schwerer auszuhalten, schwerer zu ertragen. Die guten Schmerzmedikamente helfen gegen diesen Schmerz überhaupt nicht. Einsamkeit kann man mit Morphium nicht lindern. Wahrscheinlich kann man den körperlichen Schmerz von dem seelischen Schmerz nicht vollständig trennen. Immer, wenn mein Körper schmerzt, tut es auch meiner Seele weh. Und immer, wenn ich traurig oder einsam bin, tut mir auch mein Körper weh.

Schmerzen haben auch etwas zu tun mit uns, mit unserem Leben, unserer Erfahrung, unseren Verlusten, mit unserer Biografie. Wenn wir die Erfahrung gemacht haben, dass Schmerzen gelindert werden können, gibt uns das Zuversicht, dass unsere jetzigen oder künftigen Schmerzen auch gelindert werden können. Wenn wir aber erlebt haben, dass geliebte Menschen leiden mussten, befürchten wir, auch leiden zu müssen. Insofern kann man Schmerztherapie nicht verallgemeinern, sondern sollte herausfinden, was den Einzelnen bedroht, wovor er sich fürchtet und seine Sorgen ernst nehmen. Patienten und Familien sind immer die Experten bezüglich der »Bedeutung« des Schmerzes für sie, nicht wir.

Viele ältere Menschen haben Schmerzen. Oft reden Menschen aber erst über ihre Schmerzen oder das, was ihnen wehtut, wenn sie danach gefragt werden. Schmerzen machen einsam. Wenn die Gelenke schmerzen und das Gehen zur Qual wird, bleibe ich zu Hause und treffe mich nicht mehr mit meinen Freunden. An gemeinsamen Unternehmungen, Spaziergängen, Restaurantbesuchen oder Kirchgängen kann ich wegen der Schmerzen nicht mehr teilnehmen. Das treibt besonders ältere Menschen immer weiter in die Isolation. Eine gute Schmerztherapie ist insofern auch eine gute Therapie gegen Einsamkeit.

Medizin ist die Disziplin, die Schmerz am umfassendsten erforscht hat und erforscht. Ärzte können den körperlichen Schmerz sehr gut lindern. Unsere Patienten sind nicht immer schmerzfrei, aber den Schmerz können wir mit einer professionellen Schmerztherapie so weit lindern, dass sie damit gut leben können. Wohlgemerkt – den körperlichen Schmerz. Den seelischen Schmerz können wir auch gut behandeln – vor allem durch ärztliche und damit menschliche Zuwendung und natürlich mit Medikamenten. Aber ob wir in allen Fällen Einsamen, Verzweifelten, Gedemütigten ihren Schmerz lindern können, kann nur der Einzelne, kann nur das Individuum selbst beurteilen. Wir Ärzte sollten uns viel öfter trauen, unseren Patienten nah zu sein. Im Medizinstudium lehren wir, dass Ärzte zu ihren Patienten eine professionelle Distanz halten sollten. In vielen Situationen ist das auch richtig und notwendig. Chirurgen können nur eine technisch anspruchsvolle Operation durchführen, wenn sie eine gewisse emotionale Distanz zu dem Operierten haben, nie würden sie ihre eigene Frau oder Kinder operieren. In der Onkologie, der Geriatrie oder der Palliativmedizin brauchen Ärzte aber eine professionelle Nähe. Ohne diese Nähe, ohne eine Verbindung dieser beiden Menschen – Patient und Arzt – kann eine gute Behandlung, eine gute Kontrolle der Symptome, eine gute Schmerztherapie nicht gelingen. Patienten vertrauen Ärzten nur dann sehr persönliche Dinge an, wenn sie Nähe spüren, wenn sie spüren, dieser Arzt meint mich, er versucht, meinen Schmerz und was dieser Schmerz mit mir macht, wahrzunehmen.

Therapie von Schmerzen soll auch das soziale Umfeld des Patienten einbeziehen. Viel zu oft unterschätzen wir Ärzte, was Schmerz nicht nur für unsere Patienten bedeutet, sondern auch für ihre Angehörigen. Wir alle haben schon erlebt, wie schwer es auszuhalten ist, einen geliebten Menschen leiden zu sehen, wie ohnmächtig wir in einer solchen Situation sind. Zu einer guten Therapie von Schmerzen gehört es daher, auch die Angehörigen mit in den Blick zu nehmen und sich ihrer anzunehmen.

Schmerzen sind weitverbreitet, und nicht immer sprechen Menschen über ihre Schmerzen. Ärzte können Schmerzen sehr gut behandeln und so weit lindern, dass damit ein Weiterleben besser möglich wird. Trauen Sie sich über Ihre Schmerzen mit Ärzten zu sprechen. Halten Sie Schmerzen nicht aus, das stresst Ihren Körper unnötig. Weniger Schmerzen hingegen werden Sie weniger einsam machen!

Über den Gastautor:
Prof. Marcus Schlemmer ist Onkologe und Palliativmediziner in München und leitet die größte Klinik für Palliativmedizin in Deutschland. Er ist der Überzeugung, dass die Art und Weise, wie wir körperliche und seelische Schmerzen empfinden, auch mit unserer Biografie zu tun haben.

Alter und Krebs

EIN GASTBEITRAG VON PROF. WOLFGANG HIDDEMANN

Das können Sie mit mir nicht machen!!«, werde ich angeblafft, als eines Morgens gegen halb acht Uhr mein Handy klingelt. »Sie besorgen mir jetzt sofort ein Einzelzimmer«, fordert der aufgebrachte, erfolgreiche Unternehmer Mitte siebzig, der gerade zur ersten Chemotherapie wegen einer Krebserkrankung in unsere Klinik aufgenommen werden sollte. Dieser eigentlich sehr höfliche und kultivierte Mann war völlig außer sich und kaum zu einem konstruktiven Austausch zu bewegen.

Dieses Verhalten hat sicher nicht primär etwas mit dem Alter zu tun. Es ist vielmehr Ausdruck einer großen Unsicherheit und auch Angst vor dem Unbekannten, das jetzt auf ihn zukommt, die sich in Aggression und Abwehr niederschlagen. Solch eine »Blitzableiter«-Reaktion ist nicht ungewöhnlich und kommt sowohl bei jungen wie auch bei älteren Patienten mit Krebs vor.

Alter und Lebenserfahrung waren jedoch zumindest teilweise für die Art und Weise verantwortlich, wie sich die Einstellung dieses Menschen im weiteren Verlauf seiner Erkrankung und der Behandlung veränderte. Dieser Mann, der anfangs mit seinem Schicksal haderte und sich bei Pflegekräften und Ärzten über alles und jedes beschwerte, wurde im Laufe der vielen Monate, in denen wir ihn betreuen und begleiten durften, ein anderer Mensch. Nicht zuletzt mit Unterstützung unserer Psychoonkologie konnte er sich mit seiner Situation aussöhnen und sein Schicksal annehmen. Er wusste, dass er sterben würde, wehrte sich jedoch nicht mehr dagegen. Er wurde dankbar für Kleinigkeiten, genoss das gute Essen, das seine Frau ihm ins Krankenhaus brachte, und ab und zu sogar ein Glas Rotwein. Wenige Tage vor seinem Tod besuchte ich ihn zu Hause, und als ich neben ihm saß, brach sein Krankenbett zusammen. Nach einem kurzen Moment des Schreckens brachen wir beide in schallendes Gelächter aus und flachsten über die schlechte Qualität von Krankenbetten. Er starb schließlich friedlich und ohne Kampf zu Hause.

Dies ist ein besonders eindrückliches Erlebnis, aber bei Weitem kein Einzelfall. Lassen Sie mich noch eine weitere Begegnung schildern. Vor mehreren Jahren war ein Mann Anfang siebzig mit Bauchspeicheldrüsenkrebs in unserer Behandlung. Nach einiger Zeit waren die Möglichkeiten der Tumortherapie ausgeschöpft, und wir mussten uns auf die Kontrolle und Linderung von Schmerzen und Leiden beschränken. Wir gingen davon aus, dass dieser Mann in Kürze sterben würde. Zu unserer wachsenden Verwunderung geschah dies aber über mehrere Wochen nicht.

In vielen Gesprächen fanden wir heraus, dass dieser Mann in zweiter Ehe verheiratet war und dass sein Sohn aus der ersten Ehe dem Vater nie verziehen hatte, dass er seine Mutter verlassen hatte. Beide hatten über viele Jahre keinen Kontakt mehr. Der Sohn erfuhr dann von der schweren Erkrankung seines Vaters und versuchte, wieder mit ihm in Verbindung zu treten. Er hat uns später erzählt, dass er mehrere Male zum Krankenhaus gefahren war, auf dem Parkplatz jedoch wieder umgekehrt sei. Schließlich konnte er doch den Vater in der Klinik besuchen, und beide sprachen sich über mehrere Tage hinweg aus. Danach sagte uns der Vater: »Jetzt kann ich gehen«. Er starb wenige Tage später friedlich und mit sich und seiner Familie versöhnt.

Dieses Beispiel zeigt, welche Kraft ungelöste Konflikte ausüben können und wie befreiend es sein kann, sich mit ihnen letztendlich auseinanderzusetzen. Diese Schicksale verdeutlichen, wie Menschen – vor allem in höherem Lebensalter – mit der Herausforderung durch eine schwere Krankheit, in diesen Fällen einer Krebserkrankung, umgehen können und wie sie sogar auch den Tod als unausweichliches Ende des Lebens annehmen können.

Diese beiden Geschichten endeten mit dem Tod. Dies ist jedoch beileibe auch bei älteren Menschen nicht zwingend der Fall. Vielmehr kann Krebs auch in höherem Lebensalter wirksam behandelt und geheilt werden.

Bevor wir auf weitere Einzelheiten dazu eingehen, stellt sich aber zunächst die grundsätzliche Frage, ob das Thema Krebs überhaupt in ein Handbuch zum glücklichen Altern gehört? Wer möchte schon im Alter an Krebs erkranken und wie soll man damit oder trotzdem glücklich oder zumindest zufrieden sein? Andererseits kann ein Kapitel über Krebs in einem Buch, das sich mit den Freuden, aber auch den Problemen des Alters beschäftigt, kaum fehlen. Schließlich ist Krebs eine Erkrankung, deren Häufigkeit mit zunehmendem Lebensalter rasch ansteigt.

Nach Angaben des Robert Koch-Instituts in Berlin erkrankten in Deutschland im letzten Jahr knapp eine halbe Million Menschen neu an Krebs. Davon waren knapp fünfundsiebzig Prozent der Männer und einundsiebzig Prozent der Frauen älter als sechzig Jahre. Insgesamt wurde nach Daten des Deutschen Krebsregisters bei etwa einundfünfzig Prozent aller Männer und dreiundvierzig Prozent aller Frauen im Laufe ihres Lebens eine Krebserkrankung diagnostiziert. Irgendwie ist das erschreckend!

Subjektiv wird jedoch das individuelle Risiko, selbst an Krebs zu erkranken, lediglich mit einer Wahrscheinlichkeit von eins zu einhundertsechzig eingeschätzt. Demgegenüber wird das Risiko, einem Terroranschlag oder einem Flugzeugabsturz zum Opfer zu fallen, deutlich höher bewertet. Diese Diskrepanz beruht sicherlich zum Teil darauf, dass in den Medien täglich über Katastrophen wie Terror oder Unfälle berichtet wird, Meldungen über Krebs aber eher die Fortschritte in der Bekämpfung dieser Krankheit darstellen und weniger die Häufigkeit oder Risikofaktoren behandeln. Darüber hinaus mag es eine Rolle spielen, dass Krebs so wenig greifbar ist. Bei einem Herzinfarkt kann man sich gut vorstellen, dass ein Herzkranzgefäß verschlossen wird und das nicht mehr versorgte Gewebe zugrunde geht. Demgegenüber entsteht bei der Diagnose Krebs kein Bild, das man mit dieser Krankheit in Verbindung bringen kann. Vielmehr löst der Begriff Krebs unklare und diffuse Ängste aus wie Leiden, Schmerz und Tod. Und diese Ängste verdrängen wir gerne.

Wie aber sollen wir mit der Tatsache umgehen, dass das Risiko, selbst an Krebs zu erkranken, nicht unerheblich ist? Verdrängen und wegschauen? Oder besser der Gefahr ins Auge sehen und ihr begegnen? Zweifellos ist die zweite Lösung die bessere, denn wir sind einer Krebserkrankung nicht hilflos ausgeliefert.

Zum einen können wir das Risiko, an Krebs zu erkranken, reduzieren: durch gesunde Ernährung, ausreichenden Schlaf und Vermeiden von schädlichen Faktoren wie Rauchen, übermäßigem Alkoholkonsum und starker Sonnenexposition. Immer noch unterschätzt wird der positive Einfluss von Bewegung und regelmäßigem Sport, der auch in höherem Alter noch ausgeübt werden kann.

In einer großen Kohortenstudie[4] mit über vierhunderttausend Teilnehmern konnte beispielsweise gezeigt werden, dass nur fünfzehn bis dreißig Minuten Sport am Tag zu einer drei Jahre längeren allgemeinen Lebenserwartung und einer Senkung des Krebsrisikos um bis zu fünfundzwanzig Prozent führen.

Um Krebs vorzubeugen, orientieren Sie sich daher an folgenden Ratschlägen:

- Falls Sie Raucher sind, versuchen Sie damit aufzuhören (es geht, wie ich aus eigener Erfahrung weiß).
- Trinken Sie nur geringe Mengen Alkohol, vorzugsweise Wein oder Bier, und meiden Sie Hochprozentiges.
- Bewegen Sie sich regelmäßig für insgesamt etwa zwei oder drei Stunden in der Woche
- Versuchen Sie ein stabiles und gesundes Gewicht zu erreichen und zu halten.
- Suchen Sie Hilfe, wenn Ihre Seele Unterstützung braucht.

Krebs kann in der Regel geheilt werden, wenn er früh erkannt wird. Dies ist möglich durch regelmäßige Vorsorgeuntersuchungen wie die Untersuchung der Brust und des Gebärmutterhalses bei Frauen, der Prostata bei Männern sowie des Darms und der Haut bei beiden Geschlechtern. Leider werden diese, von den Krankenkassen erstatteten Früherkennungsmaßnahmen immer noch zu wenig in Anspruch genommen.

Aus eigener Erfahrung weiß ich, wie schön das Gefühl ist, wenn man von einer Vorsorgeuntersuchung kommt und erfährt, alles ist gut!

Daher: Geben Sie sich einen Ruck und gehen Sie hin!

Leider bieten eine gesunde Lebensweise und die regelmäßige Teilnahme an Vorsorgeuntersuchungen keinen absoluten Schutz vor einer Krebserkrankung, und es gibt bei einigen Krebsarten, wie zum Beispiel beim Bauchspeicheldrüsenkrebs oder beim Lungenkrebs, bisher keine etablierte Methode der Früherkennung.

Was also tun, wenn man selbst von einer Krebserkrankung betroffen ist?

Wenn man sich zunächst die medizinischen Fakten anschaut, dann gilt auch hier, dass die Behandlungsaussichten am besten sind, wenn der Krebs in einem frühen Stadium erkannt wird. Von den etwa vierhundertneunzigtausend Neuerkrankungen an Krebs pro Jahr wird circa die Hälfte in einem begrenzten Stadium diagnostiziert. Von diesen Patienten können etwa siebzig bis achtzig Prozent durch lokale Behandlungsmaßnahmen wie eine Operation oder eine Bestrahlung geheilt werden, zum Teil ergänzt durch eine Hormon- oder Chemotherapie (sogenannte adjuvante Therapie).

Wenn der Krebs dagegen bei der ersten Diagnose bereits in einem fortgeschrittenen Stadium ist und sich eventuell schon Absiedlungen, das heißt Metastasen, gebildet haben, ist meist eine systemische Therapie in Form einer Chemotherapie, einer Hormonbehandlung und/oder einer Immuntherapie erforderlich. Aber auch in diesem Stadium bestehen gute Möglichkeiten der Behandlung.

Gerade bei den Krebsarten, die im höheren Lebensalter häufig sind wie Brustkrebs, Prostatakrebs, Darmkrebs, Lungenkrebs oder Hautkrebs sind in den letzten Jahren große Fortschritte in der Therapie erzielt worden. Diese beruhen zum einen darauf, dass bei vielen dieser Krebsarten durch molekulare Untersuchungen Merkmale der Krebszellen erkannt werden können, die einer gezielten Therapie zugänglich sind. Zum anderen stehen uns heute viele Medikamente für eine derartige, sogenannte individualisierte oder personalisierte Therapie zur Verfügung. Selbst wenn der Krebs damit nicht endgültig geheilt werden kann, gelingt es oft, die Krankheit über viele Jahre aufzuhalten und gewissermaßen in eine chronische Erkrankung zu überführen.

Die medizinischen Einzelheiten darzustellen sprengt den Rahmen dieses Beitrags. Informationen können aber bei vielen Institutionen eingeholt werden, wie zum Beispiel den Informationsdiensten der Deutschen Krebshilfe, des Deutschen Krebs-Forschungszentrums in Heidelberg oder der Deutschen Krebsgesellschaft.

Eingehen möchte ich dagegen auf die besonderen Probleme und Herausforderungen, mit denen Menschen mit Krebs in höherem Lebensalter konfrontiert werden. Viele ältere Menschen haben vielleicht schon ihren Lebenspartner verloren und leben allein. Freunde gibt es nur noch wenige, und die Kinder leben weit weg und können sich kaum um den älteren hilfsbedürftigen Kranken kümmern. Im Rentenalter kann es durch eine Krebserkrankung auch zu finanziellen Engpässen kommen. Hinzu kommt, dass ältere Menschen mit den komplizierten Abläufen unseres Gesundheits- und Sozialsystems oft wenig vertraut sind und auch nicht wissen, bei wem sie Hilfe finden können. Diese Situation führt neben der Erkrankung selbst zu zusätzlichen Problemen, zu einer erheblichen Unsicherheit und manchmal sogar zu Einsamkeit und Verzweiflung.

Die Angebote, die unser Gesundheits- und Sozialsystem in solchen Situationen zu bieten hat, sind begrenzt, und oft ist es schwer herauszufinden, an welche Institution man sich wenden kann. In München haben wir daher ein Pilotprojekt begonnen, das speziell auf ältere Menschen mit Krebs ausgerichtet ist. Ziel dieses »KiA« (Krebs im Alter) Projektes ist es, ältere Menschen psychosozial und psychoonkologisch zu unterstützen und sie in einen Austausch mit anderen betroffenen Mitpatienten zu bringen. Dieses Vorhaben ist ein Tropfen auf den heißen Stein, aber vielleicht der Beginn einer größeren Offenheit und Bereitschaft, ältere Menschen mit Krebs zu begleiten und zu unterstützen.

Abgesehen von diesen mehr äußeren Problemen ist die Grundeinstellung zum Alter und zum Älterwerden entscheidend dafür, wie ältere Menschen mit der Diagnose einer Krebserkrankung umgehen. Ist das Älterwerden für sie ein Verlust und trauern sie dem vergangenen Lebensstadium und der Jugend nach? Setzen sie wertvolles und lebenswertes Leben mit Jungsein gleich? Oder kapitulieren sie vor dem Alter und klammern sich an das, was noch da ist?

Aus einer solchen Einstellung entstehen oft negative Verhaltensweisen wie Altersmaterialismus, Eigensinn, Geltungssucht und Ich-Zentriertheit. Wird ein Mensch mit dieser Einstellung mit der Diagnose einer Krebserkrankung konfrontiert, gerät er in eine existenzielle Krise und tiefe Verzweiflung. Eine Krankheit oder gar der Tod sind in diesem Lebensbild nicht vorgesehen, und sie stürzen den älteren Menschen in Verzweiflung und Abwehr.

Gelingt es nicht, diese negative Einstellung zu überwinden, ist der Umgang mit einer Krebserkrankung äußerst problematisch. Diese Menschen leiden nicht nur an der Krankheit selbst, sondern auch an ihrer Unfähigkeit, ein schweres Schicksal anzunehmen und sich mit ihm auseinanderzusetzen.

Andere Menschen sehen demgegenüber im Altern einen natürlichen Prozess, der neben körperlichen und eventuell auch geistigen Einschränkungen auch positive Seiten mit sich bringt wie Unabhängigkeit und Befreiung von beruflichen Zwängen. Mit einer solchen Annahme des Alterns entwickeln sich wichtige Haltungen und Werte wie Einsicht, Gelassenheit und innere Ruhe und damit eine zunehmende Lebensklugheit. Diese schließt auch das Bewusstsein und die Akzeptanz ein, dass die Lebenszeit endlich ist und dass Krankheit, Gebrechlichkeit und letztendlich auch der Tod unausweichliche Bestandteile des Lebens sind. Daher geht ein älterer Mensch mit einer solchen Lebenseinstellung mit der Diagnose Krebs oft anders um. Dennoch ist die Diagnose einer bösartigen Erkrankung auch für solche Menschen ein Schock. Nach den ersten Reaktionen der Angst, der Unsicherheit und den Fragen »Warum?« und »Warum ich?« gelingt es ihnen jedoch sehr oft, mit einer derartigen Situation gelassener umzugehen und sich mit ihr konstruktiv auseinanderzusetzen.

Erlauben Sie mir, diese Überlegungen durch zwei weitere konkrete Beispiele zu untermauern. Eingangs habe ich geschildert, wie zwei ältere Menschen mit einer fortgeschrittenen und letztlich zum Tode führenden Krebserkrankung umgegangen sind. Die beiden folgenden Beispiele sind anderer Natur.

Bei einer zum Zeitpunkt der Diagnose neunundsiebzig Jahre alten, allein lebenden Witwe wurde ein Brustkrebs entdeckt, der noch örtlich begrenzt war. Nach der Operation ergab die Aufarbeitung des Gewebes ein sogenanntes Hoch-Risikoprofil, das heißt, es bestand eine hohe Wahrscheinlichkeit für einen Rückfall beziehungsweise eine Metastasenbildung. Aus medizinischer Sicht war daher eine relativ intensive, sogenannte adjuvante Chemotherapie angebracht. Diese noch in ihrer Wohnung lebende rüstige und eigentlich lebensbejahende ältere Dame nahm diese Empfehlung zur Kenntnis, dachte sich aber, ich bin alt, warum soll ich mich den Strapazen und Nebenwirkungen der Behandlung aussetzen, ich habe ein schönes und erfülltes Leben gehabt, und wenn ich jetzt an Krebs sterben soll, dann soll es so sein.

In einem langen Gespräch diskutierten wir das Für und Wider dieser Möglichkeiten. Wir sprachen auch über das Alter und die Frage, ob sie mit fast achtzig Jahren noch in der Lage sein würde, die empfohlene Behandlung durchzustehen. Ich sagte ihr, dass Alter an sich kein Argument gegen eine Therapie ist, sondern dass es auf den Gesamtzustand und vor allem die innere Einstellung ankommt. Auf meine Frage hin, ob sie gerne noch leben möchte, sagte sie:»Ja, unbedingt, ich habe noch so viel Freude an meinen Blumen und meiner Familie.« Nachdem wir auch darüber gesprochen hatten, dass man an Brustkrebs auch nicht einfach so stirbt, sondern möglicherweise Leid und Schmerz erfahren wird, stand ihre Entscheidung für die empfohlene Therapie fest.

Sie ging voller positiver Energie und der Überzeugung, etwas Gutes für sich zu tun, ohne große Probleme durch die sechs Monate dauernde Chemotherapie. In dieser Zeit gaben ihr die Blumen auf ihrem Balkon, ihre Freunde und ihre Familie die Kraft, die Anstrengungen der Behandlung anzunehmen und sie als etwas Positives und Sinnvolles zu empfinden. Vor wenigen Wochen feierte sie ihren dreiundneunzigsten Geburtstag, und sie genießt ihr Leben trotz körperlicher Einschränkungen, die das Alter mit sich bringt.

Als die zweite damals Ende sechzig Jahre alte Patientin vor etwa fünfzehn Jahren zum ersten Mal in meine Sprechstunde kam, stand ihr die Angst ins Gesicht geschrieben. Bei ihr war ein multiples Myelom diagnostiziert worden. Das ist eine bösartige Krankheit, bei der Zellen des Immunsystems falsche Antikörper bilden, sich in den Knochen ansammeln können und dort »Löcher« bilden, die sogar die Stabilität, beispielsweise der Wirbelsäule, gefährden. »Muss ich jetzt sterben?« »Muss ich jetzt diese schreckliche Chemotherapie machen, die mich vergiftet?« Diese und viele ähnliche Fragen sprudelten aus der sehr lebhaften und energischen, geschmackvoll gekleideten Dame heraus.

Glücklicherweise schritt die Erkrankung über mehrere Jahre kaum voran, sodass eine Behandlung zunächst nicht notwendig war. Dann aber entwickelte sich eine zunehmende Krankheitsaktivität, die eine Therapie erforderlich machte. In vielen Gesprächen diskutierten wir die unterschiedlichen Optionen der Behandlung, ihre Aussichten und ihre Risiken. In diesen Gesprächen wurde schnell klar, dass die Dame, die mittlerweile Mitte siebzig war, leben wollte – und zwar gut leben. Sie war immer noch in der Modebranche tätig und kochte ebenso hervorragend wie gerne. Sie hatte sich mittlerweile mit dem Gedanken an eine Chemotherapie abgefunden und war bereit, ein gewisses Risiko in Kauf zu nehmen.

Nach den ersten Kursen einer moderat intensiven Chemotherapie führten wir eine sogenannte autologe Stammzelltransplantation durch. Dafür werden dem Patienten nach entsprechender Vorbereitung Blutstammzellen entnommen und eingefroren. Einige Wochen später wird eine sehr intensive Chemotherapie durchgeführt, die die Zellen des multiplen Myeloms zerstören soll, gleichzeitig aber auch die gesunde Blutbildung trifft. Daher muss im Anschluss an die Hochdosistherapie die Blutbildung durch die Gabe der eingefrorenen eigenen Stammzellen wieder aufgebaut werden. Dieser Prozess ist intensiv und oft mit erheblichen Nebenwirkungen verbunden, wie einer Schädigung der Mund- und Darmschleimhaut, infektiösen Komplikationen, Übelkeit und körperlicher Schwäche.

Unsere Patientin hatte nichts davon! Sie begrüßte uns jeden Morgen bei der Visite fröhlich, frisch frisiert und geschminkt. Ihre »Beschwerden« bestanden eher in Befindlichkeitsstörungen und waren kaum der Rede wert. Mehrere Jahre nach dieser Behandlung feierte sie ihren achtzigsten Geburtstag und fragte mich danach, ob irgendetwas dagegen spräche, wenn sie wieder Ski laufen würde. Wie großartig, das Leben trotz einer Krebserkrankung mit so viel Energie und Freude anzunehmen und seine schönen Seiten genießen zu wollen.

Diese beiden Beispiele zeigen, mit wie viel Kraft und Zuversicht auch, oder vielleicht gerade, ältere Menschen mit Krebs mit ihrer Krankheit umgehen können. Sie lassen sich ihre Lebensfreude und ihren Lebenswillen nicht durch die Erkrankung zerstören. Sie wollen nicht, dass der Krebs das Leben bestimmt! Vielmehr möchten sie auch aus dieser Situation das Beste machen und das Leben so weit wie möglich genießen und jeden Tag als Geschenk ansehen.

So paradox es klingen mag, aber diese Einstellung kann durch eine Krebserkrankung gefördert und gestärkt, manchmal sogar erst geweckt werden. Viele Menschen, die an Krebs erkrankt sind, empfinden ihre Krankheit als Weckruf. Ihnen ist klar geworden, dass Gesundheit nicht selbstverständlich ist, und sie nehmen das Leben offener und bewusster als vor der Krankheit wahr. Sie haben Freude an kleinen Dingen wie den Blumen auf der Wiese oder den Vögeln im Wald.

Krebs kann daher auch eine Chance für ein anderes Umgehen mit der Welt und dem Miteinander sein. Wir alle sind vor Krankheit und Leiden nicht gefeit, und gerade im Alter kommen manche »bösen« Überraschungen und Herausforderungen auf uns zu. Wenn es uns gelingt, diese Herausforderungen des Lebens anzunehmen, uns auf sie einzustellen und eine positive Einstellung zum Leben zu bewahren, ist es möglich, auch im Falle einer schweren Erkrankung Glück und Zufriedenheit zu erleben. Insofern gehört auch aus dieser Sicht ein Kapitel über Krebs unbedingt in ein Handbuch zum glücklichen Altern.

Über den Gastautor

Prof. Dr. Wolfgang Hiddemann war bis Ende 2017 Direktor der Medizinischen Klinik III mit dem Schwerpunkt Hämatologie und Onkologie am LMU Klinikum München. Er ist außerdem Vorsitzender des gemeinnützigen Vereins Lebensmut, der sich der Unterstützung der psychoonkologischen Begleitung von Krebspatienten und ihren Angehörigen widmet.

Quelle:

4 Chi Pang Wen et al.: »Minimum amount of physical activity for reduced mortality and extended life expectancy: a prospective cohort study«. *The Lancet*, 2011.

Das Leben und das Lebensende

EIN GASTBEITRAG VON VICTORIA DIETRICH UND EVGENIYA POLO

Das Älterwerden ist oftmals kein gern gesehener Wegbegleiter unserer Gesellschaft. Das Mantra heißt: für immer jung, für immer gesund, für immer schön, für immer gut drauf. Die Fotos in den sozialen Netzwerken zeigen uns, wie das geht. Aber irgendwann endet jedes Leben. Darüber sprechen die meisten von uns jedoch nicht gern, schauen weg und verdrängen die Endlichkeit des Lebens.

Bewusst Abschied nehmen

Auf den Tod eines geliebten Menschen kann man sich nicht vorbereiten. Verlieren wir jemanden, so fallen Körper und Geist in eine Art Schockzustand. Unser Gehirn schaltet auf Autopilot. Das ist ein natürlicher Schutzmechanismus, der sich in solch einer Extremsituation aktiviert. Nach und nach weicht der Schock anderen Emotionen – so überkommen uns mitunter Leere, Wut und Einsamkeit. Diese Gefühle können zunächst fremd und überfordernd sein, doch wir lernen mit der Zeit, damit umzugehen.

In der Phase des Abschieds können uns Rituale Halt und Orientierung geben. Schon vor Hunderten von Jahren etablierten sich in den verschiedensten Kulturen Bräuche, um Verstorbenen die letzte Ehre zu erweisen. Der klassische Abschied, wie man ihn kennt, verläuft ungefähr so: Die Trauergemeinde kommt in einem Gottesdienst zusammen, kirchliche Musik wird gespielt, schwarze Kleidung wird zum Ausdruck der Trauer getragen, und im Anschluss erfolgt die Beisetzung des Leichnams. Das kann eine Möglichkeit des Abschieds sein, aber es ist bei Weitem nicht die einzige.

In den letzten Jahrzehnten sind zahlreiche Alternativen zur klassischen Beerdigung entstanden. Die zunehmende Verbreitung von Feuerbestattungen seit den 1990er-Jahren und die wachsende Bedeutsamkeit von Nachhaltigkeit und Individualität prägen diesen Wandel. Unter dem Motto »so einzigartig wie der Mensch, so einzigartig auch sein Abschied« steht zunehmend die Persönlichkeit des Verstorbenen im Vordergrund. So finden Trauerfeiern heute nicht mehr ausschließlich in der Kapelle, sondern auch im Freien statt, die Beatles ersetzen das Ave-Maria, und anstatt dem edlen Eichensarg kann es auch eine selbst bemalte Urne sein. Dabei entstehen auch neuartige Ruhestätten, wie zum Beispiel Waldfriedhöfe als naturverbundene Alternative zu Friedhöfen. Bereits jeder Zehnte findet heutzutage im Grünen seine letzte Ruhe.

Auch die Art des Gedenkens verändert sich – manche lassen aus der Asche einen Diamanten entstehen, andere setzen auf exklusiv gestaltete Gräber. Digitale Lösungen wie QR-Codes auf Grabmalen oder das gemeinschaftliche Erinnern auf Gedenkseiten im Internet sind auch keine Seltenheit mehr. Und da die deutsche Gesetzgebung es (noch) nicht zulässt, nehmen einige Angehörige sogar Reisen ins Ausland auf sich, um die Asche des Verstorbenen in freier Natur zu verstreuen.

Bei der Organisation des letzten Abschiedes gibt es natürlich kein »Richtig« oder »Falsch«. Ein Trauerfall stellt eine Familie jedoch oftmals vor eine große Herausforderung: Was schickt sich? Was hätte der Verstorbene sich gewünscht? Unterschiedliche Meinungen, Glaubenssätze und Vorstellungen gilt es zu vereinen. Wir hören so oft, dass Familien sich nur für den »klassischen« Abschied entschieden haben, weil das Wissen über Alternativen zum richtigen Zeitpunkt fehlte. Soll die Bestattung ein Fest werden, bei dem die Trauergäste farbig gekleidet sind? Rote Rosen anstelle weißer Lilien? Vor einigen Jahren hätte das noch zu hochgezogenen Augenbrauen geführt. Heute ist unsere Gesellschaft

Neuem gegenüber toleranter und aufgeschlossener. Das heißt natürlich nicht, dass der stille, traditionelle Abschied verdrängt wird – ganz im Gegenteil. Der Schlüssel ist eine individuelle Zeremonie für den Verstorbenen. So unterschiedlich jedes Leben ist, so unterschiedlich darf auch der Abschied sein!

Gedankenanstöße für einen gesunden Umgang mit dem Lebensende

Es ist naheliegend, dass das Thema Tod in den seltensten Fällen für ein angenehmes Gesprächsthema steht. Insofern ist es auch nicht verwunderlich, dass uns im Trauerfall viele Fragen überfordern. Im Folgenden bieten wir Ihnen ein paar Gedankenanstöße für einen offeneren Umgang mit dem Thema Lebensende:

1. Die eigenen Wünsche zählen – was will ich und was ist mir wichtig?

Es kann sehr befreiend sein, über die eigenen Vorstellungen und Wünsche zur »letzten Reise« nachzudenken. Nicht nur für einen selbst, sondern auch insbesondere für das engere Umfeld kann das Wissen über diese Wünsche eine große Erleichterung sein. Wie wäre es, wenn wir uns zunächst selbst fragen würden, welcher Ort als Ruhestätte geeignet wäre? Gibt es einen Lieblingssong, der auf meiner Trauerfeier gespielt werden soll? Auch organisatorische und finanzielle Aspekte sollten dabei nicht außer Acht gelassen werden. In unserem Internetportal Emmora können Sie sich dazu vertraulich informieren und beraten lassen.

2. Beziehen Sie Ihre Familie mit ein

Egal wie sehr man sein Leben unter Kontrolle zu haben meint, niemand von uns ist vor Krankheiten oder anderen Schicksalsschlägen gefeit. Um die Liebsten nicht zu belasten, neigen wir dazu, das Thema Tod nicht anzusprechen. Den richtigen Zeitpunkt für ein Gespräch darüber gibt es wahrscheinlich nicht.

Aber schon kleine Aufhänger, wie Filme, Lieder oder Nachrichten können dabei helfen, einen Ansatzpunkt zu finden. Auch wenn es schwerfällt, empfehlen wir Ihnen ein ehrliches und offenes Miteinander.

3. Nehmen Sie sich Zeit

Häufig treffen Menschen keine Vorkehrungen für den eigenen Tod. Das bedeutet, dass Angehörige im Trauerfall vor vielen unbeantworteten Fragen stehen. Was hätte Oma sich gewünscht? Was muss jetzt dringend erledigt werden? In diesem Gefühlschaos lassen wir uns schnell zu etwas überreden, was wir vielleicht gar nicht wollen. Aber: Als Hinterbliebener haben wir mehr Zeit, als wir denken. Erlauben wir uns die verschiedenen Möglichkeiten abzuwägen – Entscheidungen müssen nicht innerhalb eines Tages gefällt werden. Das Bauchgefühl kann ein guter Wegweiser sein. Und vergessen Sie nie, dass man immer und jederzeit das Recht hat, »Nein« zu sagen. Das gilt insbesondere gegenüber Bestattungsinstituten und Pflegeeinrichtungen.

4. Der Abschied – mitgestalten ist erlaubt

Der Tag der Beisetzung ist für uns als Hinterbliebene ein prägender Tag. Hier beginnt vor allem die emotionale Trauerverarbeitung – wir lassen ein Stück weit los und übergeben den Verstorbenen der letzten Ruhestätte. Liebevolle Worte zum Abschied, ein persönlich ausgesuchtes Blumengesteck, die eigene stille Auseinandersetzung mit dem Tod – es gibt viele Möglichkeiten, wie man den Verstorbenen ehren kann. Natürlich ist damit nicht der Trauerprozess abgeschlossen, aber zumindest beginnen wir, den Verlust zu begreifen. Und es hilft, Tränen und Gefühle zuzulassen.

5. Mit der Trauer leben lernen

Der Verlust eines Menschen ruft die unterschiedlichsten Reaktionen hervor. Manche lassen sich nichts anmerken, einige weinen und schreien, andere trauern leise. Megan Devine, eine Traueraktivistin und Autorin, beschreibt Trauer als »Liebe in seiner wildesten Form«. Das tiefe Loch, welches der Tod eines geliebten Menschen hinterlassen kann, geht nicht weg. Aber unser Umgang mit dem Verlust kann sich über die Zeit transformieren. Ein Zeitmaß dafür gibt es nicht und es braucht auch keines, denn jeder durchlebt diesen Prozess auf seine eigene Art. Es ist wichtig, in sich selbst hineinzuhorchen und auf die Signale des eigenen Körpers zu hören. Umgeben Sie sich mit Menschen, die zuhören, akzeptieren und Ihnen einen sicheren Raum schaffen, in dem jede Art von Emotion erlaubt ist.

Übrigens: Es gibt eine App, die uns fünfmal täglich daran erinnert, dass wir eines Tages sterben werden. Das klingt erst einmal geschmacklos, aber das Konzept dahinter ist spannend: die Nutzer dazu zu bringen, jeden Tag Dankbarkeit für das Leben zu empfinden und bewusst mit ihrer Lebenszeit umzugehen. Auch in geringerer Frequenz und ohne App kann ein offener und bewusster Umgang mit der eigenen Sterblichkeit wie ein Lebenselixier sein – lassen Sie uns die Lebenszeit nutzen, um zu wachsen, zu lieben, Veränderungen zuzulassen und das Leben in vollen Zügen zu genießen. Die Zeit, die wir haben, kann man uns nicht nehmen.

Über die Gastautorinnen

Victoria Dietrich und *Evgeniya Polo* sind die Gründerinnen von Emmora – der digitalen Plattform zum Thema Lebensende. Sie engagieren sich für einen offeneren Umgang mit dem Thema Tod.

Sterben und Menschenwürde

EIN GASTBEITRAG VON PROF. DIETER BIRNBACHER

Der Tod«, sagt Kierkegaard, »ist der Lehrmeister des Ernstes.« Die Unausweichlichkeit des Endes erinnert uns daran, dass das Leben eine ernste Sache ist – eine zu ernste, um sie durch Leichtsinn und Leichtfertigkeit zu gefährden. Gerade dadurch wirkt der Tod aber auch als Tonikum. Er gibt dem, was das Leben an Gutem zu bieten hat, eine intensivere Farbe. Er verleiht jedem einzelnen Lebensmoment eine Bedeutung, die er ohne das Bewusstsein des schließlichen Verlusts nicht hätte.

Dass der Tod einen Schatten auf das Leben wirft, der noch den reinsten Genüssen einen Unterton von Melancholie, Abschied und Entsagung beimischt, klingt wie eine Allerweltsweisheit. Aber keineswegs alle Menschen machen sich die Endlichkeit ihres Lebens bewusst oder widmen dem Ende ihres Lebens mehr als flüchtige Aufmerksamkeit. Hält man sich an die sozialwissenschaftlichen Befunde, scheint der Gedanke an Tod und Sterben eigentümlicherweise stärker in der frühen Kindheit und bei Jugendlichen ausgeprägt als im Erwachsenenalter, in dem die Fülle der Aufgaben und Verpflichtungen den Gedanken an den Tod in den Hintergrund drängt. Viele Menschen leben in einer Art Unsterblichkeitsillusion – bis sie in eine Krise geraten, in der sie darüber erschrecken, wie sie bisher gelebt haben, und dann möglicherweise in Panik darüber geraten, wie sie ihre Lebensbilanz in der verbleibenden Zeit ausgleichen können.

Auch dann, wenn die Zeichen unübersehbar sind, wird der Gedanke an das Lebensende gern verdrängt. Zwar lässt sich heute ein Großteil der Älteren darauf ein, für ihr Lebensende, was ihre finanziellen Angelegenheiten betrifft, mit einem Testament und, was ihre medizinische Versorgung im Fall des Verlusts der

Einwilligungsfähigkeit betrifft, mit einer Vorsorgevollmacht und Patientenverfügung vorzusorgen. Aber viele erledigen das, was sie an Vorsorge für geboten halten, wie eine lästige Pflicht, die man möglichst schnell hinter sich bringt.

Auch wenn der Gedanke an den eigenen Tod nicht verdrängt wird, richtet er sich vielfach weniger auf den Tod selbst als auf die diesem möglicherweise vorangehende Phase zunehmender Einschränkungen, des Verlusts an Autonomie und der auch mit den Mitteln der modernen Medizin vielfach nicht vollständig behebbaren Altersbeschwerden. Pointiert könnte man sagen: In früheren Zeiten, in denen man an Gericht und Hölle glaubte, empfand man Furcht in erster Linie vor dem, was *nach* dem Tode kommt; bis vor Kurzem noch empfand man Furcht in erster Linie vor dem Tod *selbst* – vor einem möglicherweise beschwerlichen Sterben; heute, in Zeiten der Palliativmedizin, richtet sich die Furcht in erster Linie auf das Leben *vor* dem Tod, auf eine längere Phase des Siechtums und der Demenz.

Eine Frau aus dem Bekanntenkreis, knapp über sechzig Jahre alt, fuhr kürzlich in die Schweiz, um dort mit der Hilfe einer Sterbehilfeorganisation ein tödliches Mittel einzunehmen. Es war ein friedlicher Tod. Zusammen mit ihrer Familie hatte die vielfältig kulturell interessierte Frau tags zuvor noch eine Kunstausstellung besucht. Was war ihr Motiv? Es war die Furcht vor der letzten Phase der bisher unheilbaren – glücklicherweise seltenen – Erkrankung, die nach und nach eine aufsteigende Lähmung zunächst der Gliedmaßen, dann auch des Kopfes bewirkt und bei der der Tod schließlich – sofern deren Funktion nicht durch ein Beatmungsgerät übernommen werden – mit der Lähmung der Atemorgane eintritt. Dieser Frau ging es nicht darum, Schmerzen zu vermeiden. Sie wusste, dass die heutige Palliativmedizin Schmerzen und viele andere Krankheitssymptome, die vor dem Tod auftreten können, mit ihren Mitteln ganz überwiegend wirksam zu lindern vermag. Sie befand sich auch keineswegs in einem akuten Leidenszustand.

Sie war froh, mit hochmodernen Hilfsmitteln weiterhin mobil zu sein, und wurde von ihrer Familie rührend umsorgt. Was sie als schwer zu ertragen empfand, war die Aussicht, die letzte Zeitspanne ihres Lebens in einem Zustand verbringen zu müssen, in dem sie sich nur noch mühsam verständlich machen und dann gar nicht mehr mit eigener Stimme sprechen könnte. Letztlich ging es ihr weniger um die Vermeidung von Leiden im Sinne von körperlichen Leiden als vielmehr um die Vermeidung eines Zustands, der für sie nicht mehr mit ihrem Bild von sich selbst zu vereinbaren war, einem Zustand der Entfremdung von sich selbst, des Selbstverlusts.

Nicht jedem sind die Aufrechterhaltung von Autonomie und Selbsttätigkeit gleich wichtig. Menschen sind verschieden, ganz besonders im Alter. Deshalb ist es zwar verständlich, aber dennoch sachlich falsch, wenn viele Ältere sich darüber beklagen, dass sie überall da, wo Sterbehilfe nicht zugelassen ist, ihr Leben nicht beenden können, ohne ihre Menschenwürde zu verlieren. »Menschenwürde« ist an dieser Stelle der falsche Begriff. Menschenwürde ist etwas Objektives und seinem Anspruch nach Allgemeingültiges. Die »Würde«, die Menschen im Sterben gewahrt wissen möchten, ist etwas Individuelles und Subjektives.

Das besondere Pathos des Begriffs Menschenwürde stammt daher, dass dieser Begriff für alle Menschen unabhängig von deren besonderen Eigenschaften, Leistungen und Qualitäten gilt. Er ist in besonderer Weise geeignet, schwerwiegende Diskriminierungen aufgrund besonderer Eigenschaften zu verurteilen. Menschenwürde ist ein kritischer Begriff, der sich aus historischen Negativerfahrungen heraus entwickelt hat. Kants Prinzip, den Menschen stets als Selbstzweck und niemals bloß als Mittel zu gebrauchen, war geprägt von der Erfahrung der Sklavenwirtschaft und des Verkaufs von Landeskindern an fremde kriegführende Mächte. Die Allgemeine Erklärung der Menschenrechte der Vereinten Nationen entstand nicht zufällig 1948 nach den Gräueln des Zweiten Weltkriegs und der Konzentrationslager.

Ob die Menschenwürde eines Menschen verletzt ist, entscheidet sich unabhängig davon, wie der Betroffene die Verletzung bewertet. Dagegen sind Würdevorstellungen im Sinn der individuellen Würde subjektiv: Jemand ist in seiner individuellen Würde verletzt, wenn er sich darin verletzt fühlt. Infolge dieser Subjektivität können Würdevorstellungen auch gelegentlich abwegig oder selbst- oder fremdschädigend sein, etwa wenn Vorstellungen von Würde eng mit Vorstellungen von Ehre zusammengehen und in dieser Eigenschaft nicht nur die eigene Freiheit, sondern auch die Freiheit anderer einschränken.

Die Würde, die jemand wahren möchte, der den Wunsch äußert, einen Zustand schwerer Krankheit oder Behinderung nicht ertragen zu wollen, ist etwas Individuelles.

Jemand, der seine Würde wahren möchte, fordert damit nicht, dass sich andere dieselben Würdevorstellungen zu eigen machen. Er wird zugestehen, dass seine individuellen Würdevorstellungen nicht von allen geteilt und möglicherweise von anderen nicht verstanden oder als übertrieben anspruchsvoll beurteilt werden. Individuelle Würdevorstellungen dagegen sind kulturell geprägt und wurzeln häufig in der persönlichen Biografie. Der Begriff der Menschenwürde muss möglichst einheitlich verstanden werden, um über die Grenzen der Nationen, Rechtssysteme und Kulturen hinweg justiziabel zu sein, etwa im Fall des internationalen Haager Gerichtshofs. Dagegen spricht bei den Vorstellungen von individueller Würde nichts gegen einen gewissen Pluralismus.

Menschenwürde unterscheidet sich von der individuellen Würde nicht zuletzt durch ihre Unverlierbarkeit: Nichts, was ein Mensch tut oder ihm zustößt (außer vielleicht sein Tod), stellt den Besitz der Menschenwürde infrage. In diesem Merkmal trifft sich die Menschenwürde mit den Menschenrechten. Auch ein Menschenrecht geht nicht dadurch verloren, dass ihm zuwidergehandelt wird. Dagegen kann jemand seine individuelle Würde sehr wohl einbüßen oder Schaden an seiner individuellen Würde erleiden.

Ein weiterer Unterschied: Wenn die Menschenwürde eines Menschen beeinträchtigt oder verletzt wird, sind es stets Menschen, die sie beeinträchtigen oder verletzen. Menschenwürde betrifft stets das Verhältnis der Menschen untereinander. Dasselbe gilt für die Menschenrechte. Im Gegensatz dazu kann die individuelle Würde auch durch schicksalhafte Faktoren beeinträchtigt werden.

Zwischen Verletzungen der Menschenwürde und Verletzungen der individuellen Würde besteht keine perfekte Entsprechung. Objektiv kann die Menschenwürde eines Menschen verletzt sein, indem er eine nach dem Maßstab der Menschenrechte unzumutbare Belastung erfährt, ohne dass er sich dadurch in seiner individuellen Würde beeinträchtigt sieht. Andererseits kann sich jemand in seiner individuellen Würde getroffen fühlen, ohne dass ihm nach demselben Maßstab so schwerwiegende Einbußen zugemutet werden, dass diese Art von Würdeverletzung als Verletzung der Menschenwürde gelten kann.

Das Gesetz, das der Teilstaat Oregon im Jahr 1997 erließ und damit den Anstoß gab für ähnliche Gesetze in mittlerweile acht weiteren Teilstaaten der USA, trägt den Namen »Death with Dignity Act«. Dass »Würde« im Namen eines Gesetzes auftaucht, mag den Eindruck erwecken, es ginge dabei um eine objektive, rechtlich verbindliche Wertung. Das ist aber, wie wir gesehen haben, nicht der Fall. Das Gesetz erlaubt es den Bürgern, nach ihren jeweils individuellen Würdevorstellungen zu sterben, versieht diese Vorstellungen jedoch nicht mit einer Art »offiziellen« Wertung. Es erlaubt, nach seinen eigenen Vorstellungen von Würde zu sterben, macht aber keine solche Vorstellung verbindlich oder zeichnet sie in irgendeiner Weise aus, etwa indem es eine Empfehlung ausspricht oder nahelegt, das Wie und Wann seines Lebensende selbstbestimmt und nach eigenen Würdevorstellungen zu gestalten, statt sie dem natürlichen Lauf der Dinge zu überlassen.

In einer pluralistischen Gesellschaft existieren unterschiedliche Würdevorstellungen nebeneinander. Die Integrationskraft des Begriffs und des Prinzips der Menschenwürde leidet dadurch nicht – ebenso wenig wie die Integrationskraft des Freiheitsprinzips dadurch leidet, dass jeder Einzelne die ihm zugestandene Freiheit jeweils unterschiedlich nutzt. Gleichzeitig mutet der Pluralismus der Wünsche an Leben und Sterben dem Einzelnen zu, Vielfalt zu ertragen und gegen Andersmeinende auch in den letzten Fragen des Menschseins Toleranz zu üben.

Über den Gastautor

Prof. Dieter Birnbacher, Jahrgang 1946, ist Professor für Philosophie an der Heinrich-Heine-Universität Düsseldorf. Er ist Autor des Bandes »Tod« in der Reihe »Grundthemen Philosophie« (2017) und seit 2016 Präsident der Gesellschaft für humanes Sterben e. V.

KAPITEL 14

Die Magie des Moments

An welche besonderen Momente Ihres Lebens erinnern Sie sich, ohne lange überlegen zu müssen?

Die Geburt der Kinder, berufliche Erfolge, Familienfeiern, die Heirat, die erste Nacht in den eigenen vier Wänden ... Was auch immer Ihnen in den Sinn kam. Es sind diese Erlebnisse, die unser Leben so einzigartig machen, weil wir sie nicht nur im Augenblick des Erlebens genießen, sondern auch Jahre später, wenn wir uns ihrer erinnern.

Sie waren ganz und gar präsent. Etwas romantisch ausgedrückt, verschmolzen Sie körperlich, geistig und emotional förmlich mit dem Erlebten. Diese magischen Momente bekamen Ihre vollste Aufmerksamkeit, und auch deswegen können Sie sich so gut an sie erinnern, wenn Sie die Augen schließen und in Gedanken zu ihnen zurückkehren, weil Sie sie intensiv erlebt und gelebt haben, im Hier und Jetzt versanken, alles Unwichtige um sich herum vergaßen und alles Wichtige in sich entdeckten.

Was sich wie eine nicht erwähnenswerte Normalität lesen mag, ist es in der Realität leider nicht. Viel zu selten sind wir wirklich im Heute anwesend, mit allem, was wir dafür zur Verfügung haben.

Unsere Turbo-Gesellschaft und die Welt um uns herum sind voller Versuchungen, die uns jede Sekunde davon abhalten wollen, einfach »nur« zu sein, den aktuellen Moment in allen Facetten zu genießen.

Unser Glück: Als ältere Menschen haben wir gegenüber jüngeren einen klaren »Wettbewerbsvorteil«, verfügen zumindest in der Theorie über bessere Möglichkeiten, das Hier und Jetzt wirklich genießen zu können. Jüngere Menschen richten ihr Denken und Handeln oftmals eher aufs Morgen und somit nach der Zukunft aus. Sie machen, öfter und ausgiebiger als »Alte«, Zukunftspläne, verfolgen ihre weit vorausliegenden Träume und malen sich ihr späteres Leben in den buntesten Farben aus. Kein Wunder, haben junge Menschen auch mehr Leben vor als hinter sich. Für sie ist das Leben eine schier endlose Straße voller Möglichkeiten.

54

Die Textur des Glücks ist eine von kleinen, auf den ersten Blick unspektakulären Momenten – in der Natur, beim Sport, mit den Kindern und Enkeln, in Kino oder Küche, Liebe oder Freundschaft. Jedes Alter hält ganz spezifische solche Momente bereit. Wer sie übersieht, hat es entschieden schwerer mit dem Glück. Falls Anregungen fürs fortgeschrittene Alter gesucht werden: Sie finden viele unter www.florian-langenscheidt.de.

Je älter man jedoch wird, desto kürzer wird diese Straße zwangsläufig. Vielleicht nehmen wir, je älter wir werden, auch aus diesem unbewussten Grundgefühl heraus, mehr Geschwindigkeit aus dem Leben, streben nicht mehr danach, morgen oder übermorgen alles Mögliche zu entdecken, sondern nehmen uns die Zeit, den Wegesrand zu erkunden. Denn auch, wenn wir es oft nicht wahrhaben wollen, auch unsere Straße wird irgendwann enden. Und jede Rast, jedes genaue Betrachten des Hier und Jetzt, kann zu einer erfreulichen Pause werden, die die Weiterfahrt und das Erreichen des Endes zwar nicht verhindert, aber gefühlt vielleicht etwas verzögert.

Es gibt noch einen weiteren Grund, warum wir durch das Älterwerden immer besser dazu in die Lage versetzt werden, aktuelle Momente mehr zu genießen. Das immer intensivere Aus- und Erleben des Hier und Jetzt wird irgendwann fast zur einzig logischen Konsequenz. Vergangenes ist nicht mehr existent, Zukünftiges kommt nicht mehr unter Garantie, weil sich das Leben, je reifer es wird, seinem Ende nähert.

Im Gegensatz zum Hier und Jetzt, das wir erleben und mit allen Sinnen greifen können, existieren Vergangenheit und Zukunft nur in unserem Kopf. Die Vergangenheit als eine Erinnerung, die uns stolz, nostalgisch, sentimental oder auch traurig machen kann. Die Zukunft als eine Illusion, die bei vielem im Alter – aufgrund sich unaufhaltsam nähernder Endlichkeit und abnehmender körperlicher Möglichkeiten – eher für Sorgen und Angst sorgt als für Vorfreude.

Niemanden sei es untersagt, in Gedanken das Gestern und Morgen aufzusuchen. Doch bitte nicht andauernd. Wir leben weder in vergangenen noch in zukünftigen Zeiten. Wir leben im Hier und Jetzt. Streng genommen existiert nur das greifbare Heute. Ist es daher nicht nur logisch, ja, förmlich unser Auftrag, diesen aktuellen Moment, so gut es geht, zu genießen?

Betrachtet man den Alltag mancher Menschen, wirkt es, als wäre der Genuss ein ungebetener Gast, den man nicht oft in sein Leben hereinlassen darf. Haben wir das Genießen verlernt, weil wir uns permanent mäßigen und unserem schlechten Gewissen folgen, das uns zuflüstert: »Du hast jetzt keine Zeit zum Genießen. Du hast andere Dinge zu tun, wichtigere.« Oder: »Das macht man nicht. Und überhaupt: Fleisch, rauchen, fernsehen, Süßigkeiten und dergleichen mehr ... alles ungesund! Lass das sein!«

Ein schönes Sinnbild für diese Genuss-Sperre ist die wahre Geschichte einer Krankenschwester, die von der Einlieferung eines neunundachtzigjährigen Patienten berichtet, der drohte, an einem Infarkt zu sterben. Die Ärzte retteten sein Leben und empfahlen ihm eine Änderung seiner Lebensweise, damit er nicht bald wieder ins Krankenhaus eingeliefert werden musste – diesmal wahrscheinlich als Leiche. Bei einer Visite setzte sich der Neunundachtzigjährige kerzengerade auf und sprach die neben seinem Bett stehende behandelnde Ärztin eindringlich an. Sinngemäß sagte er ihr: »Frau Doktor, Sie haben mir verboten, meine Zigarren zu rauchen, Fleisch und Kuchen zu essen, und haben mir gesagt, dass ich mein Schnäpschen am Abend nicht mehr trinken darf, damit ich besser einschlafe.«

Die Ärztin nickte, als freue sie sich, als der Neunundachtzigjährige fast erbost weitersprach: »Warum haben Sie mich dann gerettet?«

Was bleibt, wenn wir uns den Genuss per se verbieten, wenn wir uns dauerhaft in allen Bereichen mäßigen und uns gerade nicht in dem verlieren, was wir lieben? Zu leben heißt auch genießen zu können. Immer in Maßen

55

Wem schuldet das Alter neben der Medizin und der Schmerzbekämpfung heute am meisten Dank? Dem Netz der Netze. Altwerden bedeutet leider oft, dass das Verlassen der eigenen vier Wände oder sogar des Bettes schwierig wird. Dann öffnet das Internet unendlich viele Fenster zur Welt. Wir können mit den verbleibenden Freunden und den eigenen Enkeln und Urenkeln auf der ganzen Welt kostenlos kommunizieren. Können jedes Produkt nach Hause bestellen, jeden Film ansehen und uns überall »hinbeamen«. Die Welt kommt zu Besuch. Sogar wochenends und nachts.

wohlgemerkt. Diese Zeilen sind nicht als Freibrief gedacht für uneingeschränkten Alkohol-, Zigarren- oder Süßigkeitenkonsum. Wohl aber als Fingerzeig, sich nicht grundlos seiner wichtigsten Genussmomente zu berauben, die das Leben lebenswert machen.

Dieser maßvolle Genuss des Lebens bedingt jedoch zwangsläufig zweierlei: Muße und Verbindung. Ohne die Muße, sprich, innere und äußere Ruhe sowie Zeit, werden wir in keinerlei Genuss kommen. Und ohne eine Verbindung aufzunehmen zu dem, was wir genießen wollen, ebenso nicht. Genuss tritt nicht von allein in unser Leben, doch können wir dafür sorgen, dass er uns des Öfteren besucht, wenn wir uns einiger Hilfen vergegenwärtigen.

Das Ausschalten unserer inneren Störsender

Kommen Ihnen diese Sätze bekannt vor: »Ich müsste jetzt eigentlich ...« »Gleich muss aber ...« »Ich muss noch daran denken ...« Die Reihe unserer inneren Stimmen ließe sich bestimmt ins schier Unendliche fortführen. Das ist beileibe nichts Schlimmes, wenn sie im richtigen Moment mit uns sprechen. Zu oft tauchen sie leider gerade dann auf, wenn uns das Hier und Jetzt die Gelegenheit dazu bietet, genussvoll in ihm zu versinken.

Vielleicht gelingt es uns ja, die Gedanken, die uns an noch zu Erledigendes erinnern, zur Aktivität oder Eile mahnen, wie Wolken am Himmel zu betrachten und an uns vorbeiziehen zu lassen. Auch, wenn sie es gut mit uns meinen, nehmen sie uns in den wertvollen Momenten die Muße, stören unsere Verbindung und halten uns somit davon ab, wirklichen Genuss zu erleben.

Im Idealfall ist unser Kopf immer dann leer und somit offen für das, was passiert, wenn das Hier und Jetzt zum Gefühlstanz bittet. Ruhe rein, Hektik raus. Ob autogenes Training, Entspannungsübungen, Yoga, alles, was uns dazu befähigt, das Denken für eine Zeit einzustellen, damit wir uns dem Moment vollkommen hingeben können, ist willkommen.

Das Ausblenden äußerer Störsender

Innere Ruhe ist etwas Wunderbares. Doch selbst der am meisten in sich ruhende Mensch kann nicht ungestört genießen, wenn um ihn herum der Lärm das Kommando führt. Verkehr, Fernsehen, Radio, Internet, Smartphones, andere Menschen, Bauarbeiten ... Wirkliche äußere Stille halten nur ganz wenige Orte dieser Welt für uns bereit. Fast überall herrscht Bewegung, reges Treiben und somit auch eine Geräuschwelt, die meist nicht förderlich für uns ist, sondern uns im besten Fall nur ablenkt, meist sogar stresst oder krank macht.

Es mag durchaus Menschen geben, die selbst inmitten einer Großbaustelle oder auf einem überfüllten Kinderspielpatz ihre Ruhe finden können. Die meisten von uns können die äußeren Einflüsse jedoch nicht ignorieren oder sich gar gänzlich von ihnen unabhängig machen, sich vom Lärmenden abkapseln.

Vielleicht kann auch hier ein kleines Wort für große Wirkung sorgen: Nein! Sagen wir häufiger »Nein« zu Dingen, die uns umgeben, die uns nicht guttun, die uns davon abhalten, das Hier und Jetzt zu genießen. Schalten wir Fernseher, Radio oder Smartphones aus, verlassen wir lärmende Situationen und suchen gezielt nach Orten, an denen Stille oder zumindest Ruhe herrscht.

Wenn Sie überlegen, wo der Lärm Hausverbot hat oder wo zwar Umgebungsgeräusche vorhanden sind, aber nicht groß stören: Welche Orte in Ihrer Umgebung fallen Ihnen ein? Wo können Sie bei sich zu Hause die Muße finden? Wo außerhalb, fußläufig entfernt? Und wo sonst in der näheren Umgebung?

Wenn wir sie suchen, werden wir sie finden: die Umgebung, die uns mitsamt unserer inneren Ruhe dabei hilft, uns selbst und die Welt um uns herum zu genießen. Der Genuss des Hier und Jetzt ist wie eine gleichmäßige Kamerafahrt in uns hinein, und um uns herum. Sie kommt ganz ohne hektische Bewegungen oder Schnitte aus, wechselt harmonisch vom Weitwinkel in die Nahaufnahme und wieder zurück. Schwebt über die Natur, Menschen, Kleinigkeiten, die wir anderswo und anderswie nicht wahrgenommen hätten. Erst, wenn wir störende Außengeräusche ausschalten, kann sich unsere innere Stimme einschalten und uns auf das bisher ungesehen Genussvolle hinweisen.

Die Tage bewusster planen als früher

Sind die Tage im jungen und vor allem im mittleren Alter meist randvoll gefüllt mit Aufgaben, die es gilt, möglichst schnell zu erledigen, wird der Terminkalender beim Älterwerden – zumindest von außen – weniger gefüllt. Wir dürfen, und müssen, unsere Tage immer selbst planen und sollten es bei aller Freiheit weder über- noch untertreiben.

Packen wir uns unsere Tage so voll wie möglich mit Erlebnissen, Aufgaben, Kontakten, überfordern wir uns damit nicht nur, sondern nehmen der Spontanität jeglichen Raum. Und gerade sie kann uns dabei behilflich sein, die besonderen Momente im Hier und Jetzt zu entdecken und zu nutzen, wenn wir ihr die Chance und den zeitlichen Freiraum hierzu geben.

Planen wir hingegen gar nicht und lassen jeden Tag neu ausschließlich auf uns zukommen, kann es sein, dass wir uns unterfordern, weil sich nicht täglich Dinge ereignen, die uns automatisch begeistern. Im Gegenteil: Ein permanentes In-den-Tag-Hineinleben führt nicht selten zu Langeweile und Frustration, weil Genuss zwar durchaus spontan entstehen kann, aber eben nicht muss. Die konkrete Genussplanung ist zwar kein Garant fürs tatsächliche Eintreffen, sie eröffnet aber zumindest die Möglichkeit hierzu. Der Genuss gleicht einer Muse. Beides besucht uns gern regelmäßig, wenn es sich darauf einstellen kann, wenn wir dafür Freiräume zur Verfügung stellen.

Eine gewisse Planbarkeit hilft daher durchaus, sich magische Momente zu schaffen und sie dann auch gebührend zu würdigen. Die Balance zwischen lieb gewonnenen

Ritualen und bewusst ungeplanter Zeit ist ein Genuss-schlüssel. Ebenso wie ein Mehr an Einfachheit, das wir beim Älterwerden anstreben. Wir freuen uns, wenn wir einen Überblick über »die Dinge« haben. Wenn wir wissen, was wir besitzen, was wo liegt, wie es um unsere Finanzen steht, was wir uns leisten können und was nicht.

Je älter wir werden, desto überschaubarer wünschen wir es uns meist. Wenn das »Immer mehr« dem »Weniger ist mehr« weicht, bekommen wir automatisch mehr Zugriff auf unser Leben. Nicht wenigen gibt das Reduzieren von Besitz und Verpflichtungen das Gefühl, sich zu befreien. Es ist ein wenig wie bei einer Wohnung, bei der man weiß, dass man irgendwann ausziehen wird. Wenn uns nur noch das umgibt, was wir wirklich brauchen und haben möchten, ist es beruhigend, man hat weniger Angst vor dem Tag des Auszuges, weil alles geregelt ist. Die frühere Sorge, sich irgendwann von vielen Dingen trennen zu müssen, obwohl man es nicht will, verschwindet durch das Stück-für-Stück-Aufräumen, das auch gern Wochen oder Monate dauern darf.

Dies alles sind Hilfsmittel, können als Rahmenbedingungen dienen, uns ein bewusstes Eintauchen ins Hier und Jetzt zu ermöglichen. Eintauchen müssen wir aber selbst. Und wenn, dann am besten ganz und gar. Diesen Zustand nennt man »flow«, was nichts anderes bedeutet, als mit dem, was einen umgibt, was man unternimmt, eins zu sein, im Fluss.

Flow ist die völlige Vertiefung in einer Sache, kann sogar zu einem Schaffensrausch »ausarten«, wie Kinder, die beim Spielen alles um sich herum vergessen und nach Stunden, wenn sie zum Mittagessen gerufen werden, verwirrt fragen: »Schon so spät?«

Diese gleichzeitige Weltversunken- und -vergessenheit liegt, rational betrachtet, auf einer Skala zwischen Anfor-

56

Lieber die Momente zählen, in denen die Zeit stillzustehen schien, als die Zahl der Jahre. Wissen, dass das chronologische Alter zwar im Pass steht, aber viel weniger zählt als das subjektive. Sich jung fühlen, auch wenn man es im Auge der anderen nicht mehr ist. Und die verbleibende Zeit zum Tod als Wake-up-Call nutzen, der uns die Einzigartigkeit jeden Momentes vor Augen führt. Zeit ist ein Geschenk.

derungen und Fähigkeiten, Über- und Unterforderung genau in der Mitte. Wir sind im Flow, wenn wir uns wie der sprichwörtliche Fisch im Wasser fühlen, wenn wir in dem Moment aufgehen können wie ein Hefeteig im Backofen.

Damit dies gelingt, wir in den Flow kommen, brauchen wir Fokus. Ohne das komplette Einlassen auf das, was uns umgibt oder was wir tun, kommen wir nicht in diesen fast schon sagenumwobenen, weil bei vielen Menschen sehr seltenen, Zustand. Erst, wenn wir selbst kleinste Details so intensiv wahrnehmen, werden wir von der Glücksglocke umschlossen und werden im Hier und Jetzt versinken.

Versuchen Sie es einfach selbst, indem Sie sich auf etwas,

das Sie umgibt oder eine Tätigkeit, die Sie liebend gern ausüben, konzentrieren und alles um sich herum ausblenden.
Die im Wind wankenden Blätter des Herbstes, der vorbei-
fliegende Schmetterling im Sonnenlicht, der frisch gebrüh-
te Kaffee am Esstisch an einem kalten Wintermorgen, das
abendliche Buch im Lieblingssessel, die geschlossenen Augen Ihres/Ihrer Liebsten morgens beim Aufwachen …

Jedes Hier und Jetzt bietet uns mehr Gelegenheiten, als
wir jemals nutzen können. Nehmen wir uns zumindest einige davon und schließen wir damit einen Kreislauf, der
als Kind begann. Kinder und Alte eint vor allem eines: Sie
besitzen die idealen Voraussetzungen, um in den Flow zu
kommen. Ganz junge und alte Menschen sind nicht, wie
die im mittleren Alter, in (zu) viel eingebunden. Menschen
im mittleren Alter sind für alles Mögliche verantwortlich,
müssen Zeitkritisches erledigen, sind gedrängt, etwas aufzubauen oder anderen (wie sich selbst) mit ihrem Tun etwas zu beweisen.

Schaffen wir uns den Raum für Verrücktes. Für Dinge,
die abseits der Norm, des Üblichen liegen. Sie sind es, die
uns selbst den »Kick« und unserem Leben einen neuen Sinn
geben können. Nicht jeder wird Sympathie für die Leidenschaft des Holländers Jan Blees empfinden, der mit seinen
neunzig Jahren leidenschaftlich Achterbahnen testet. Auch
muss nicht jede/r mit dem Fallschirm aus dem Flugzeug
springen, wie es die hunderteinjährige Australierin Irene
O'Shea getan hat und nun sogar im »Guinness-Buch der
Rekorde« steht.

Auch das etwas adrenalinärmere Springen auf der hei-
mischen Couch, das Herumalbern mit den Enkeln oder
die Geistersuche um Mitternacht im nahe gelegenen
Wald können neue Impulse für uns sein und für magische
Momente sorgen, an die man sich noch lange gern zurück-

erinnert. Vor allem, wenn wir sie vollkommen genießen und ins Hier und Jetzt eintauchen – ganz gleich, wo, wann und was es auch ist.

So einzigartig und Glück bringend es auch ist, »im Flow« zu sein, empfehlenswert ist es weder ganztägig noch täglich. Stellen Sie sich nur einmal vor, Sie wären in jeder Sekunde mit jeder Faser Ihres Körpers, Geistes und Ihrer Seele im Hier und Jetzt versunken: Sie würden vielleicht von ekstatischem Dauerglück erfüllt sein, aber vieles um Sie herum verpassen.

Zudem würde sich zur dauerhaften Suche nach *dem* ultimativen Flow-Moment schnell der Druck des Finden-Müssens gesellen. Wer permanent nach einem Feuerwerk sucht, es gar erwartet, für den ist die stimmungsvolle Duftkerze auf dem Badewannenrand eine herbe Enttäuschung. Daher sollten wir uns nicht selbst stressen, wenn wir mal einen Tag ohne Glückstrunkenheit hinter uns haben. Wenn wir nur unruhig umherschauen, immer auf der Suche nach dem »Flow-Kick«, haben wir uns aus dem Hier und Jetzt schon verabschiedet.

Was wäre, wenn es uns gelänge, einmal täglich mindestens einen magischen Moment ganz bewusst zu erleben, ob klein oder groß, sicht- oder unsichtbar? Ganz sicher wären wir nicht nur am Tage glücklicher. Wir könnten dieses Gefühl der wohligen Zufriedenheit auch beim Einschlafen mit in die Nacht nehmen und vielleicht sogar mit einem Lächeln und dem Gedanken an das gute Gestern und die Vorfreude auf das Heute aufwachen. Welch ein schöner Glückskreislauf, nicht wahr?

Was muss geschehen, damit Sie vollkommen im Hier und Jetzt versinken? In welchen Momenten existieren für Sie weder Zeit, Raum, noch Ihr Alter?

KAPITEL 15

Von Veränderungen und Möglichkeiten

Das Alter ist eine Oase der Ruhe, Entspannung pur. Man verspürt dort weder Druck noch Stress, weil beides beim Älterwerden wie von selbst aus dem Leben entweicht. Da fast jeder Mensch zwischen dreißig und sechzig Jahren angibt, unter Stress zu leiden (oder darunter gelitten zu haben), ist Stress zum Dauerthema unserer Gesellschaft geworden. Wie wunderbar, dass im Alter endlich und endgültig Schluss damit ist. Spätestens ab dem Renteneintritt, wenn die größten Faktoren für unseren Dauerstress, wie Arbeit und Kindeserziehung, komplett obsolet sind. Dann erwartet uns das Paradies der entspannten Glückseligkeit. Oder?

Wäre das Alter tatsächlich eine stressfreie Zone, müsste es allgemein doch als viel erstrebenswerter gelten, älter zu werden. In der Tat ist der Abfall des Drucks, das Verschwinden von Stress, kein Automatismus, der irgendwann plötzlich mit zunehmendem Alter einsetzt.

Nicht wenige werden im Alter erneut Opfer von Stress, der sich auch körperlich bemerkbar macht. Kontinuierliches Lidzucken, Schmerzen jeglicher Art, Appetitlosigkeit oder Heißhunger, Schlafstörungen, Antriebslosigkeit, Unruhe. Diese oder andere Probleme können Stress zur Ursache haben. Manche Alte gehen über diese Symptome hinweg oder identifizieren Stress nicht als ihren Verursacher, weil dieser im Alter seine Gestalt wandelt und viel mehr im Inneren agiert, statt, wie früher, sich öffentlich sichtbar zu zeigen. Die neue Stressgestalt entsteht, weil wir beim Älterwerden andere Faktoren als stressig empfinden, die uns früher gar nicht aufgefallen wären.

Ein anderes Stress- und Problemempfinden

Je älter wir werden, desto stressempfindlicher werden wir grundsätzlich. Wir reagieren sensibler auf Dinge, die auf uns zukommen, und sind insgesamt empfindlicher, was das Empfinden vieler älterer Menschen widerspiegelt.

Bereits Kleinigkeiten, die wir in jüngeren Jahren nicht als problematisch oder stressig empfanden, erhalten im Alter ein anderes Gewicht. Es kann durchaus sein, dass wir mit Aufgaben, die uns früher leicht von der Hand gingen, auf einmal Probleme haben. Nicht, weil sie im Gegensatz zu damals auf einmal komplexer oder komplizierter daherkommen. Vielmehr, weil die Anzahl der Aufgaben und Herausforderungen, denen wir uns täglich stellen müssen, weniger wird, je älter wir werden. Es kommen immer weniger »Probleme« von außen auf uns zu als zu Zeiten, in denen wir mit Arbeit, Kind und Kegel täglich Unzähliges gleichzeitig zu balancieren hatten.

Im Alter sind wir einfach nicht mehr so geübt darin, uns jeden Tag aufs Neue mit herausfordernden Situationen auseinanderzusetzen, Neues zu erlernen oder sofortige Lösungen zu finden. Unsere Problemlösungskompetenz wird ganz einfach weniger trainiert, was die Automatismen abbaut, die uns früher durch den Tag gebracht haben, wenn wir dieses und jenes auch noch so nebenbei geregelt haben.

Deshalb können im Alter schon Kleinigkeiten dafür sorgen, dass wir unruhig werden, aus dem Gleichgewicht kommen und der Puls ungesund schneller schlägt. Je reifer wir werden, desto besser sollten wir daher auf uns aufpassen. Sonst kommen wir in einen unnötigen Stresskreislauf, der mit Unsicherheit beginnt, in Überförderung übergeht und durch nicht mehr weggehenden Druck schließlich in körperlicher, geistiger oder seelischer Krankheit mündet.

Das Problem, zu wollen, aber nicht mehr alles zu können

»Der Geist ist willig, das Fleisch ist schwach.« Dieser biblische Ausspruch passt haargenau aufs Älterwerden, fast. Früher, in den jungen Hochzeiten, konnten wir Bäume ausreißen, für längere Zeit problemlos auf Schlaf verzichten und die Welt im Dauerlauf erkunden. Gefühlt konnten wir machen und erleben, was wir wollten. Unser Körper half uns dabei mit all seiner schier unerschöpflichen Energie.

Im Alter verkehrt es sich oftmals ins Gegenteil. Wir wollen immer noch vieles (anderes vielleicht als früher), können aber nicht immer so, wie wir es gern würden. Manches, was für uns früher problemlos machbar war, ist es im Alter nur unter erschwerten Bedingungen. Einiges ist uns gar unmöglich. Und das, was bleibt, dauert nicht selten länger als gewohnt.

Grundsätzlich ist es für uns leichter, Dinge abzulehnen, weil wir sie nicht machen wollen, als vom Leben die eigenen Grenzen aufgezeigt zu bekommen, wenn wir etwas wollen, es aber nicht können. Werden beispielsweise unsere Augen schlechter, kaufen wir uns einfach eine Brille. Ungern vielleicht, aber dennoch siegt die Vernunft, weil es eine Lösung für unser Problem gibt, die wir im wahrsten Wortsinn zu tragen bereit sind. Wir akzeptieren, dass wir die Welt ohne

Hilfsmittel nicht mehr so wahrnehmen können wie mit und gewöhnen uns bald an die neuen Umstände.

Manche dieser und anderer körperlicher »Verfallsfaktoren« sind für uns relativ leicht zu akzeptieren. Das Eingeständnis hingegen, den Überblick zu verlieren, bei Diskussionen nicht mehr (so schnell) mitzukommen, nach Worten zu ringen, fällt uns extrem schwer. Können wir unsere körperlichen Grenzen in jungen Jahren immer weiter austesten, müssen wir im Alter nicht nur akzeptieren, dass wir manche Körpergrenzen nicht mehr überschreiten können, sondern auch, dass einige sogar enger werden.

Dies und Weiteres, wie eine nachlassende geistige Geschwindigkeit und Reaktionsfähigkeit, ergeben mit unserem steigenden Bedürfnis nach Ruhe und Harmonie eine

57

Wir sind alt, wenn sich mehr als die Hälfte unseres Redens, Denkens und Fühlens um Vergangenes dreht. Also lasst uns doch versuchen, die Waage zu halten zwischen der Flut an Erinnerungen, dem Spaß am Jetzt und der Neugier auf Neues! Unsere Identität steht auf drei Beinen.

herausfordernde Mischung, mit der wir erst lernen müssen umzugehen. Denn wenn wir das »Wollen, aber nicht immer Können« als Problem ansehen, damit hadern, früheren Fähigkeiten hinterhertrauern, sorgt der daraus resultierende Stress dafür, dass Schluss ist mit Ruhe und Harmonie. Dabei sollte das Alter doch gerade dafür viel Raum bieten, oder?

Übrigens: Kennen Sie die wohl kürzeste Erklärung von Glück? An diese Stelle passt sie wohl so gut wie sonst nirgends: *Glücklich ist, wer akzeptiert, was ist.*

Klingt so einfach und ist im echten Leben so schwer umzusetzen. Etwas leichter wird es, wenn wir die wohl kürzeste Erklärung für Unglück noch hinzufügen.

Unglücklich ist, wer das, was ist, mit dem vergleicht, was er gern hätte.

Vielleicht hilft es uns ja beim Älterwerden, etwas weniger scheinbare Perfektion zu wollen und etwas mehr erlebbare Wirklichkeit wahr- und anzunehmen.

Übrigens: Eine spannende Sicht auf das Alter nahm Cicero kurz vor Christi Geburt ein. Für ihn war ein Segen des Alters das zunehmende Verblassen der Jugend, in Form seiner Gelüste und Begierden, aus denen, nach Ciceros Meinung, sowieso nur Unheil entstünde. Zudem wies er darauf hin, dass vorzugsweise diejenigen mit dem Alter haderten, es als beschwerlich empfanden, die schon in früheren Lebensjahren unglücklich gewesen seien. Ein schöner Gedanke, oder?

Wenn also nicht das Alter der ultimative Übeltäter des Lebens, der »Glückskiller Nummer eins« ist, sondern wir selbst schon vor dem Alter etwas für unsere spätere Zufriedenheit tun können, bleibt doch nur eine Frage: Wann fangen wir damit an?

Die ungewohnte neue Welt

Es klingt paradox, doch der irgendwann nicht mehr klingelnde Wecker kann schneller zum Stressfaktor werden, als es uns lieb ist. Irgendwann wird es so sein, dass wir ausschließlich freie Zeit vor uns haben. Vierundzwanzig Stunden am Tag, sieben Tage die Woche, dreihundertfünfundsechzig Tage im Jahr. Für den Rest unseres Lebens. Die Zeit nach Berufstätigkeit schenkt uns grenzenlose Freizeit ohne Ende, mit der wir erst lernen müssen umzugehen. Nur allzu verständlich, war uns dieses bedingungslose Freizeit-Privileg vorher schon rein aus Arbeitsgründen und anderen zu erledigenden Aufgaben nicht vergönnt.

Im Gegensatz zur Zeit der Berufstätigkeit fehlt uns in der nachberuflichen Phase ein fester Tagesablauf. Dies sei ja gerade das Wunderbare, meinen manche. Stimmt, doch die komplette Abstinenz von Struktur, Aufgaben und zeitlichen Vorgaben ist für die meisten von uns zumindest ungewohnt. Oder haben Sie schon einmal gehört, dass ArbeitnehmerInnen an ihrem letzten Tag vor dem Rentenbeginn ein Handbuch in die Hand gedrückt bekamen, wie man sich jetzt im letzten Lebensabschnitt am besten zurechtfindet? Oder dass man sie rechtzeitig vorher für das arbeitsfreie Leben »trainiert« und fit gemacht hat?

Wir dürfen (und müssen!) uns unsere Zeit selbst genauso einteilen, wie es uns gefällt. Dürfen machen, was wir wollen, wann wir es wollen. Dürfen unseren eigenen Rhythmus finden, in dem wir die Tage angehen. Diese unendliche Freiheit bedeutet jedoch auch, auf sich selbst gestellt zu sein, sich selbst neu zurechtfinden zu müssen.

Nicht von ungefähr ist dieses für viele komplett neue, weil einhundertprozentig selbstbestimmte Gefühl sowie die nicht-trainierte Dauerfreizeit für manche eine Heraus-

Die meisten von uns wollen ihr Alter in ihrem gewohnten Zuhause verbringen. Aber lasst uns die Seniorenresidenzen, Alters-WGs, Mehrgenerationenhäuser oder wie immer sie genannt werden nicht pauschal verteufeln. Wenn sie Menschlichkeit leben und Fürsorge geben, bedeuten sie in manchen Fällen das Gefühl von Sicherheit, eine enorme Entlastung des Verhältnisses zwischen den Generationen und die Chance auf neue Begegnungen und Anregungen aller Art. Glück ist nicht festgezurrt an einen bestimmten Ort, wenn wir offen und neugierig bleiben.

forderung, für einige gar eine stressende Belastung. Vor allem die erste Zeit im neuen Lebensabschnitt, die harte, weil oftmals unvorbereitete »Übergangszeit« von der Arbeit in die Rente, fühlt sich oftmals an wie ein Vakuum, bei dem man hofft, es würde sich automatisch füllen.

Männer quälen sich in dieser Zeit übrigens mehr als Frauen. Vielleicht, weil ihnen die jahre-/jahrzehntelange Beschäftigung am Arbeitsplatz und das Gefühl des Eingebundenseins fehlt und jetzt, am Beginn ihrer Rentenzeit, nicht automatisch ein adäquates Pendant existiert. Frauen tun sich mit dieser neuen Lebenszeit leichter, weil sie bereits in Nicht-Rentenzeiten mehr soziale Kontakte pflegen als Männer und somit auch im Alter Teil eines lebendigen Netzwerks sind.

So verrückt es klingt, aber für manche wird das erhoffte Renten-Eldorado schneller als gedacht zum Horror Vacui, weil die Angst vor der Leere (so die Übersetzung des lateinischen Begriffs) plötzlich zur täglichen Realität wird. Verständlich, dass sich manche frisch gebackenen RentnerInnen unsicher, weil plan- und sinnlos, durch ihre Tage hangeln.

Andere wiederum werden plötzlich hyperaktiv und können gar nicht genügend Tätigkeiten in ihre Tage hineinpacken. Für sie muss alles sofort erledigt werden, am besten so viel und so schnell wie möglich. Schließlich weiß man ja nie, wie lange einem noch zum Leben bleibt. Außerdem hat man ja nicht umsonst so vieles immer weiter nach hinten ans Lebensende geschoben, da will man es jetzt auch im Eiltempo erledigen. Sie spüren am eigenen Leib, was das Alter eben auch mit sich bringt: eine veränderte Betrachtung von kurz- und langfristig. Wo man früher noch sagte: »Mach ich später«, denkt man im Alter eher: »Muss ich heute machen. Ich weiß ja nicht, ob ich noch ein Später habe.«

Beide, die Plan- wie die Rastlosen, versetzen sich unnötig in Stress, weil sie sich entweder permanent unter- oder überfordern. Das Leben im Alter braucht jedoch seine Balance, seine An- und Entspannung, Langeweile wie Highlight-Erlebnisse. Und wir brauchen Zeit, um alles zeitlich, inhaltlich und emotional einzupendeln, müssen uns erst ins neue Leben hineinleben, um in die Spur zu kommen, die uns wirklich zum Altersglück führt. Geben wir uns doch einfach die Zeit und sorgen nicht unnötig für Stress, wo weit und breit gar keiner zu sehen ist. Am besten beginnen wir schon rechtzeitig, vielleicht ein Jahr vor unserem Renteneintritt, mit den Vorbereitungen. Fragen wir uns doch ganz in Ruhe, was wir später machen, wie unser Tag aussehen soll. Vielleicht fangen wir schon vorher an, in den gewünschten Verein einzutreten, das geliebte Hobby wieder aufzunehmen. Erinnern Sie sich noch, was Sie als Kind geliebt haben? Vielleicht ist die Rente eine gute Gelegenheit, das, was Ihr Herz früher höherschlagen ließ, wieder aufzunehmen.

Und fahren wir nicht sofort mit dem Renteneintritt im höchsten Gang. Fahren wir uns lieber zuerst so behutsam wie möglich »herunter« vom Stresslevel des Berufs in die Freizeit. Sorgen wir selbst für einen weichen Übergang in unsere neue Lebensphase. Wir haben ihn uns nach jahrelanger Arbeit redlich verdient. Ohne Stress.

Übrigens: Selbst, wenn wir noch nicht in der nachberuflichen Phase sind, entstehen immer mehr Freiräume. Manche füllen sich sofort wieder, ohne dass wir ihr Entstehen bemerkt haben. Dennoch sind sie da und bieten uns die Möglichkeit, uns selbst in unserer gestressten Welt neue stressfreie Welten zu schaffen.

Nehmen wir den Ruhestand daher nicht wörtlich, damit wir nicht nur »in Ruhe herumstehen«. Gestalten wir ihn als positiven *Unr*uhestand, in dem wir in Bewegung bleiben und etwas mit oder bei anderen in Bewegung bringen.

Die ganze Zeit mit dem Partner zusammen sein

Eigentlich müsste es das Schönste auf der Welt sein, doch es kann sich im Alter auch ins Gegenteil verkehren: Vierundzwanzig Stunden Zeit mit dem Partner/der Partnerin verbringen. Zugegeben, die bewusst wahrgenommene Zeit mag abzüglich Schlaf bei »nur« sechzehn Stunden liegen. Aber immerhin: In jedem Fall steht uns im Alter deutlich mehr Zeit zur Verfügung, die wir mit dem Partner/der Partnerin verbringen können.

Für nicht wenige ist diese Tatsache eine (oftmals unterschätzte) Herausforderung. Ging man früher noch morgens getrennt aus dem Haus und sah sich nachmittags oder abends wieder, sieht man sich irgendwann sogar in der Zeit dazwischen. Es sei denn, man verplant die Zeit anders und geht auch allein Tätigkeiten, zum Beispiel eigenen Hobbys, nach.

Grundsätzlich ist man jedoch zusammen. Und das müssen die meisten Paare erst (wieder) lernen. Man muss sich neu finden, herausfinden, wie viel gemeinsame Aktivitäten, wie viel Nähe beiden guttun und wie viel Freiräume und Freiheiten der andere für sich braucht.

Gerade weil dieses Finden eines passenden Alters-Arrangements nicht per Knopfdruck funktioniert, sondern sich erst im täglichen Leben und Erleben herauskristallisiert, kann es auch zu Stress bei den Partnern führen. Ein bisschen gleicht es dem Zusammenstellen eines kleinen Orchesters: Es braucht Zeit, Feingefühl und Abstimmungen, bis ein harmonisches Zusammenspiel gelingt, das klingt und beschwingt. Aber: Es lohnt sich, wenn man sich der notwendigen »Arbeit« bewusst ist und gemeinsam ein Glückskonzert gestaltet, in dem beide Partner eine tragende Rolle spielen.

Die Frage nach der eigenen Existenz

Waren es früher die Arbeit, die Kinder oder anderes, das unser Leben ausfüllte, ihm einen Sinn gab und oftmals auch die Grundlage für unseren sozialen Status bildete, stellt sich für manche Menschen im Alter die Frage nach dem Sinn der jetzigen Existenz. Wenn man sich um niemanden mehr kümmern, für niemanden etwas erledigen muss, kann sich schnell eine Leere einstellen, weil das Gefühl fehlt, gebraucht zu werden, ein wichtiger Teil der Gemeinschaft zu sein.

Diese Zweifel am Lebenssinn, die manchmal wie aus dem Nichts zu kommen scheinen, können uns stärker beschäftigen, als uns lieb ist. Wenn wir anfangen, unseren Wert für andere, gar die eigene Daseinsberechtigung infrage zu stellen, begeben wir uns auf eine gefährliche Stressrutsche, die uns schneller in den Abgrund führt, als wir es uns vorstellen können.

So wird der Stress im Alter weniger

Möglichkeiten, unser Leben im Alter so stressfrei wie möglich zu gestalten, gibt es viele. Von gut ausbalancierten Tagen, die uns Abwechslung, lieb gewonnene Rituale und Pausen bieten, über den Austausch mit anderen, Gleichgesinnten, denen es ähnlich ergeht wie uns, bis hin zu dem Bewusstsein, dass wir es uns im Alter leisten dürfen (und sollten), gänzlich auf Stress zu verzichten.

Unser Körper weiß es schon lange vor unserem Verstand: *Wir haben keinen Fortpflanzungsdruck mehr.* Bis zu einem gewissen Alter ist es zwar immer noch möglich, Kinder in die Welt zu setzen (bei Männern natürlich länger als bei Frauen), aber eben kein »Muss« mehr (was es früher natürlich auch nicht war, sich bei manchen Menschen jedoch so anfühlte).

Unser Körper sorgt also automatisch für Entspannung auf dem Gebiet der Fortpflanzung. Und ebenso beim Streben nach Schönheit. Irgendwann fühlen wir ganz automatisch, dass wir gar kein Imponiergehabe benötigen, um andere zu beeindrucken. Wir dürfen natürlich unsere Eitelkeit bewahren, der starke Mann, die jung gebliebene Frau sein, wenn wir es denn wollen. Den Bauch einziehen, wegschnüren oder kaschieren müssen wir aber nicht.

Wir haben keinen Gesellschaftsdruck mehr. Je älter wir werden, desto mehr verschwinden die gesellschaftlichen Vorstellungen, die wir (scheinbar) erfüllen müssen. Was wir anziehen, essen, sagen, wie wir uns bewegen, unser Leben aufbauen sollten, wird von außen irgendwann nicht mehr an uns herangetragen. Selbst unsere Eltern, so sie noch leben, schreiben uns (hoffentlich) weniger vor, was wir tun oder lassen sollten. Und auch der Erwartungsdruck des Arbeitgebers hat sich irgendwann von selbst erledigt.

59

Jede neue Technologie bringt Fluch und Segen. Sehen wir eher den Segen und geben wir ihr eine Chance, denn gerade im Alter können wir Hilfe zuhauf gebrauchen. Ob sich der Kühlschrank selbst wieder auffüllt, ein Roboter unsere Wohnung säubert, ein Computerprogramm unser Gedächtnis trainiert, Sensorsysteme Notrufe bei einem Sturz absetzen oder Exoskelette beim Anziehen helfen – lassen wir uns doch helfen, wo immer es geht!

Wir haben keinen Darstellungsdruck mehr. Wir müssen uns öffentlich nicht (mehr) für andere verstellen, widerstehen der Darstellung nach permanent perfekter Eigenpräsentation auch in den sozialen Medien immer mehr und müssen nicht mehr alles konsumieren und besitzen, weil wir wissen, dass Marken nicht wichtig sind, weil *wir* die Marke sind.

Wir haben keinen Leistungsdruck mehr.
Wenn wir beruflich etabliert sind, unser Leben aufgebaut, im Griff und für uns etwas vorzuweisen haben, sinkt automatisch der Produktivitätsdruck. Aus dem früheren »Ich muss« wird immer mehr ein »Ich kann, wenn ich will«.

Wir müssen nicht mehr alles unter einen Hut bringen.
Mussten wir früher noch vieles parallel meistern (Familie, Beruf, Freizeit, Freunde et cetera), werden die Bälle, mit denen wir beim Älterwerden jonglieren und die wir gekonnt in der Luft halten müssen, mit der Zeit immer weniger.

Wir müssen nichts mehr unbedingt machen. Wir dürfen, müssen aber nicht. Wir können, wenn wir wollen. Niemand zwingt uns zu irgendetwas, und genauso sollten wir unsere Zeit beim Älterwerden auch angehen.

Das Leben spielt uns mit zunehmendem Alter in vielerlei Hinsicht immer mehr in die »Stressfrei-Karten«. Nehmen wir seine Hilfe dankbar an und gehen wir sogar noch einen Schritt weiter, indem wir Stress, entgegen der landläufigen Ansicht, vollkommen anders ansehen. Denn Stress ist nicht eindimensional negativ, sondern hat zwei Seiten.

Das Bewusstsein vom guten Stress

Wie so viele Worte unserer Sprache ist auch Stress »vorbelegt«. Untrennbar schwingt bei dem Wort etwas mit, wenn wir es hören oder sagen. Im Fall von Stress etwas Negatives,

Schweres, Belastendes. Hören wir jemanden von Stress erzählen, geht es dabei meist um schwierige Situationen, Probleme, Zeitdruck, viel zu tun. Im besten Fall gelingt es uns noch, den Stress zu differenzieren, ihn auf einer imaginären Skala von eins wie »kaum wahrnehmbar« bis zehn wie »lebensbedrohlich« zu lokalisieren. Aber, ganz ehrlich: Denken wir beim Gedanken an Stress nicht automatisch mindestens an eine belastende Sieben auf der Skala?

Dieser Stress ist nicht der einzige Stress. Die Stressskala ist nicht nur rot, zeigt nicht nur schlechten Stress (den sogenannten Distress). Es gibt tatsächlich einen grünen Bereich auf der Skala. Das Pendant, der gute Bruder, hört auf den schönen Namen »Eustress«. Auch durften Sie ihn sicherlich bereits erleben. Eustress tritt nämlich immer dann auf, wenn wir uns beispielsweise einer spannenden Aufgabe widmen, die unseren Fähigkeiten entspricht.

Ebenso begleitet uns dieser gute Stress, wenn wir uns verlieben, wenn wir das Spiel unserer Lieblingsmannschaft verfolgen und mitfiebern, wenn wir selbst Sport betreiben und dabei über uns hinauswachsen oder wenn wir Nervenkitzel erleben, Achterbahn fahren oder Bungee springen. Vielleicht fällt uns dieser Positivstress gerade deshalb nicht auf, weil er sich eben nicht negativ bemerkbar macht. Im Gegenteil.

Eustress steigert unsere Aufmerksamkeit, Konzentration und Motivation. Er treibt uns positiv an, trainiert unsere Leistungsfähigkeit und macht uns besser. Aber nur dann, wenn wir, bildlich gesprochen, nicht Stress-Pingpong spielen, sondern im Stress-Dreieck springen.

Guter Stress entsteht immer dann, wenn wir ein Ziel haben und es erreichen. Manchmal hilft es sogar schon, auf einem guten (Zielerreichungs-)Weg zu sein. Denn, verfolgen wir ein Ziel, schüttet unser Körper, quasi als Kraft gebenden Treibstoff, Dopamin aus. Erreichen wir unser Ziel, gibt's vom Körper statt einer Sekt- eine Endorphin-Dusche. Sicher kennen Sie das unbeschreibliche Gefühl, wenn man etwas für sich Wichtiges erreicht hat und die ganze Welt umarmen möchte. Das Glück scheint einen in solchen Momenten grenzenlos zu umgeben.

Weil wir (und unser Körper) dieses unnachahmliche Glücksgefühl noch einmal erleben wollen, setzen wir uns oftmals direkt ein neues Ziel und legen mitsamt neu produziertem Dopamin aufs Neue los. Erreichen wir unser Ziel dann, werden wir mit neuem Endorphin belohnt und suchen schon wieder ein neues Ziel. Ohne es zu bemerken, spielen wir Stress-Pingpong, das uns auf Dauer nicht nützt, sondern schadet, weil wir uns durch den andauernden Zielfindungs- und Zielerreichungsdruck innerlich kaputt machen. Dem Stress-Pingpong fehlt nämlich ein entscheidender Faktor in der Glücksgleichung: das Serotonin.

Serotonin, das »Glückshormon«, ermöglicht uns nichts Geringeres als den »Genuss des Erfolges«, der wiederum nur möglich ist, wenn wir uns eine Pause gönnen, wenn wir der Zielerreichung eine Erholungsphase gönnen. Mit der richtigen Mischung aus Dopamin, Endorphin, Serotonin, Zielen, Erfolgen und Ruhephasen kommen wir so durchs Alter, wie es sein sollte: mit so wenig schlechtem Stress wie nötig und so viel gutem Stress wie möglich. Springen wir also entspannt im Stress-Dreieck.

KAPITEL 16

Der innere Frieden

Gleich zu Beginn dieser Station unserer Erkundungsreise findet sich eine gute Nachricht: *Die allermeisten Menschen werden im Alter milder.*

Mild. Was für Gourmets und Gewürzfreunde wenig verlockend klingen mag, gibt uns im Alter auf eine andere Art und Weise eine besondere Würze. Wenn wir von Milde sprechen, meinen wird damit, dass wir ausgeglichener werden, ruhiger, nachsichtiger, barmherziger, gütiger. Diese Worte eint nicht nur ihr wunderbarer, weil emotional friedvoller Klang, sondern auch ihre Auswirkung auf unser Lebensglück im Alter.

Wir lassen Milde mit uns selbst walten

Sind wir in unseren »aufstrebenden Revolutionszeiten«, sowie manchmal auch noch in der Mitte unseres Lebens, oftmals streng mit uns selbst, nehmen wir mit zunehmendem Lebensalter eine entspanntere Haltung ein – überraschenderweise selbst gegenüber manchen Regelaufweichungen oder -brüchen.

Waren wir früher des Öfteren unnachgiebig, wenn es um die Vertretung unserer aktuellen Meinung ging, bissen wir uns an allerlei fest, verbissen uns gar darin oder beäugten vielerlei mit (zu?) kritischem Blick, lösen wir uns mehr und mehr von mancher Starr- und Sturheit. Auch dank unseres Körpers, der, Sie haben es an der Station der Gelassenheit schon erfahren, unser Testosteron herunterfährt und somit auch unser Aggressionspotenzial. Aber auch unser Geist und unser Gefühl helfen tatkräftig mit, dass wir immer mehr Milde walten lassen.

Irgendwann kommt in unserem Verstand und Herzen an, dass wir mit unseren Taten und Nicht-Taten, sogar mit uns selbst, durchaus im Reinen sein dürfen. Es ist vollkommen in Ordnung, wenn wir uns nicht mehr andauernd selbst geißeln, uns über Unerreichtes ärgern, verpassten Chancen nachtrauern oder mit dem Vorwurfsfinger unnachgiebig zurück auf die eigene Person zeigen.

Schließlich haben wir viele Jahre und Jahrzehnte Zeit gehabt, sich mit uns besser bekannt zu machen. Irgendwann wissen wir, wer wir sind, und sind dazu in der Lage, unser Ich und unser Ist zu akzeptieren, uns selbst mit Milde zu begegnen. Denn Milde setzt Akzeptanz voraus und kennt kein Hadern, ebenso wenig wie innere Kämpfe, die wir früher vielleicht noch gegen uns selbst geführt haben ob schlechter Gewohnheiten, Denk- und Handlungsweisen oder begangener Fehler.

Je mehr Milde wir uns selbst gegenüber zulassen, desto eher erreichen wir das, wonach so viele Menschen gerade im Alter streben: inneren Frieden.

Wir sind milder im Umgang mit anderen Menschen

Unter Altersmilde versteht man landläufig, dass jemand weniger Widerspruch leistet oder mehr akzeptiert beziehungsweise hinnimmt als früher. Rein rational gelesen hört es sich nicht wirklich erstrebenswert an, oder?

Es klingt fast nach Aufgabe, als ob man des Kampfes für seine eigenen Werte, seine Überzeugung, irgendwann mit den Jahren müde wird und ob des gewollten Friedens einfach klein beigibt, alles einfach nur noch hinnimmt. Es scheint so, als verstecken sich hinter dem Wort »altersmilde« Bedeutungen wie schwach, entwaffnet, wehrlos. Zumindest ein Hauch »sich selbst seiner Stärken berauben« schwingt mit.

Das Gegenteil ist jedoch der Fall. Anderen weniger zu widersprechen und sie mehr zu akzeptieren sind vielmehr Ausdruck neu gewachsener Stärke. Im Alter wissen wir besser als jemals zuvor, welche Kämpfe es sich lohnt zu führen und bei welchen wir nicht nur Lebenszeit oder Nerven verlieren, sondern auch zwischenmenschliche Beziehungen unnötigerweise in Gefahr bringen. Je älter wir werden, desto feiner wird unser Gespür für die Welt der Zwischentöne. Wir wissen, dass es niemals nur richtig oder falsch, schwarz oder weiß gibt, sondern dass »die Wahrheit« oftmals nicht an den Polen beheimatet ist, sondern in der großen Weite zwischen ihnen.

Wir fühlen, wo es sinnvoll ist, dass wir unsere Meinung vertreten, gern auch mit Verve, und wo es nicht zielführend, sondern eher spaltend ist.

Der Gewinn an Altersmilde sorgt somit für ein noch besseres Zusammenspiel mit anderen Menschen, bei dem wir eigene Überzeugungen nicht aufgeben, sondern andere Meinungen vielmehr besser akzeptieren können.

Ebenso führt sie dazu, dass wir uns weniger aufregen, schon gar nicht über Kleinigkeiten, die uns früher vielleicht sogar zur Weißglut getrieben hätten. Aufgrund unserer Lebenserfahrung gelingt es uns immer besser, Banalitäten von Existenziellem unterscheiden zu können, uns nicht in unnötigen Grabenkämpfen aufzureiben und uns unsere Kraft geschickt einzuteilen.

Wir müssen nicht mehr überall die erste Geige spielen oder permanent über den höchsten Redeanteil verfügen.

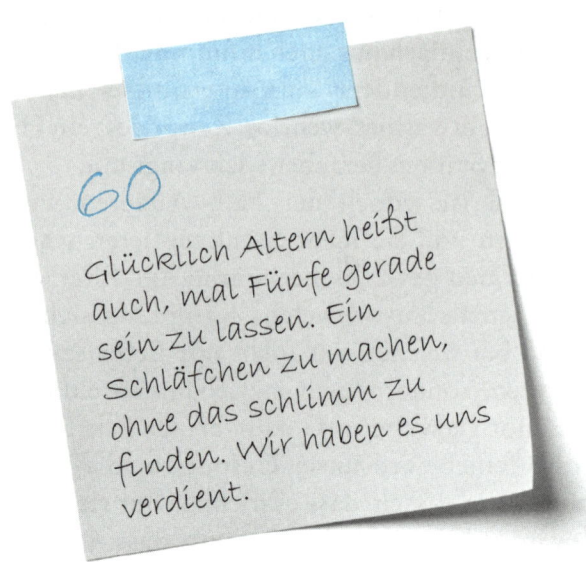

60

Glücklich Altern heißt auch, mal Fünfe gerade sein zu lassen. Ein Schläfchen zu machen, ohne das schlimm zu finden. Wir haben es uns verdient.

Die Milde favorisiert das Zuhören, anderen Raum zu geben, weil sie verstehen will, was den anderen bewegt. Hierdurch hilft sie uns fast schon spielerisch, anderen den Vortritt lassen zu können, weil wir selbst einen Schritt zurücktreten.

Nicht alles müssen wir auf Teufel komm raus bis zum Exzess oder zum von uns gewünschten Ende ausdiskutieren. Wir müssen nicht immer recht haben, können anderen sogar häufiger recht geben, ohne dass wir dadurch bei uns oder bei anderen an Ansehen verlieren. Gleiches gilt für unsere Fähigkeit, uns leichter entschuldigen zu können als in jungen Jahren. Wir können Fehler besser eingestehen, weil wir nicht (mehr und immer) »der/die Starke« sein müssen. Auch, weil wir wissen, dass niemand unfehlbar ist – selbst wir nicht.

Unsere frühere Kampfeslust, der Drang, sich mit Worten oder Taten durchsetzen zu müssen, schwindet mit den Jahren. Provokationen und böse Worte setzen sich beim Älterwerden ebenso zur Ruhe wie Missgunst. Auch legen wir nicht mehr jedes Wort auf die bekannte Goldwaage. Einige renitent Unbelehrbare einmal ausgenommen, wächst in uns allen stetig mehr Güte. Wir erlangen eine freundliche, wohlwollende Einstellung gegenüber anderen.

Auch, weil wir im Alter den Blick öffnen, uns mehr für die Welt um uns herum, für andere interessieren, erkennen wir, dass sie es gut mit uns meinen, auch, wenn es auf den ersten Blick nicht so wirken mag. Bei genauerem Hinsehen, das nur möglich ist, wenn wir nicht sofort in den Gegenangriff übergehen, sondern den anderen agieren lassen, sind meist selbst sehr scharfe Worte nicht als Messer zum Zwecke des Angriffs gedacht.

So sind wir in der Lage, selbst harte Worte weich aufzunehmen, sind nicht mehr so leicht beleidigt oder fühlen uns ob unserer Meinung oder unseres Lebensentwurfes angegriffen. Vielleicht auch deshalb, weil wir selbst um unsere Ansichten und Sprüche von früher wissen, die unserem heutigen Denken nicht selten diametral entgegengesetzt sind.

Aus eigenem Erleben wissen wir nur zu gut, dass auch wir spontan und impulsiv agierten, fast immer ohne böse Absichten, eher aus einer Heißsporn- oder Verteidigungshaltung heraus. Manchmal vielleicht sogar aus eigener Unsicherheit, weil wir dachten, Angriff sei die beste Verteidigung. Manchmal, wenn es selbst unserer Güte zu viel des Guten wird, betätigen wir sogar den Schalter, der unsere Ohren auf Durchzug schaltet, damit nichts, das vielleicht als Verletzend aufgefasst werden könnte, hängen bleibt. Und wenn doch, lehrt uns die Altersmilde, dass zu verzeihen und zu vergeben cleverer ist, als anderen etwas nachzutragen. Denn die Last dessen, was wir jemandem nachtragen – nicht selten bis zum Lebensende –, belastet einen auch selbst.

Vergleichen wir es mit einem Umzug, bei dem wir unsere alte Wohnung gegen eine neue eintauschen. Wir wechseln von unserer jungen aufbrausenden, vielleicht sogar kämpferischen oder rebellischen Lebenswohnung in ein neues Zuhause, in dem es deutlich ausgewogener, milder zugeht. Wäre es nicht absolut sinnvoll, die alte Wohnung konsequent auszumisten, damit sie am Ende leer ist, und in das neue Heim nur das mitzunehmen, was man wirklich braucht?

Räumen wir alte Rivalitäten doch einfach aus, im wahrsten Sinne. Schließen wir unseren Frieden mit früheren Konflikten, gekränkten Eitelkeiten oder verletzenden Erinnerungen. Gehen wir doch einfach davon aus, dass jeder, mit dem wir uns früher »in die Wolle« bekommen haben, aus seiner Sicht heraus richtig handelte – ohne böse Absicht, sondern aus der Emotion heraus, einem schlechten Vorerlebnis, eigener Unzufriedenheit oder was auch immer. So, wie auch wir immer nur innerhalb unserer aktuellen Möglichkeiten handeln, ergeht es auch anderen. Die allerwenigsten Menschen wollen andere absichtlich verletzen oder schädigen. Und vielleicht ergeht es unseren Konfliktpartnern ja ebenso wie uns, und sie würden gern mit uns Frieden schließen. Nur muss meist einer damit beginnen. Warum nicht wir!?

Ob gegenüber der Familie, den Freunden, ArbeitskollegenInnen, Nachbarn, dem Zeitungsboten oder wem auch immer: Das Älterwerden bietet uns die Chance zu begreifen, dass es nicht wirklich darum geht, recht zu haben, sondern Ruhe zu finden. Und dies gelingt nur, wenn wir

61

Wie schön ist es, sich darüber zu freuen, wie tüchtig die Kinder sind oder was die Enkel schon alles können. Und darüber, wenn man dabei helfen kann und dazu gebraucht wird.

nicht auf unserem Recht beharren, sondern Harmonie und Frieden den Vorrang geben – ohne uns selbst und unsere Würde dabei aufzugeben.

Unsere aufblühende Güte lässt uns gefühlte Frechheiten anderer mit einem wissenden wegwischenden Lächeln betrachten. Und alles, ohne uns über die anderen zu erheben, uns lächerlich zu machen. Vielmehr aus der eigenen Erkenntnis heraus, dass die menschliche Entwicklung vom Austesten der Extreme lebt, bis man sich – irgendwann im Älterwerden – eingependelt hat bei sich selbst und dem, was einem (und anderen!) guttut.

Daher verfügen wir im Alter nicht nur im Allgemeinen über die Fähigkeit zu mehr Verständnis, sondern auch im Detail, zum Beispiel bei Fehlleistungen, die wir richtig einordnen können, weil wir aus eigenen Misserfolgen nur allzu gut um die menschliche Unvollkommenheit und die

Notwendigkeit der Trost spendenden Worte und Gesten wissen.

Nicht zufällig haben Großeltern oft mehr Verständnis für die Eskapaden ihrer Enkel als die Eltern. Meist sogar für Dinge, die die Großeltern selbst ihren Kindern zu ihrer Zeit nicht erlaubt oder hätten durchgehen lassen. Und wenn Großeltern mal mit den Enkeln schimpfen, dann sprechen sie das Kritische oft mit Leichtigkeit aus, wodurch ihr »Gemecker« weicher klingt und leichter anzunehmen und zu verdauen ist als das der Eltern.

Eine unfassbare Kraft geht aus den Herzen der Milde, Nachsicht und Güte aus. Nicht zufällig gilt Güte als eine der Haupteigenschaften Gottes. Vielleicht auch, weil es andere und ihr Wohlergehen nicht nur anerkennt, sondern bestrebt ist, dazu beizutragen.

Milde, Nachsicht, Güte – und Barmherzigkeit. Barmherzigkeit ist die Vierte im Bunde, die der Altersmilde beiwohnt. Die Fähigkeit, wahrzunehmen, dass andere in Not sind und das Herz für sie zu öffnen, wird im Alter ausgeprägter, weil sich unser Mitgefühl verstärkt. Neben das »Ich« gesellen sich das »Du« und »Ihr«, auch aus anderen Ländern und Kulturen. Denn Altersmilde kennt keine Grenzen, weder räumlich noch emotional. Sie sprengt Grenzen, indem sie uns gefühlt mit anderen Menschen verbindet, uns zum Teil ihrer Welt werden und an ihrem Leben teilhaben lässt.

Was gibt es Schöneres für das eigene Glück, als das Glück der anderen im Auge und Herzen zu haben!?

Vielleicht dachten Sie an dieser Station unserer Erkundungsreise Sätze wie: »Ich kenne aber genug Alte, die stur sind, jammern und nörgeln.« Ja, solche Menschen gibt es. Manche machen aus ihren Eigenheiten, die sich im Alter ja meist noch verstärken, sogar eine Kunst, als wären sie das Einzigartige an ihnen. Wenn Sie einmal auf solche Menschen treffen sollten: Versuchen Sie bitte nicht, sie zu verändern. Dies kann nur jeder für sich allein. Zeigen Sie ihnen doch lieber, wie schön es auf der anderen Seite des Alters sein kann. Wer sich bewegt, körperlich wie geistig, lässt seine Sturheit frei, entfernt sich davon und entdeckt ganz neue spannende Dinge. Wer lacht, ungezwungen aus dem Herzen heraus, der vergisst darüber das Jammern über Dinge, die meist viel weiter von einem entfernt sind, als man meint. Und wer sogar mit seinen Worten oder Händen etwas Eigenes erschafft, auf das er stolz ist, der vergisst darüber in Windeseile das Nörgeln über andere (und sich selbst).

62

Wir sind unseres Alters Schmied. Indem wir früh im Leben anfangen alles dafür zu tun, um geistig, körperlich und seelisch lange gesund und beweglich zu bleiben. Überwinden wir klassische stereotype Vorstellungen über das Alter und lernen seine inneren Schönheiten sehen. Das verlängert nicht nur das Leben, es verbessert es auch enorm.

KAPITEL 17

Klar im Kopf

*L*ieber einen fitten Körper oder einen fitten Geist bis ins hohe Alter? Was würden Sie wählen?

Am liebsten wahrscheinlich beides, aber wenn Sie sich nur für eines entscheiden dürften? Welche Vor- und welche Nachteile würden das eine und das andere mit sich bringen?

Mit einem fitten Körper könnten wir auch im Alter noch unseren Sport treiben, ausgedehnte Spaziergänge unternehmen, uns im Garten austoben und würden die Welt ausgiebig live und in Farbe erkunden, weil wir uns frei in ihr bewegen könnten. Was aber, wenn wir dabei geistig nicht mehr klar wären? Könnten wir unsere Aktivitäten dann überhaupt genießen? Würden wir sie ohne klaren Verstand überhaupt angehen und unsere körperliche Fitness (aus-)nutzen können? Ist es nicht unser Kopf, der unseren Körper steuert? Was könnten wir mit einem geschwächten Geist überhaupt noch vollbringen?

Machen wir gleich die Gegenprobe. Angenommen, wir wären selbst mit beispielsweise fünfundachtzig Jahren noch geistig frisch und voll auf der Höhe der Zeit. Wir würden alles um uns herum mitbekommen, könnten – zumindest geistig – an allem teilhaben und wären bei vollem Bewusstsein über das, was ist. Aber eben auch über das, was nicht ist. Wir würden die Gelegenheiten des Lebens zwar sehen, könnten sie im Zweifel aber nicht nutzen, wenn sie körperliche Aktivitäten bedingen.

Was nun? Glücklicherweise müssen wir die Entscheidung für Körper oder Geist nicht direkt treffen. Indirekt beeinflussen wir sie jedoch, indem wir uns entweder um den Erhalt (oder gar den Ausbau) unserer geistigen oder körperlichen Kräfte bemühen, oder eben auch nicht. Kluge Köpfe beweisen uns seit Hunderten von Jahren, wie lohnend die Anstrengungen für einen wachen Geist sind. Anhand ihrer Worte, Erkenntnisse und Taten können wir erkennen, welche Macht dem menschlichen Geist innewohnt. Wie er unseren Blick auf die Welt, das Leben und unser Wissen darüber immer wieder neu justieren und uns zum Staunen bringen kann.

Welche berühmten intelligenten Menschen fallen Ihnen spontan ein? Vielleicht Männer wie Albert Einstein, Immanuel Kant, Stephen Hawking. Oder Frauen wie Marie Curie, Simone de Beauvoir, Queen Victoria. Ist es nicht erstaunlich, dass wir Menschen, die manchmal bereits Jahrhunderte nicht mehr leben, immer noch in guter Erinnerung behalten? Nicht selten sind es ihre Gedanken, Erfindungen oder Entdeckungen, die ihr geistiges Überleben erst möglich gemacht haben.

Auf der Suche nach geistigen Vorbildern müssen wir jedoch nicht zwangsläufig in die Zeitgeschichte zurückreisen. Auch im Heute sind wir umgeben von zahlreichen Menschen, deren wacher Geist für uns zum Leuchtturm werden kann. Einige von ihnen sehen wir immer wieder im Fernsehen, lesen von ihnen in Zeitungen. Die meisten »klugen Alten« leben jedoch nicht im öffentlichen Raum, sondern im Familienkreis, der eigenen Arbeitswelt, der Normalität der Nachbarschaft.

Jeder von uns wird Menschen finden, die als Vorbilder taugen, weil uns ihr wacher Geist beeindruckt. Lassen wir den Blick einfach interessiert schweifen in unseren

63

Ab und zu »Dobble« oder Ähnliches mit den Enkeln und Enkelinnen oder den Nachbarskindern spielen.

Familien- und Freundeskreis, zu Kollegen, Sportfreunden, Nachbarn ... Wer fällt uns »Geistreiches« ein?

Vielleicht der historisch bewanderte Bekannte, der es versteht, das Heute mit dem Gestern zu erklären. Die gedankenschnelle Freundin, die es selbst bei komplexen Diskussionen versteht, Zusammenhänge des einen mit dem anderen herzustellen. Wer kennt ihn nicht, den weisen Großvater, der vor Lebensweisheiten förmlich überquillt? Oder die schlaue Großmutter, die zuhören, verstehen und nachvollziehen kann wie keine andere und somit den besten Rat der Welt zu geben vermag?

Wer dem Vorurteil auf den Leim geht, wir alle würden im Alter automatisch geistig verwirrt und »tüddelig«, wir bekämen quasi irgendwann nichts mehr mit und würden kopfnickend vor uns hinvegetieren, der irrt gewaltig. Vielleicht existiert diese Vorstellung nur deshalb, weil es natürlich Ältere gibt, denen dieses Schicksal nicht erspart geblieben ist und wir das Negative eher wahrnehmen und intensiver abspeichern als die unzähligen positiven Beispiele.

Eines müssen wir uns jedoch eingestehen: Unser Gehirn baut mit dem Älterwerden in der Tat ab. Es verliert mit der Zeit an Masse, die Zahl der Hirnzellen nimmt ab, ihre Schutzschicht wird dünner, und die Nervenverbindungen funktionieren schlechter ebenso wie die chemische Signalübertragung, wodurch uns lernen schwerer fällt und unsere Aufmerksamkeit, Konzentration und Reaktionsgeschwindigkeit abnehmen.

Was in der kurzen Zusammenfassung vielleicht dramatisch klingt, ist es nicht. Denn unser Gehirn fällt nicht in einem gewissen Alter von jetzt auf gleich komplett aus oder geht übergangslos in die Demenz über. Der natürliche Abbau des Körpers macht aber auch vor unserem Gehirn nicht halt (weil das Gehirn einfach ein Teil davon ist, obwohl es durchaus dazu imstande ist, grenzenlos zu denken).

Eine Ausrede, sich ob dieser natürlichen Tatsachen geistig zu ergeben, seinen Verstand gehen und den Dingen ihren abfallenden Lauf zu lassen, ist dies selbstverständlich nicht. Unser Gehirn kann ausgefallene Nervenverbindungen ersetzen, indem sie von anderen übernommen und sogar neue Gehirnzellen gebildet werden können. Dies geschieht aber nur, wenn wir unser Gehirn, unseren Geist trainieren.

Ein Garant für geistige Höchstleistungen, wie sie die klügsten Köpfe erbringen können, ist ein regelmäßiges Training zwar nicht. Aber das muss es auch nicht sein. Es genügt, wenn wir die Welt um uns herum mitbekommen, klar denken und unser Leben selbstbestimmt gestalten können. Wenn zudem immer mal wieder ein geistreicher Gedanke unserem Hirn entspringt, ist dies doch wunderbar, oder?

Die Voraussetzungen, dass wir uns unseren wachen Geist auch bis ins hohe Alter erhalten, könnten besser kaum sein. Manche Psychologen sind sogar davon überzeugt, dass sich unser Geist mit dem Alter in gewisser Hinsicht sogar noch schärft, obwohl unser Gehirn in Gänze abbaut. (Mehr zu diesem Thema finden Sie auch unter https://www.zeit.de/thema/intelligenz.) Denn neben der »fluiden«, damit sind eine schnelle Auffassungsgabe und ein gutes Gedächtnis gemeint, besitzen wir noch eine »kristalline Intelligenz«: Und die hat es wahrlich in sich.

Zu ihr zählen das verbale Ausdrucksvermögen, Fachwissen und soziale Kompetenz. Die kristalline Intelligenz setzt Gelerntes miteinander in Beziehung und hilft uns, ganzheitlich(er) zu denken. Sie erweitert unsere Gedankenwelt, weil sie Wissen nicht isoliert für sich betrachtet, sondern es mit anderem verknüpft. Jeder von uns hat sicherlich mehrfach die Erfahrung gemacht, dass bereits ein neuer Gedanke vorher Gedachtes auf den Kopf stellen kann. Die Fähigkeit, nicht begrenzt auf ein Thema zu blicken, sondern mit dem Blick eines Adlers den Überblick zu bekommen, entfaltet sich sogar erst beim Älterwerden.

Während die fluide Intelligenz ab etwa fünfundzwanzig Jahren zurückgeht, erblüht die kristalline erst im Laufe der Zeit in uns. Logisch, denn die Fähigkeit des ganzheitlichen Denkens beruht vor allem auf Übung und Erfahrung. Kein Wunder, dass sie erst mit etwa sechzig Jahren so ausgeprägt ist wie nie. Vielleicht fallen Ihnen jetzt spontan Menschen um die sechzig ein, die Sie am Arbeitsplatz oder privat für ihre weitreichenden Entscheidungen oder vernetzten Empfehlungen schätzen oder geschätzt haben. Die kristalline Intelligenz vermag manchmal sogar kleine (Denk-)Wunder zu vollbringen, die bei Zwanzigjährigen für Staunen und offene Münder sorgen.

Wie kraftvoll und wichtig ein wacher Geist vor allem im Alter für uns ist, wusste bereits der römischer Dichter Juvenal im ersten Jahrhundert. Bestimmt kennen Sie seinen berühmten Satz:

»*Mens sana in corpore sano.*«
Allgemein versteht man darunter:
»*Ein gesunder Geist in einem gesunden Körper.*«
Schaut man jedoch genauer hin, ist die Redewendung ein verkürztes Zitat, denn wörtlich heißt es:
»*Beten sollte man darum, dass ein gesunder Geist in einem gesunden Körper sei.*«
Und diese Feinheit ist wichtig, gibt sie uns doch einen entscheidenden Wink. Juvenal kritisierte seine römischen MitbürgerInnen für ihre törichten Gebete um allerlei Kleinigkeiten und unwichtige Dinge. Juvenal befand, man sollte vielmehr um körperliche und geistige Gesundheit beten. Wahrscheinlich, weil er beides als das wirkliche Wichtige ansah und befand, dass man dieses nicht aus eigener Kraft bis ins hohe Alter bewahren konnte.

Sein bekanntes Zitat bedeutet somit nicht, dass nur in einem gesunden Körper ein gesunder Geist stecken könne. Tröstlich. Man stelle sich nur vor, der natürliche Verfall unseres Körpers würde auch automatisch unseren Verstand nach und nach ausradieren.

Was in Juvenals Erkenntnis mitschwingt, ist die Bedeutung der geistigen Fitness, um die sicherlich auch er als Satiriker wusste. Es lohnt sich aus vielerlei Hinsicht, seinen Geist wach und aufmerksam zu halten, weil wir dadurch auch im Prozess des Älterwerdens nicht abstumpfen, sondern aufnahmefähig sind für neue Erkenntnisse. Mit einem klaren Verstand können wir dieses neu gewonnene Wissen nicht nur verstehen und verarbeiten, sondern auch einordnen, weil wir dazu dank des vernetzten Denkens immer fähiger werden.

Übrigens: Das Beste an der kristallinen Intelligenz ist die damit einhergehende Verbundenheit. Durch sie sehen wir mehr als uns selbst. Wir denken vernetzter, entdecken andere und anderes, die Welt und verbinden uns immer mehr mit allem. Früher isolierten wir uns durch unser auf sehr weniges fixiertes Denken und Handeln des Öfteren, standen sinnbildlich still. Die kristalline Intelligenz integriert uns immer mehr in andere Leben und Welten. Sie lässt uns Teil werden und hält uns in Bewegung, weil überall immer irgendetwas geschieht, unabhängig von uns.

Überlegen Sie einmal, was Ihnen in den letzten fünf Jahren so alles entgangen wäre, wären Sie nicht bei klarem Verstand gewesen und hätten immer nur auf sich geschaut. Welche für Sie und Ihr Leben wichtigen Gedanken hätten Sie nicht denken können? Welche wichtigen Erfahrungen nicht wahrgenommen? Welcher Rat hätte Ihren Mund nicht verlassen und Ihre Kinder oder Freunde nicht erreichen können?

64

Wer viel im Kopf hat und diesen immer weiter fordert und trainiert, schafft große Reserven im Gehirn und hält es länger aktiv und leistungsfähig. Beim Kopf verhält es sich nicht anders als beim Körper: lebenslange Bewegung tut gut und hält jung. Daher auch im Alter immer mal was Neues ins Leben lassen und Ungewohntes tun! Qigong lernen oder Paragliden, die Bettseite wechseln oder einen Dankbrief an einen Menschen schreiben, der gar nicht weiß, wie wichtig er war oder ist ...

Und welche Entwicklungen unserer Welt hätten Sie verpasst? Wo hätten Sie den Anschluss verpasst? Wären Sie heute nicht in vielen Bereichen abgehängt, chancenlos, das Verlorene aufzuholen? Allein, wenn Sie an die Arbeitswelt denken: Wie schwer ist es für viele, nach einer beispielsweise zweijährigen Auszeit wieder anzufangen, weil sich die Welt in der Zwischenzeit weitergedreht und sich manches verändert hat?

Oder denken Sie an Ihren Familien- und Freundeskreis: Wenn Sie jemanden nach einem Jahr wiedersehen und ihn fragen, was seit dem letzten Treffen so alles passiert ist, werden Sie ob der Masse an Informationen weder genug Zeit noch genug geistige Aufnahmekapazität dafür haben. Nicht selten passiert es aber auch, dass wir jemanden aus unserer Vergangenheit treffen und das Gefühl haben, dass wir uns erst gestern getroffen haben. Wir sind mit dem anderen sofort wieder »im Thema«, verbunden, als wären wir nie getrennt. Waren wir ja auch nicht. Zumindest in unseren Erinnerungen.

Ein wacher Geist, der stetig präsent ist, unterstützt uns dabei, am Ball zu bleiben und Themen nicht nur an der Oberfläche »anzukratzen«. Er befähigt uns, in die Tiefe zu gehen, Details zu entdecken, die dem Ganzen eine andere Perspektive verleihen können. Es ist ein gravierender Unterschied, ob wir die Welt eindimensional als Scheibe ansehen oder sie in aller vorherrschenden Tiefe und Vielfalt wahrnehmen können. Und im Gegensatz zu früheren Hamsterrad-Zeiten haben wir im Alter auch Zeit und Muße, uns allen Facetten des Lebens intensiv zu widmen.

Das erworbene (Kristall-)Wissen von uns und anderen, die Erfahrung langjähriger Lernprozesse hilft uns im Alter zudem, bessere, weil überlegtere Entscheidungen zu treffen. Unser geistiger Schaffensraum erweitert sich mit den

Jahren wie ein Atelier, das sich vergrößert und dem Künstler mehr Gestaltungsfläche anbietet. Wir müssen immer weniger in Einbahnstraßen denken, weil unser Denk- und Erfahrungsspektrum uns gedankliche Freiheiten ermöglicht. Wir sehen Alternativen, können Gegenteiliges besser gegeneinander abwägen, weil unser Wissen sozusagen vom »Lebens-TÜV« gecheckt ist.

Unser immer größer werdender geistiger Erfahrungsschatz sorgt dafür, dass wir im Denken und Handeln pragmatischer werden, weil wir Abkürzungen kennen, von Erfahrungen profitieren. Hierdurch sparen wir nicht nur Zeit und Kraft, wir schaffen es weiterhin, dass Wissen zu Können wird. Nicht umsonst sind »Omas Haushaltstipps« oder »Opas Lebensweisheiten« so gefragt. Weil so viel Wahres, »Lebensgeprüftes« an ihnen dran ist.

Wie gelingt es uns, einen wachen Geist zu erhalten?

Im Gegensatz zu Juvenal wissen wir heute zudem, dass Gebet und Hoffnung nicht die einzigen Mittel sind, um die körperliche und geistige Gesundheit auch bis ins hohe Alter zu tragen. Wir können selbst tatkräftig daran mitwirken, auch, wenn die fluide Intelligenz zweifelsohne weniger wird. Aber selbst hierfür können wir Ersatz finden, uns »Beipässe« legen.

Wenn die Auffassungsgabe langsamer wird, nehmen wir uns für die Dinge doch einfach mehr Zeit. Wir müssen nicht mehr alles in Sekundenbruchteilen entscheiden oder verstehen. Wir dürfen unseren Gehirnwindungen die Zeit geben, die sie brauchen. Und überhaupt: Vielleicht wollen wir gar nicht alles so schnell aufnehmen, wie es uns gerade zu Ohren und vor Augen kommt.

Ein wacher Geist ist in der Lage, Wichtiges von Unwichtigem zu unterscheiden. Er fungiert als Vorfilter, der uns Arbeit abnimmt, weil er nicht alles dringlich Wirkende zur tiefer gehenden geistigen Bearbeitung durchlässt. Wir dürfen uns beim Älterwerden immer mehr das Recht herausnehmen, selbst zu entscheiden, wem oder was wir geistigen Zugang gewähren. Ebenso können wir ohne schlechtes Gewissen das für uns Wichtige notieren, um es später in Ruhe weiterzudenken, zu durchdenken. Der wache (Alters-)Geist folgt der Maxime: »Mehr Weile statt Eile.«

Dies gilt ebenso für unser Gedächtnis, das im Zeitverlauf nachlassen könnte. Wenn uns Namen, Daten, Ereignisse selbst bei intensivem Nachdenken nicht mehr einfallen, können wir einfach Erinnerungsbrücken bauen, die uns beim Finden des richtigen Gedankens behilflich sind. Vernetzt denken können wir doch. Nutzen wir es auch beim Erinnern und beenden wir die Suche nach der Nadel im Hirnhaufen. Betrachten wir lieber die Scheune, in der er sich befindet, das Haus nebenan, das Grundstück, den Landstrich … Irgendetwas außerhalb werden wir schon finden, was uns den Weg zurück zum Gesuchten zeigt.

Dies können natürlich auch Fotos sein, die unserem Gedächtnis auf die Sprünge helfen. In Zeiten digitaler Fotoalben sollte dies ein Leichtes sein. Auch die Menschen unseres Herzensumfeldes können uns beim Erinnern helfen, indem wir mit ihnen über Vergangenes sprechen, uns helfen lassen, die verlorenen Gedankenfäden wiederzufinden. Bessere Wissensspeicher als unsere Liebsten gibt es nicht, tragen sie schließlich nicht nur das für alle Offensichtliche in sich, sondern auch das, was man mit Augen nicht wahrnehmen kann: die gefühlte Wirklichkeit.

Um uns zukünftig besser an das zu erinnern, was wir erleben, können wir einen einfachen Tipp beherzigen: Vollkommen im Hier und Jetzt zu leben. Denn wenn wir den Momenten nicht nur beiwohnen, sondern sie mit Herz, Hirn, Haut und Haaren erleben, steigt die Wahrscheinlichkeit, uns ihrer später zu erinnern. Nicht nur, weil wir unserem Geist durch das Versinken im Augenblick signalisieren, dass dies etwas Wichtiges ist, das er speichern sollte. Auch, weil wir ihm dabei helfen, indem wir nicht nur unsere rationale Gehirnhälfte ansprechen, sondern vor allem unsere bildhaft-emotionale.

Die einfachste Möglichkeit, den eigenen Geist wach zu halten, ist zugleich die naheliegendste: Denken. Je mehr wir denken, nachdenken über uns, unser Leben, die Welt, je mehr wir mit Abstand reflektieren, desto frischer bleiben wir im Geiste. Wir dürfen uns gedanklich sogar so weit selbst herausfordern, dass der Kopf auch mal raucht.

Wenn es uns dann noch gelingt, Gesprächspartner zu finden, mit denen wir unsere Gedanken teilen können, eigenes Wissen an sie weitergeben, um das ihre zu erfahren, steht einem wachen Geist auch im Alter nichts mehr im Wege.

Sicher, Bücher lesen, Kreuzworträtsel ausfüllen und Denkaufgaben lösen sind auch geistfördernd und unterhaltsam ebenso wie Spiele- oder Klönabende mit Freunden.

Entscheidend ist es, seinen Geist nicht als verstaubtes Keller-Antiquariat zu verstehen, sondern eher als belebte Stadtbibliothek, in der sich etwas bewegt. Trauen wir unserem Geist etwas zu, fordern wir ihn heraus. Warum lassen wir ihn nicht eigene Lebensweisheiten formulieren, die wir dann mit denen der »alten Geistesmeister« abgleichen? Möglichkeiten, den eigenen Geist beim Entdecken spannender Erkenntnisse zu erwischen, gibt es viele. Meist sind sie sogar nur einen Gedanken entfernt. Wir müssen ihn nur denken und unseren Geist damit anspornen.

Übrigens: Nicht ohne Grund suchen sich immer mehr RentnerInnen einen (Mini-)Job. Neben dem Nebeneffekt des Geldverdienens entscheiden sich die meisten dafür, weil

65

Lieben Sie klaren Blickkontakt, entschiedenen Händedruck und aufrechten Gang? Lassen Sie sich das durch Gelenkprobleme, Muskelschwund und allgemeine Schwäche nicht nehmen. Auch im hohen Alter können es die meisten schaffen, aufrecht durchs Leben zu gehen.

sie so weiterhin ein aktiver Teil der Gesellschaft bleiben, sich nützlich fühlen, weil sie gebraucht werden, in Kontakt mit anderen Menschen sind und fit im Kopf bleiben.

Arbeit wird nicht umsonst häufig genannt, wenn es um die Frage nach »lebensverlängernden Maßnahmen« geht. Nicht jeder beziehungsweise jedem von uns wird es so ergehen wie Madeline Scotto, ihres Zeichens älteste Mathematik-Lehrerin in den USA, die auch mit über hundert Jahren noch unterrichtet und als eines ihrer geistigen Erfolgsgeheimnisse angibt: »Die Zahlen und meine SchülerInnen haben mich jung gehalten.«

Auf welchem Weg auch immer: Führen wir unseren Geist regelmäßig auf neue Pfade, die wir gedanklich noch nicht betreten haben. Denn die Gedanken sind nicht nur frei, unser Geist ist ebenso grenzenlos.

Bleiben wir geistreich.

KAPITEL 18

Im Glauben seinen Frieden finden

1969 kam es während einer Liveshow im amerikanischen Fernsehen zu einer (Erkenntnis-)Perle. Der amerikanische Filmemacher und Schauspieler Woody Allen saß damals mit Billy Graham zusammen, einem evangelischen Pastor, und sie unterhielten sich im wahrsten Sinne über »Gott und die Welt«. Woody Allen, zu dieser Zeit dreiunddreißig Jahre jung, erzählte, dass er nicht an Gott glaube, woraufhin Billy Graham entgegnete, dass er es selbstverständlich täte. Selbst, wenn sich nach seinem Tod herausstellen würde, dass er mit seiner Annahme über die Existenz Gottes falsch gelegen hätte, so Graham weiter, habe er ein besseres Leben geführt als Woody Allen, der Gottes Existenz leugnete. Denn er hätte zumindest jeden Tag in dem festen (und befreienden) Glauben begangen, dass immer jemand für ihn da sei, für ihn sorge, auf ihn aufpasse und dass das Leben einen Sinn hat und schön ist.

Mehr als vierzig Jahre nach dieser denkwürdigen Begegnung konstatierte Woody Allen im Alter von neunundsiebzig Jahren rückblickend: »Er hatte recht!«

Findet man im Alter eher einen Zugang zu Glaubensthemen als in jüngeren Jahren? Oder wird die Frage, ob man an Gott glaubt oder nicht, überschätzt?

Spinnt man Billy Grahams Gedanken weiter, lässt sich festhalten, dass alles, was uns Menschen dabei hilft, ein angst- und sorgenfreies Leben zu führen, unbedingt empfohlen werden sollte. Unabhängig von der Tatsache, ob diese Hilfe wissenschaftlich zu beweisen wäre oder nicht.

Bei der Frage der »Beweise« scheiden sich die Geister sowieso grundlegend. Während die Wissenschaft davon ausgeht, dass die Welt durch den Urknall entstand, glauben die Religionen daran, dass eine göttliche Macht alles erschaffen hat. Wer von beiden vertritt die Wahrheit? Noch viel wichtiger: Wo reihen wir uns ein?

Wenn wir es rein aus Glück bringender Sicht betrachten, und dies ist schließlich das Ziel unserer Erkundungsreise durch 24 Stationen, dann ist es für unser Lebensglück irrelevant, ob die Wissenschaft oder die Religionen im Recht sind. Das Glück interessiert nicht, ob über, unter oder um uns herum etwas oder jemand ist, der auf uns aufpasst. Hauptsache, das, woran *wir* glauben, wovon *wir* überzeugt sind, schenkt *uns* Kraft, Zuversicht, inneren Frieden. Dass der Glaube hierzu in der Lage ist, muss nicht bewiesen werden. Dies wissen Milliarden Menschen auf der Welt aus eigenem Erleben und können ihre teils unglaublichen Geschichten hierzu erzählen.

Der französische Mathematiker und Philosoph Blaise Pascal präsentierte in seiner berühmten »Pascalschen Wette« gar vier mögliche Optionen hinsichtlich des Glaubens an Gott:

1. *Man glaubt an Gott und Gott existiert.* In diesem Fall hat man die »Wette« gewonnen und wird für seinen Glauben belohnt (weil man – aus Pascals Sicht – in den Himmel kommt).

2. *Man glaubt an Gott und Gott existiert nicht.* In diesem Fall gewinnt man nichts, verliert aber auch nichts.

3. *Man glaubt nicht an Gott und Gott existiert nicht.* Auch hier gewinnt und verliert man nichts.

4. *Man glaubt nicht an Gott und Gott existiert.* In diesem Fall wird man – aus Pascals Sicht – sogar mit der Hölle bestraft, weil man die »Wette« verloren hat.

Pascal folgerte daher, dass es besser sei, bedingungslos an Gott zu glauben. Kein unvernünftiger Gedanke, oder?

Der Glaube an irgendetwas oder irgendjemanden ist in jedem Fall hilfreicher als der Glaube an gar nichts. Wenn das, an das wir glauben, friedvoll ist und nicht kriegerisch. An *was* wir glauben, sei jedem selbst überlassen. Für manche Menschen ist es bereits schwierig genug, überhaupt an etwas zu glauben, das sie weder sehen, hören noch riechen können.

Zumal sich der Glaube auch im Laufe eines Lebens immer wieder verändern kann. Er ist nicht in Stein gemeißelt,

66

Wir wissen nicht, in welchen Raum wir nach dem Tod wechseln werden. Warum deshalb annehmen, dass alles damit zu Ende sei? Wie viel schöner, reicher und fantasievoller macht es uns, wenn wir das Vakuum füllen mit Vorstellungen aller Art, was nach dem Ableben hier mit uns passieren könnte. Trauen wir unserer Intuition und Fantasie, und gehen wir auf Abenteuerreise im magischen Dreieck von Körper, Seele und Geist!

sondern flexibel, weil sich mit unseren Ansichten, Werten und Lebensentwürfen auch unsere Sorgen, Hoffnungen und Wünsche verändern. Der Glaube lebt und kann uns in unterschiedlichen Phasen anderes geben. Mal finden wir in ihm Trost. Ein anderes Mal zeigt er uns eine ungeahnte Richtung auf, weist uns den Weg, wenn wir den Überblick verloren haben. Und manchmal schenkt er uns Kraft, die uns beflügelt weiterzugehen, unsere Ziele nicht aus den Augen zu verlieren.

Was dem Glauben in jeder einzelnen Phase stets innewohnt, ist zweierlei: der positive Blick und die Aufforderung zum (Weiter)leben. Der deutsche Physiker Max Planck formulierte es einst treffend, indem er feststellte:

»Die Naturwissenschaft braucht der Mensch zum Erkennen, den Glauben zum Handeln.«

Obwohl der Glaube unsichtbar und mit Worten nicht wirklich zu erklären ist, vermag er immer wieder aufs Neue Wunder zu vollbringen, unser Leben mit inspirierenden Facetten zu erweitern.

Der Glaube ist in der Lage, uns Ängste zu nehmen, zum Beispiel vor dem Tod, dem gefürchteten Nichts. Ob er sich uns in Gestalt eines warmen Lichts präsentiert, das uns umgibt, wenn wir sterben, als unendliches Paradies oder in Form der Wiedergeburt. Was es auch ist, das uns ganz persönlich ansprechen mag: Wenn es uns die Angst vor der eigenen Endlichkeit nimmt, oder zumindest lindert, ist es so wertvoll wie ein Glas Wasser für den Verdurstenden.

Vielleicht ist auch das einer der Gründe, warum wir uns im Alter zunehmend mit dem Glauben beschäftigen beziehungsweise ihn selbst zu leben. Je näher wir dem Tod kommen, desto intensiver suchen wir oftmals nach einer helfenden Hand. Obwohl wir wissen, dass auch sie das Unvermeidbare nicht verhindern kann. Aber wir fühlen uns wohler, können das Kommende leichter ertragen, wenn wir wissen, dass wir nicht allein sind. Dass da jemand oder etwas ist, das uns aufnimmt, sich um uns kümmert, wenn wir die Welt – zumindest körperlich – verlassen.

Aber auch schon weit davor kann unser Glaube innere Berge versetzen, kann Dinge, die uns im Wege stehen oder unser Glück behindern, für uns zum Verschwinden bringen. Vor allem in schweren Momenten, in denen eine Welt in uns zusammenbricht und in denen wir drohen, mit ihr ins Bodenlose zu fallen, kann der Glaube uns eine starke Schulter bieten, uns stützend unter die Arme greifen und im Leben halten.

In Zeiten von schwerer Krankheit, dem Tod geliebter Menschen, Schicksalsschlägen oder gravierenden negativen Lebensveränderungen kann der Glaube nicht nur zum Balsam für unsere Seele werden, sondern ebenso zum oftmals einzigen Strohhalm, an den wir uns klammern, um uns daran wieder aufzurichten. Erst wenn uns der Glaube verlässt, weicht mit ihm auch die Hoffnung auf das kommende Gute, und damit die Kraft, sich trotz schweren Niederschlägen wieder aufzuraffen und aufzustehen.

Dabei muss sich der Glaube nicht zwangsläufig ins Universum, hin zum Göttlichen richten. Er kann bereits in uns selbst beginnen, wenn wir uns unserer Stärken besinnen, an uns selbst glauben, uns Mut zusprechen und uns immer wieder aufs Neue positiv antreiben. Selbst diese vielleicht kleinste Form des Ich-Glaubens ist in der Lage, Kräfte in uns freizusetzen, wie nichts anderes sonst – außer der Liebe.

Wenn wir glauben, blicken wir nach vorne, auch wenn wir dabei gen Himmel schauen. Wir richten unsere Aufmerksamkeit stets zum Guten, zum Friedvollen, weil wir uns nur im Licht geborgen fühlen, gewärmt werden und uns emotional mit Energie aufladen. Natürlich wissen auch die, die glauben, dass es Böses gibt auf unserer Welt. Glaube suggeriert uns nicht, dass es die dunklen Seiten nicht gäbe. Er schenkt ihnen nur keine Aufmerksamkeit, lässt sich davon nicht seiner Kraft berauben. Vielmehr wendet sich der Glaube dem zu, was unser aller Seelen beflügeln kann, und schafft hierdurch ein einzigartiges Gefühl der Verbundenheit.

Im Glauben finden nicht nur wir als einzelne Menschen Halt, sondern unzählige andere mit uns. Ein friedlicher Glaube verbindet uns automatisch mit anderen Menschen und sorgt, vor allem im Alter, dafür, dass wir nicht allein sind, dass wir Teil einer Gemeinschaft sind, die sich gegenseitig stützt.

Die guten Gründe, zu glauben, sind ebenso zahlreich wie die Zugänge dazu. Wir können uns mit den Möglichkeiten unserer eigenen Religion beschäftigen und vielleicht Dinge erfahren, der wir vorher nicht gewahr wurden. Wir

68

Ein schöner Gedanke findet sich in fast jeder Begräbnisrede: Wir leben in den Herzen unserer Lieben weiter. Das stimmt sicher. Wer ein wenig mehr gesehen hat von dieser Welt und sich nur ein wenig geöffnet hat auch für das Unsichtbare, glaubt zu wissen, dass wir nicht nur atomar weiter existieren, sondern auch seelisch in Räumen, die wir nur erahnen können.

können offen sein für andere Religionen und Glaubensrichtungen und hierdurch gänzlich Neues entdecken sowie Einendes finden. Auch dies ist eine beruhigende Erkenntnis, weil wir Menschen im Grunde alle das Gleiche wollen: Frieden und Liebe.

Ebenso können wir uns die Welt der Spiritualität erschließen, eintauchen in andere Welten und auch von diesen Tauchgängen hilfreiche Gedanken und Gefühle mitnehmen, die unseren Glauben festigen, ihn gar erweitern.

Für was auch immer wir uns entscheiden mögen: Unser Blick ins Universum, zum Göttlichen, Unbegreiflichen wird uns nur dann zum Glauben verhelfen, wenn wir uns eingestehen, dass es Größeres, Wichtigeres gibt als uns selbst. Wenn wir bereit sind, über unseren eigenen Tellerrand zu schauen und heutige Glaubenssätze zumindest kurzfristig infrage zu stellen, damit wir im Neuen auch Hilfreiches für unser heutiges Leben finden können.

Selbst ein guter Gedanke oder eine emotionale Erfahrung sind es wert, dass wir uns auf die Reise zum Unbekannten, und damit zu uns selbst, begeben. Nähern wir uns dem, was wir nicht sehen oder greifen können. Es gibt mehr, was wir nicht wissen, als was wir wissen. Vielleicht hilft es uns auf dem Weg bis ins hohe Alter dabei, dass wir mit unserem bisherigen Leben irgendwann nicht nur zufrieden abschließen können, sondern die verbleibende Zeit sorgenfrei genießen können.

Wäre es nicht schön, wenn wir in uns das tiefe Vertrauen spüren würden, dass alles, was uns in unserem Leben passiert, richtig ist, wie es ist? Auch wenn wir es in dem Moment des Geschehens nicht verstehen können oder wollen. Der feste Glaube daran, dass alles im Leben (s)einen Sinn hat, führt zu einer Erkenntnis, die uns unserem Glück näherzubringen vermag, als viele andere:

Das Leben meint es gut mit mir.

KAPITEL 19

Wenn alle fehlen

Der Gedanke, irgendwann allein zu sein, ist für viele Menschen eine gespenstische Vorstellung und gehört nicht zu Unrecht zu einer unserer größten Ängste. Daher ist es zuerst einmal hilfreich, einen genaueren Blick auf das Alleinsein zu werfen, das nicht selten fälschlicherweise oft mit Einsamkeit gleichgesetzt wird, vor der wir uns in Wahrheit vielmehr fürchten. Und das wiederum mit Recht.

Alleinsein ist per se nicht tragisch, da es »nur« die räumliche Trennung von anderen Menschen bedeutet. Von Zeit zu Zeit kann dieser reine Ich-Zustand sogar sehr positive Auswirkungen mit sich bringen, vor allem, wenn wir in unserem mittleren Alter strebsam im Hamsterrad unterwegs sind. Eine Auszeit vom Alltag, von anderem und anderen, allem, was uns Kraft kostet und manchmal sogar Lebensenergie raubt, besitzt oftmals eine heilsame Wirkung. Wir können entspannt in der Ruhe baden, ganz für uns sein, nachdenken, verarbeiten, oder auch unsere ureigenen Ziele verfolgen, unseren bisher zu kurz gekommenen Wünschen frönen.

Wenn wir uns aus eigenem Antrieb fürs »phasenweise Alleinsein« entscheiden, können wir sogar Erfolge hervorbringen, wenn wir mit Muße und Genuss dem nachgehen, was wir wirklich wollen. Franz Kafka konstatierte einst, dass er zwangsläufig viel Zeit allein verbringen muss, weil das, was er geleistet hat, allein der Erfolg seines Alleinseins war. Allein zu sein kann also durchaus seine guten Seiten haben, wenn wir sie bewusst nutzen.

Einsamkeit versteht sich nämlich als ein schmerzlicher Mangel an Nähe über einen längeren Zeitraum hinweg. Denken wir an einsame Menschen, fällt uns nicht selten die arme Rentnerin ein, die niemand besucht und die vielleicht sogar kaum die eigenen vier Wände verlässt. Auch das Bild des einsamen Einsiedlers schwebt vielen im Kopf herum, der in seiner selbst gebauten Naturhütte versunken in der Tiefe des Waldes lebt, ohne Zugang zu anderen.

Falls Ihnen diese Sinnbilder zu dystopisch erscheinen: Es gibt natürlich auch eine Art positives Wunschbild. Hollywoodfilme bemühen es oftmals. Zum Beispiel den sinnbildlichen »lonesome Cowboy«, der in der Prärie auf seiner Ranch lebt, meilenweit von allen anderen, der sich selbst versorgt und in aller Freiheit ungestört (und natürlich glückselig) »sein Ding« macht. Wir brauchen keine wissenschaftlichen Untersuchungen bemühen, um zu wissen, dass *so* die allerwenigsten einsamen Menschen im Alter leben.

Wir sollten Einsamkeit nicht idealisieren, sie gar zum Ziel unseres Lebens im Alter werden lassen. Einsamkeit ist nicht erstrebenswert. Sie ist, neben dem Gefühl, unerwünscht zu sein, gar die schlimmste Armut, wie es Mutter Teresa so treffend formulierte. Und nicht nur das. Nicht wenige sehen in ihr eine der großen neuen »Volkskrankheiten«. Der Bestsellerautor und Psychologe Manfred Spitzer beispielsweise geht in seinem Buch »Einsamkeit – die unerkannte Krankheit« sogar so weit, Einsamkeit zur Todesursache Nummer eins in den westlichen Ländern zu erklären. Seiner Ansicht nach erkranken einsame Menschen häufiger an Krebs, Herzinfarkten, Schlaganfällen, Depressionen und Demenz.

Der Mensch ist nicht fürs dauerhafte Alleinsein gemacht, was fast zwangsläufig zur Einsamkeit und somit auch zu Krankheit führt, manchmal sogar zum Tod. Wie unabdingbar der Kontakt mit anderen Menschen für uns ist, beschrieb Stefan Zweig bezeichnend in seiner »Schachnovelle«. In dieser erschuf Dr. B. beim Schachspiel aus purer Verzweiflung einen zweiten Menschen, indem er sich selbst in ein Schwarz-Ich und ein Weiß-Ich »spaltete«, um der unerträglichen Einsamkeit und damit dem schwarzen Ozean des Schweigens in der Haft zu entkommen.

Eine grausame Vorstellung. Schon früh wusste man, dass Isolation wohl eine der härtesten Strafen für uns Menschen ist. Trennt man uns von anderen, schließt uns von der Gesellschaft aus und überlässt uns selbst, schadet man nicht nur unserer Seele, sondern irgendwann auch unserer geistigen und körperlichen Gesundheit. In der Einsamkeit werden wir irgendwann zwangsläufig von uns selbst und dem immer größer werdenden, schier unerträglichen Nichts belästigt.

Mit wem sollen wir reden, uns austauschen, wenn niemand da ist? Von wem erfahren wir etwas Neues, das uns berührt? Mit wem erleben wir zusammen etwas Unvergessliches, teilen gemeinsam Freud und Leid, Sorgen und Hoffnungen? Von wem erfahren wir Hilfe oder können sie geben, damit wir uns gebraucht fühlen?

Wir sind soziale Wesen, brauchen andere Menschen um uns herum wie die Luft zum Atmen. Glücklicherweise sind wir durch diesen natürlichen Drang zwangsläufig in Resonanz mit anderen, werden zum Teil von Gemeinschaften und somit auch wichtig für andere. Doch es ist nicht gottgegeben, dass unser menschliches Bedürfnis von sich aus erfüllt wird, bei anderen auf Akzeptanz stößt und auch für Resonanz sorgt.

Wenn wir die Einsamkeit vermeiden wollen, müssen wir sie bewusst umgehen. Auch – oder vor allem – gerade dann, wenn sie uns beim Älterwerden manchmal geradezu aufgedrängt werden soll, wenn beispielsweise soziale Kontakte wegbrechen, weil wir in Rente gehen und die Arbeitskolleginnen und -kollegen kein – zumindest täglicher – Bestandteil unseres Lebens mehr sind. Wenn geliebte Menschen wegziehen oder wir selbst den Wohnort wechseln. Das Großstadtleben bietet ganz global betrachtet beste Voraussetzungen für ein reiches Sozialleben. Schließlich sind hier geballt auf engem Raum viele Menschen versammelt. Überraschenderweise vereinsamen aber vor allem die Stadtbewohner. Vielleicht reicht das

69

Zu Kindergeburtstagen werden oft so viele kleine Gäste eingeladen, wie viele Jahre das Geburtstagskind zu feiern hat. In Ausbildung und Beruf brüstet sich mancher, wie viele Menschen er oder sie kennt. Im Alter zählt nicht die Zahl, sondern Tiefe, Emotion und Verlässlichkeit. Weniger ist mehr – und Familie und Freunde alles.

Vorhandensein von vielen Menschen allein nicht aus, um zueinander zu kommen.

Manchmal leben sich Menschen über die Zeit einfach auseinander, auch in der Liebe. Auch durch die Trennung vom Partner, von Freunden, Bekannten kann sich unser soziales Netzwerk nach und nach ausdünnen.

Aber es existiert neben der sichtbaren körperlichen, oder besser, körperlosen Einsamkeit, auch eine andere Gestalt, in der sich ihre Trostlosigkeit zeigt. Denn wir können uns auch einsam fühlen, wenn wir mit anderen Menschen zusammen sind.

Haben Sie schon einmal Paare gesehen, vielleicht im Café oder Restaurant, die sich die ganze Zeit nur anschweigen? Kennen Sie Eheleute, die sich schon lange nichts mehr zu sagen haben, die mühevoll nach Worten ringen? Hatten Sie früher Freundinnen oder Freunde, die sich irgendwann nicht mehr für Sie interessiert haben und umgekehrt? Zu denen Sie immer mehr seelischen Abstand bekamen, vielleicht auch, weil Sie sich mit Ihren Ansichten, Sorgen, Werten allein gelassen fühlten?

Vielleicht stimmt ja, was Friedrich Schiller formulierte: »Es kämpft jeder seine Schlacht allein.« Oder gibt es Mittel und Wege, wie wir uns gegen das Eindringen der Einsamkeit in unser Leben wehren können, damit wir nicht allein in den »Kampf des Alters« ziehen müssen?

Fernab der Tatsache, dass Einsamkeit natürlich kein alleiniges Altersproblem darstellt (auch in jungen Jahren können wir einsam sein oder uns so fühlen), gibt es glücklicherweise einiges, was wir für ein lebendiges Miteinander, ein gemeinsames Leben tun können. Zuerst einmal sollten wir uns, so paradox dies klingen mag, in eine kurze Zeit des Alleinseins begeben, um uns mit uns selbst zu beschäftigen.

Die eigene Persönlichkeit reflektieren

Wenn wir von anderen Menschen umgeben sein wollen, kann ein erster hilfreicher Gedanke eine einfache Frage sein: Wie wirke ich auf andere?

Wie würde Ihre Familie Sie beschreiben, wenn sie dürfte? Was sagen Freunde über Sie? Sind Sie eher ein sperriger Typ, an den man schlecht herankommt, oder hat man, wenn man Ihnen begegnet, das Gefühl, Sie schon ewig zu kennen? Sind Sie eher Ihr eigener Planet, der ausschließlich um sich selbst kreist und anderen das Gefühl gibt, sich für ihr Leben nicht zu interessieren, ihre (andere) Meinung nicht zu akzeptieren? Oder sind Sie offen für andere/s? Überlegen Sie einmal, was Sie über sich selbst denken.

Und was denken Sie, denken andere über Sie? Setzen Sie sich gedanklich einmal die Brille der anderen auf. Wenn Sie sich und Ihr Verhalten von dort aus betrachten: Sehen Sie sich als einen Menschen, mit dem Sie als Außenstehender gern Zeit verbringen würden?

Mehr über sich selbst zu wissen kann helfen, für andere Menschen anziehend zu bleiben (oder es zu werden). Denn genau darum geht es doch, wenn wir der Einsamkeit die Tür vor der Nase zuschlagen wollen. Wir wollen sozial gefragt sein, andere sollen gern zu uns kommen, sich freuen, wenn wir sie besuchen. Ein erster Schritt hierzu ist ein echtes Eigenbild, ungefiltert, so hart es vielleicht auch sein mag. Es kann uns dabei helfen, den guten eingeschlagenen Kurs beizubehalten oder ihn zu verändern, wenn wir absehen können, dass er uns in die Einsamkeit führen könnte.

Das eigene Verhalten verändern oder verstärken

Auch wenn es vielen schwerfallen mag: Die Bereitschaft, sich (zu seinem Vorteil) zu verändern, ist unabdingbar, wenn wir mit anderen Menschen harmonisch zusammen sein möchten. Im Alter wird diese Veränderungsbereitschaft sogar noch wichtiger, weil *wir* vermehrt den Kontakt mit anderen wünschen. Folglich sollten wir auch bereit sein, etwas dafür zu tun. Am besten in Form von Kon*takt* mit *Takt*gefühl.

Wenn wir wissen, dass wir gewisse Angewohnheiten und Macken besitzen, die es unseren Mitmenschen erschweren, uns zu mögen, könnten wir ja versuchen, sie abzustellen. Oder sie zumindest etwas weniger in der Öffentlichkeit zur Schau zu tragen. Auch die Weisheit »Reden ist Silber und Schweigen ist Gold« bekommt im Alter ein ganz neues Gewicht. Großeltern wissen davon ein Lied zu singen, wenn sie beispielsweise die Erziehung ihrer Enkel durch ihre (Schwieger-)Kinder beobachten und sich des Öfteren ihren Teil lieber denken. Was manchmal auch gut ist, weil nicht jede Erfahrung auf andere eins zu eins übertragbar ist und das harmonische Miteinander durch manch unbedachte Äußerung vielleicht unnötig in Gefahr gerät.

Dieses Zurückhalten bedeutet nicht, dass wir uns selbst im Alter einen Maulkorb verpassen oder einen Aufpasser engagieren müssen. Natürlich dürfen wir sagen, was wir denken, und tun, was wir tun wollen. Nur sollten wir dies hin und wieder abwägen beziehungsweise mit unserem Wunsch in Einklang bringen, andere nicht zu verletzen. Kompromisse können ebenso zu einer tragenden Säule unserer sozialen Kontakte werden wie Dankbarkeit für andere und Interesse an anderen.

Werden Sie sich Ihrer Schokoladenseiten bewusst und nutzen Sie diese. Wenn Sie gern reden, dann reden Sie. Erzählen Sie anderen von Ihren Erfahrungen, wenn diese es auch hören wollen. Sprechen Sie Menschen an, um ihnen zu zeigen, dass Sie sich für sie interessieren. Zum Beispiel, indem Sie fragen und zuhören, statt zu reden. Je mehr wir nämlich von uns selbst erzählen, desto mehr Raum nehmen wir anderen Menschen weg. Raum für andere ist aber nötig, da Kontakt vom Wechselspiel lebt, dem gemeinsamen Takt, den nur beide bestimmen können, wenn sich jeder entsprechend einbringen kann.

Wenn Sie Wert auf Freundlichkeit und Höflichkeit legen, leben Sie anderen vor, was Ihnen wichtig ist. Grüßen Sie nicht nur die Nachbarn, sondern auch die Briefträgerin, die Leute von der Müllabfuhr, Mitwartende im Supermarkt, und Fremde, die Ihnen begegnen. Treten Sie in Kontakt mit anderen Menschen und zeigen Sie ihnen, dass Sie sie mögen (wenn Sie sie mögen).

Wollen wir dauerhaft mit anderen Menschen nicht nur in Kontakt stehen, sondern uns mit ihnen im lebhaften Austausch befinden, müssen wir uns darum bemühen. Dies gelingt aber nur, wenn wir nicht das Gefühl haben, das Leben der anderen zu stören, wenn wir spontan vor der Tür stehen oder anrufen, um zu fragen, ob man sich mal wieder treffen möchte. Ebenso sollten wir unsere scheinbar qua Geburt mitgelieferte Angst vor der Zurückweisung peu à peu ablegen, damit wir uns nicht nach jedem »Nein« oder »Heute nicht« tiefer in ein Schneckenhaus zurückziehen, in dem es per se keinen Platz für andere gibt. Nur für uns und die Einsamkeit.

Die aktive Suche nach tragenden Gemeinschaften

Jeder von uns verfügt über ein soziales Netzwerk. Bei manchen ist es unüberschaubar, bei anderen kann man die menschlichen Kontakte an einer Hand abzählen. Eltern, Geschwister, Onkel, Tanten, Neffen, Nichten. Partner, Kinder, Enkelkinder, Freunde. Arbeitskollegen, Nachbarn, Bekannte. Schon heute gibt es Phasen, in denen wir die Menschen, die uns wirklich am Herzen liegen, entweder gar nicht oder viel zu selten sehen. Zeit wird beim Älterwerden immer mehr zu einer kostbaren Rarität, die manchmal nur zu Weihnachten und Geburtstagen gemeinsam mit den Liebsten genossen werden kann.

Während die Großeltern, Eltern oder Freunde irgendwann sterben, haben unsere Kinder, Enkelkinder, berufstätige Freunde oftmals genug mit dem eigenen Leben zu tun. Während wir, je älter wir werden, Zeit für sie hätten, ist in ihrem Leben oftmals kaum Platz für uns und unser Bedürfnis nach sozialer Glückszeit.

Gram oder Vorwürfe haben noch nie weitergeholfen. Daher sollten wir uns beim Älterwerden nicht nur an unserem alten Menschennetzwerk festklammern, sondern uns aktiv nach »neuen« Menschen umsehen, mit denen wir gern Zeit verbringen würden. Vielleicht entdecken wir mit offenem Blick in unsere Umwelt einen interessanten Mitmenschen, der bisher außerhalb unseres Lebensradars unterwegs war. Laden wir ihn doch einfach einmal zum Kaffee ein, zum gemeinsamen Sport, Spazierengehen, Kochen oder was auch immer. Lassen wir uns überraschen, was daraus erwächst. Auch wenn nichts darauf folgt, haben wir es versucht und können uns beherzt weiter umsehen. Jeder Freund/jede Freundin, den/die wir heute zu schätzen wissen, war früher mal ein Fremder/eine Fremde. Was spricht dagegen, dass Menschen, die uns heute noch fremd sind, bald schon zu Freunden werden?

Ob Zweisamkeit mit dem Nachbarn, Spieleabende mit den Freunden, Stammtische oder Veranstaltungen zu Hause mit Gleichgesinnten, organisierte Ausflüge oder Veranstaltungen, Vereinsangebote oder vieles weitere mehr: Gelegenheiten für regelmäßige und vor allem bleibende Gemeinschaften gibt es in unserer Welt in Hülle und Fülle. Wir müssen nur nach dem und den für uns Richtigen suchen und aktiv werden.

Das organisierte Engagement für andere

Höchstwahrscheinlich können auch Sie, wie die meisten Menschen, eine ganze Menge und mehr, als Sie vielleicht denken. Auch unser Wissen um die eigenen Fähigkeiten kann uns dabei unterstützen, der Einsamkeit ein Schnippchen zu schlagen. Und zwar dann, wenn wir sie gezielt einsetzen – für andere.

Ob in einem Ehrenamt, zum Beispiel bei der Feuerwehr, als »Grüne Dame« (oder »Grüner Herr«) im Krankenhaus, HelferIn bei der Essensausgabe für sozial Benachteiligte. Oder als Nachhilfe-GeberIn in der Nachbarschaft oder für die Enkel, als Reparaturservice für Fahrräder oder Kinderspielzeuge. Ob einmalig oder regelmäßig, politisch, kulturell oder sozial. Immer dann, wenn wir anderen unsere Fähigkeiten zugutekommen lassen, sind wir nicht nur automatisch in menschlichem Kontakt. Wir erfahren dadurch zudem etwas, das die Einsamkeit verdrängt wie Licht die Dunkelheit: Aufmerksamkeit, Dankbarkeit, Wärme.

Die Liebe zu Tieren entdecken

Tiere sind mehr als nett anzusehen oder nützlich. Für viele Menschen sind sie ein Partnerersatz oder zumindest ein Familienmitglied, ein treuer Freund, den man nicht mehr missen möchte. Wer selbst ein Tier hält, wird wissen, welche unbeschreibliche Verbindung man selbst zu einem nicht-menschlichen Lebewesen aufbauen kann. Es ist einfach herrlich, wenn da jemand ist, der einen braucht, um den man sich kümmern kann, mit dem man redet, kuschelt, dem man seine Sorgen erzählt, seinen Alltag mitteilt, auch wenn er einem nicht mit Worten antwortet. Wenn man das eigene Tier aufwachsen sieht, es umsorgen und betüddeln kann, sich über neue Fähigkeiten, kleine Kunststücke freut, ihm sogar etwas beibringen kann oder ihm einfach nur beim Sein zusieht.

70

Durch nichts zu ersetzen sind alte Freundschaften. Wenn man sich spricht oder noch besser gegenüber-sitzt – binnen Sekunden ist dieses einzigartige Gefühl der Verbunden-heit da. Und wenn dann die Erin-nerungen sprudeln, hat man das Gefühl, man ginge noch mal durchs Leben. Verschließen wir diese Türen ins Glück nicht durch kleinkarierte Beleidigtheit.

Wenn einem ein Tier so sehr ans Herz gewachsen ist, dass es schmerzt, wenn es ihm nicht gut geht. Wenn man einfach nur glücklich ist, wenn man in seiner Nähe weilt, rückt die Einsamkeit wieder ein Stück weiter in die Ferne. Aus gutem Grund sagt der Volksmund, dass »das letzte Kind ein Fell hat«. Und ältere Menschen schaffen sich nicht umsonst oftmals dann ein Haustier an, wenn der Partner stirbt. Übrigens: Auch die Vögel auf dem Balkon oder im Garten zu füttern sorgt dafür, sich nicht ganz so allein, alleingelassen zu fühlen.

Ob Hund, Katze, Maus, Wellensittich, Kaninchen oder Schlange: Jedes Lebewesen ist auf seine Art in der Lage, uns etwas Wertvolles zu geben. Liebe, Dankbarkeit, Beachtung. Nennen Sie es, wie Sie wollen. Es ist unwichtig, weil nur eines zählt: unser Gefühl der Verbundenheit, das der Einsamkeit keinen Raum lässt, sich bei uns zu entfalten.

Denn dass (Haus-)Tiere nicht nur glücklich, sondern auch gesund machen, hat unter anderem die Universität Uppsala bereits bewiesen. Anhand der Daten von fast dreieinhalb Millionen schwedischer Einwohner und gut vierunddreißig gezielten befragten Probanden fand das Team um Professor Tove Fall heraus, dass vor allem Hundehalter seltener an Diabetes oder anderen Stoffwechselstörungen litten, weniger Probleme mit dem Herz-Kreislauf-System vorwiesen und sogar eine höhere Lebenserwartung besaßen als Nicht-Hundebesitzer. Ein Drittel der allein lebenden Personen hatte sogar ein um dreiunddreißig Prozent geringeres Sterberisiko, wenn ein Hund mit im Haushalt lebte. Verantwortlich hierfür sind neben der täglichen Bewegung für Hund und Herr-/Frauchen das Gefühl der Verpflichtung, sprich, sich um jemand anderen zu kümmern (und hierfür möglichst lange fit bleiben zu müssen). Das Wissen, nicht allein zu sein, sich auch in schweren

Zeiten einem (nicht urteilenden) Tier anvertrauen zu können, tut sein übriges Positives dazu bei. Ebenso wie das »Kuschelhormon« Oxytocin, das bewiesenermaßen nicht nur Eltern und Kinder durch gemeinsames Spielen, Streicheln und Kuscheln glücklicher macht, sondern eben auch HundehalterInnen und ihre Vierbeiner.

Zudem sind vor allem Hunde ein idealer Eisbrecher, um neue Kontakte zu knüpfen. Man lernt durch sie leichter Menschen kennen und kommt mit anderen ins Gespräch, was jeder weiß, der selbst mit einem Hund zusammenlebt. Nicht umsonst leihen sich manche Single-Männer sogar für ein paar Stunden einen Vierbeiner aus, weil es mit Hund leichter ist, eine Frau anzusprechen als ohne.

Die schwedische Studie zeigte auch positive Auswirkungen durch Katzen, Vögel und Schildkröten – zumindest, was Glück und Gesundheit angeht. Auswirkungen auf den Flirterfolg gibt es hierzu nicht.

Das Zuhause lebendig halten

Es muss nicht, aber es kann passieren, dass das Zuhause leer wird. Wenn die Kinder aus dem Haus sind, kein Partner (mehr) da ist, herrscht dort, wo früher noch das Leben tobte, plötzlich Totenstille. Diese Stille ist jedoch kein Muss, auch wenn die äußeren Umstände es uns oktroyieren wollen. Wir können wieder Leben in die Bude bringen, um der Einsamkeit der eigenen vier Wände, zumindest zeitweise, zu entfliehen.

Vielleicht laden wir Nachbarn oder Freunde zum Frühstück, Kaffee oder Abendbrot ein, je nachdem, was besser passt. Oder wir richten Feiern bei uns zu Hause aus, stellen unsere Räume gar anderen für ihre Versammlungen zur Verfügung und werden so auf andere Art ein Teil einer neuen Gemeinschaft. Selbst das Engagieren einer Haushalts- oder Gartenhilfe kann die manchmal bleischwer in den Zimmern liegende Einsamkeit für gewisse Zeiten positiv aufwirbeln.

71

Wir beginnen unser Leben im Arm von Mutter und Vater, dann auf Wickelkommode und im Bettchen oder Kinderwagen. Erst langsam erschließen wir uns Schritt für Schritt das Zimmer, die Wohnung, den Garten und die Nachbarschaft. Ganz wenige Menschen sind zu Beginn wirklich wichtig, bevor wir eintauchen in die Menge der Freunde und Freundinnen, Kollegen und Kolleginnen. Was für eine fein austarierte Symmetrie der Existenz, dass wir gen Ende unseres Lebens wieder zurückgehen in den begrenzten Raum und in die Nähe der wirklich wichtigen Menschen. Genießen wir nach der verwirrenden und oft überfordernden Komplexität von Ausbildung und Berufsleben die Einfachheit und Übersichtlichkeit der späten Jahre!

Es mag nicht für jeden die bevorzugte Wohnvariante sein, aber wir können im Alter auch mit Freunden oder Geschwistern zusammenziehen und uns hierdurch Kosten, Alltagsaufgaben und Worte teilen. Das Wissen, dass da noch jemand ist, außer uns, führt zu einer unbezahlbaren Sicherheit und beruhigt mehr als jeder Tee oder jede Entspannungsübung. Und selbst für die, die den direkten Zusammenzug scheuen, weil es ihnen vielleicht zu viel wäre, gibt es eine Zwischenvariante: das gemeinsame Verbringen der Vormittage oder Nachmittage.

Manche »Alte« vermieten sogar Teile ihres Hauses oder Zimmer in ihrer Wohnung. Meist weniger, weil sie das Geld brauchen (wobei dies auch eine clevere Art ist, um Altersarmut und Co. aktiv zu begegnen). Vielmehr freuen sie sich darüber, dass jemand da ist – selbst, wenn sie mit der Mieterin/dem Mieter nicht oft sprechen. Allein die Gewissheit der Präsenz, dass noch jemand in dieser »WG« ist, rettet manchen bereits den Tag. Es müssen ja nicht unbedingt Studentinnen oder Studenten sein, die manch Älteren vielleicht zu laut, zu unstet sind. Es gibt andere Ältere, die vielleicht nicht mehr viel Platz zum Wohnen brauchen, denen vielleicht ein eigenes Zimmer reicht, wenn sie dafür menschliche Gesellschaft erhalten.

Wem sein Haus im Alter zu viel werden sollte, wessen Herz weder an der Wohnung noch an der Umgebung hängt, der kann der Einsamkeit durch einen Umzug entgehen und in die Nähe seiner Kinder, Enkel, Verwandten oder Freunde ziehen. Oder direkt mit ihnen zusammen, wenn man es möchte (und die anderen auch).

Wenn Sie mit dem Kopf schütteln: Mehrgenerationenhäuser sind wieder stark im Kommen. Hier und dort entstehen sogar »Altershöfe«, auf denen mehrere ältere Menschen in eigenen kleinen Häusern leben und sich gegenseitig unterstützen. Jeder mit dem, was er kann. Und da jeder meist etwas anderes kann, wird jeder für die Gemeinschaft wichtig und unverzichtbar. Einsamkeit wohnt selten mit auf Altershöfen oder in Mehrgenerationenhäusern. Vor gar nicht mal einhundert Jahren war es noch vollkommen normal, dass Jung und Alt unter einem Dach lebten und sich gegenseitig unterstützten. Irgendetwas muss also dran gewesen sein an dieser Art des Zusammenlebens.

Möglichkeiten, die eigenen vier Wände mit (neuem) Leben zu füllen, gibt es also mehr als genug. Von Varianten wie dem betreuten Wohnen ganz abgesehen. Es muss ja nicht gleich das von vielen gefürchtete Altersheim sein. Bis dorthin ist es meist noch ein langer Weg. Denn so richtig alt sind wir ja meist erst, wenn wir nicht mehr mit unseren Zähnen zusammen schlafen. Und selbst dann gelingt es genügend Älteren, noch HerrIn in den eigenen vier Wänden zu sein. Am liebsten bis zum Schluss.

Zum Abschluss unseres Aufenthalts an dieser Station der Erkundungsreise wollen wir noch mit Friedrich Schiller ins Reine kommen. Zu Beginn dieses Kapitels unterstellten wir ihm indirekt eine gewisse Melancholie, als wir ihn mit seinem Satz zitierten, dass jeder von uns »seine Schlacht« allein kämpfen müsse. Das klingt so, als würde Einsamkeit uns alle unvermeidlich treffen. Daher nun ein anderes seiner zahlreichen Zitate, das mit nur sechs Worten so wunderbar zusammenfasst, was wir bis hierhin in langen Sätzen auszudrücken versuchten:

»Wir könnten viel, wenn wir zusammenstünden.«

KAPITEL 20

Die eigene Endlichkeit

Es gibt Themen, die meiden wir oft zeit unseres Lebens wie die Katze das Wasser. Wenn sie uns begegnen, schleichen wir um sie herum wie um den heißen Brei. Zu diesen unangenehmen Themen gehört mit Sicherheit der Tod. Vielleicht geht es Ihnen wie vielen anderen, die innerlich zusammenzucken, wenn dieses Wort fällt. Ist es doch schon wegen seiner Bedeutung und Auswirkung extrem unangenehm. Vor allem, wenn es uns selbst betrifft. Doch ob wir es wollen oder nicht, wir alle sterben. Wann, wissen wir glücklicherweise nicht. Es wäre doch eine grausame Vorstellung, würden wir unser Todesdatum bereits kennen. Oder wäre dies vielleicht gerade positiv?

Würden wir unsere Zeit auf Erden gar effektiver nutzen, die Dinge befreiter angehen, wenn wir wüssten, wann unser Leben vorbei ist? Setzt vielleicht der Tod, die eigene Endlichkeit, das Glück erst frei, weil Genuss nur dann zu haben ist, wenn er nicht permanent und unendlich verfügbar ist? Genießen Menschen im deutschsprachigen Raum die Sonne häufiger als SüdländerInnen, weil sie weiter im Norden einfach seltener scheint?

Oder würde die Kenntnis des Datums unserer Endlichkeit dazu führen, dass wir mit dem permanenten Blick auf die heruntertickende Uhr in Angst verharren würden? Das uns dieses Eindeutige und Unverrückbare mehr lähmt, unserem Glücksgefühl keinen Raum lässt, weil wir uns nur noch darauf fokussieren, dass es bald vorbei sein wird?

Zwei schöne Weisheiten, die Indianerstämmen zugeordnet werden, erweitern den Horizont des Denkbaren sogar noch ein Stück mehr.

»Der weiße Mann hat die Uhr, aber wir haben die Zeit.«

Vielleicht liegen wir mit unserer Betrachtung von Zeit und dem Messen unserer Zeit auf Erden in Lebensjahren rein rational betrachtet sogar richtig. Rein emotional machen wir uns das Leben dadurch auf jeden Fall schwerer, weil wir in begrenzten Kategorien denken, in denen unsere Uhr irgendwann abgelaufen ist.

Und die zweite Weisheit lautet:

»Heute wäre ein guter Tag zum Sterben, denn alle Dinge meines Lebens sind anwesend.«

Was wir von den Indianern lernen können, ist, dass sie sich vom Tod niemals abwenden oder sich gar vor ihm fürchten würden. Im Gegenteil. Der Tod spielt bei ihnen eine wichtige Rolle, weil sie erkannt haben, dass er Teil des Lebens ist und auch er eine Würde besitzt, die es gilt, zu beachten und zu bewahren.

Die Auseinandersetzung mit dem Tod ist wichtig für uns. Verdient hat der Tod unsere Aufmerksamkeit allemal, ist er neben der Geburt das Ereignis, das den bedeutendsten Einfluss auf unser Leben hat. Der Tod ist garantiert, wenn wir das Licht der Welt erblicken. Und doch bereitet uns der Gedanke an ihn mit zunehmendem Alter immer größere Schwierigkeiten. Wie kann das sein? Ist es normalerweise nicht so, dass alles, was gewiss ist, uns Sicherheit gibt, weil es keine Zweifel oder Interpretationen zulässt? Weil wir damit rechnen, uns darauf einstellen können? Doch treibt er manche Menschen gar in den Wahnsinn, raubt ihnen den sprichwörtlich letzten Nerv. Und das, obwohl der Tod fair

> 72
>
> Wollen wir denn ewig bleiben?
> Merken wir nicht irgendwann, dass
> unsere Zeit abgelaufen ist und wir
> nichts Neues mehr wagen oder auch
> wollen? Ist es nicht klug vom Leben,
> dass wir Raum geben müssen für
> die Jungen, die das Neue in die Welt
> bringen?

ist, weil er jeden trifft. Warum haben wir also so unsere Probleme mit ihm?

Fast niemand möchte freiwillig sterben. Dafür ist das Leben in seiner Gesamtheit viel zu schön. Vielleicht fällt vielen das Altern deshalb so schwer, weil sie sich irgendwann eingestehen müssen, dass das Erleben eines neuen Tages nicht mehr allein in ihrer Hand liegt, wie schon Jean Paul ahnte:

»Das Alter ist nicht trübe, weil darin unsere Freuden, sondern weil unsere Hoffnungen aufhören.«

Das Bewusstsein des nahenden Todes verändert zudem unsere Art zu leben, weil wir nicht mehr langfristig planen, sondern fast nur noch kurzfristig.

Das Schlimme am Tod ist weniger die unabwendbare Endlichkeit, sondern die Ungewissheit. Bei aller Klarheit, dass der Tod irgendwann kommen wird: Wir wissen nicht, *wie* und *wann*. Und diese beiden offenen Fragen, die wir auch nicht klären werden, bis es passiert, können uns stärker beschäftigen, als wir es in jungen Jahren erahnen. Die Ungewissheit, *wann* wir sterben, zieht eine Reihe weiterer Fragen nach sich. Was darf ich noch erleben (und was nicht)? Welche besonderen Momente werden mir genommen? Was verpasse ich vom Leben der Menschen, die ich liebe (Partner, Kinder, Enkel, Freunde)? Verständlich, dass diese Fragen, die immer unbeantwortet bleiben, bei manchen zu Trauer, dem Gefühl der Ungerechtigkeit und vielleicht auch zu Angst führen.

Nicht weniger schmerzvoll präsentiert sich die Frage danach, *wie* wir sterben. Für die meisten Menschen ist die Vorstellung eines schnellen Todes noch relativ gut zu ertragen. Manche verlören gar gänzlich ihre Todesangst, würde man ihnen dies zusichern können.

Viel beängstigender ist die Vorstellung von Schmerzen und einem langen Leiden, wenn der Tod einfach nicht kommen will, obwohl er sich bereits mit Macht angekündigt, er sozusagen die ganze Zeit neben einem steht und die Hand bereits ausstreckt, ohne einen sofort mitzunehmen.

Für all dies gibt es (leider) keine Lösung, nicht den einen rettenden Gedanken, der die Angst der Lüge überführt, die Seele mit Balsam verwöhnt. Wenn überhaupt, kann uns nur ein Satz weiterhelfen: *Denken wir über das Wann und Wie nicht nach.*

Wir machen uns nur unnötig verrückt, weil wir uns selbst als Gefangene in ein Labyrinth einsperren, aus dem es kein Entrinnen gibt. Sehen wir uns lieber die Aspekte des Todes an, die uns zu Lebzeiten dabei helfen, so lange wie möglich glücklich zu altern.

Einen schönen Anfang kann der Vergleich mit einer Wunderkerze bilden. Oftmals sehen wir den Tod als den

Moment an, wenn die Kerze verglüht, wenn das Glitzern und Strahlen erlischt, dem Lebendigen das Nichts folgt. Wehmütig schauen wir dann oft noch einige Zeit auf die Wunderkerze und sind traurig, weil sie niemals wieder leuchten wird.

Bei der Wunderkerze sehen wir jedoch, dass wenigstens etwas übrig bleibt, das wir festhalten können, wenn das Leuchten verglüht ist. Wie ist es nun aber bei unserem Tod? Hier können wir nichts festhalten. Nur, dass es für uns Menschen unvorstellbar ist, nicht mehr da zu sein. Wir können nicht denken, nicht mehr zu existieren. Wie auch. Wir können auch auf keine (zumindest bewussten) Erfahrungen mit dem Tod zurückgreifen. Haben keine Vorstellungen davon, ob und wenn ja, was danach auf unseren Geist, unsere Seele wartet. Nur, was mit unserem Körper nach unserem Tod geschieht, können wir sehen und selbst bestimmen. Aber den Rest?

»Ich habe keine Angst vor dem Tod. Ich möchte nur nicht dabei sein, wenn's passiert.« So sehr wir diesen Wunsch von Woody Allen auch teilen mögen, Realität wird er sicher nicht werden. Wir werden dabei sein, und nicht nur hier. Bereits vor unserem Ableben machen wir Bekanntschaften mit dem Tod: dem Tod anderer Menschen. Denn bevor wir die Erde verlassen, werden um uns herum bekannte Menschen sterben, die uns vielleicht sogar am Herzen liegen.

Wenn alles nach der »natürlichen Ordnung« läuft, erleben wir den Tod unserer Großeltern, Eltern und älterer Freunde mit. Nicht, dass wir es ihnen wünschen, obwohl es so sein sollte, dass zuerst die ganz Alten, dann die Alten und erst danach die Jüngeren sterben. Leider folgen weder Leben noch Tod irgendwelchen berechenbaren Logiken, was bedeutet, dass die gewünschte, weil faire, Reihenfolge oft nicht eingehalten wird. Im schlimmsten Fall müssen wir miterleben, wie unsere jüngere Freunde, Kinder, Enkel sterben, ohne dass wir etwas tun können. Selbst wenn wir unser eigenes Leben für sie geben würden, damit sie dem Tod entkommen könnten. Wir müssen das Unfassbare und Grausame, für das es keinerlei Worte gibt, erdulden.

Wen auch immer wir im Laufe unseres Lebens verlieren mögen: Wir sind darauf meistens vollkommen unvorbereitet. Und selbst wenn, können wir es meist nicht fassen, weil wir im Tod keinen Sinn sehen können. Außer vielleicht, er erlöst Menschen von ihrem Leid. Der Tod reißt Lücken in unser Leben, in unsere Herzen, die nicht mehr zu füllen sind, weil kein Mensch einen anderen ersetzen kann.

In ihrem Gedicht »Memento« schrieb die deutschsprachige Dichterin Mascha Kaléko, dass ihr vor dem eigenen Tod nicht bange sei, nur vor dem Tode derer, die ihr nahe sind. »*Wie soll ich leben, wenn sie nicht mehr da sind?*«, fasste sie alle Wut und Trauer in einen Satz und schloss mit der Erkenntnis, dass man den eigenen Tod nur stirbt, mit dem Tod anderer aber leben muss. Schöner und zugleich trauriger kann man es nicht ausdrücken. Nur erweitern können wir es, indem wir uns fragen, *wie* wir mit dem Unabwendbaren umgehen können. Schließlich bringt uns niemand den Umgang mit dem Tod bei. Wir werden damit alleingelassen und sind damit meist vollkommen überfordert.

Wie gegensätzlich andere Kulturen mit dem Tod umgehen, geradewegs befreiend, lässt sich an einer kleinen Geschichte ablesen, die sich wirklich ereignete. Es geschah auf einer Beerdigung in Deutschland, die ablief, wie wohl fast überall landauf, landab. Die in Schwarz gekleideten Trauergäste standen, nach einer schönen Rede des Pastors in der kleinen Gemeindekapelle, in einer Reihe vor dem Grab des Verstorbenen und erwiesen ihm, jeder nacheinander, die

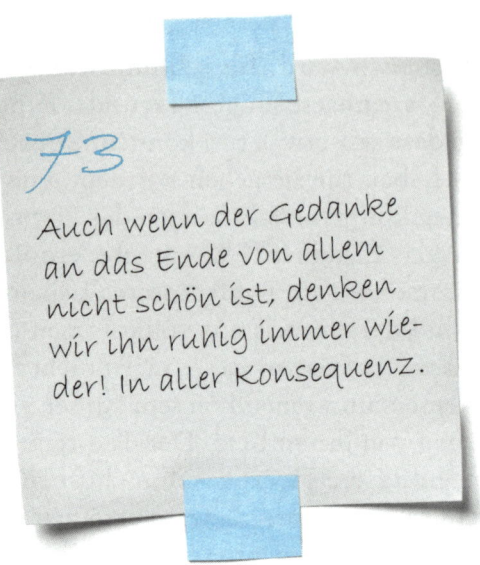

letzte Ehre: mit einem kleinen Gebet, einer Schippe Sand oder einer auf den Sarg geworfenen Blume.

Es war still, andächtig und doch bedrückend. Irgendwann verließ der Letzte das Grab, und die Trauergesellschaft machte sich auf den Weg zurück, bis sie nach kurzer Wegstrecke laute Schreie hörten. Alle drehten sich um, wenige Mutige gingen zurück zu dem Ort, von dem die Schreie kommen mussten. Als sie sahen, wer dort schrie, und vor allem, wo, blieben sie erschrocken stehen.

Vor dem Grab des Verstorbenen kniete ein Freund des Verstorbenen, ein Brasilianer, und schlug mit den Fäusten immer wieder auf den Boden, als würde er dagegen kämpfen. Er stieß wütende Laute aus, schrie aus voller Kehle, sodass sich keiner der in einiger Entfernung Wartenden traute, sich ihm zu nähern. Irgendwann, es dauerte ein paar Minuten, hörte der Brasilianer mit einem Mal auf. Er kam mit dem Oberkörper nach oben, stand langsam auf und faltete die Hände zum Gebet. Kurz darauf löste er sich vom Grab und kam auf die Wartenden zu, von denen sich einer traute, ihn anzusprechen. Hörbar in Sorge über den Geisteszustand des Brasilianers: »Alles gut?«

Der Brasilianer blieb stehen, ohne sich seine Tränen wegzuwischen. Er wirkte glücklich, befreit. Er antwortete dem verdutzten Wartenden in etwa Folgendes:

»In Brasilien lassen wir am Grab unsere Wut und Trauer so lange heraus, bis keine mehr da ist, bis es wieder gut ist. Danach gehen wir erleichtert nach Hause, vergessen unsere Toten nicht, belasten uns aber nicht mehr damit. Auch, weil sie es sicher nicht gewollt hätten, dass uns ihr Tod auf ewig bedrückt, verfolgt und unseres Glückes beraubt.«

Was können wir aus diesem kleinen Erlebnis mitnehmen? *Lassen wir zu, was in uns ist, und lassen wir es hinaus.*

Wie viele Menschen kennen Sie, die über den Verlust eines geliebten Menschen niemals hinweggekommen sind? Die in ihrer Trauer und Wut gefangen blieben, sich nie wieder davon befreien konnten? Wir sollten nicht zurückhalten, was in uns tobt, und sei es auch noch so unangenehm. Halten wir es in uns, behalten wir es also für uns, werden wir von innen zerfressen, weil es auch Dinge im Leben gibt, die wir allein nicht verarbeiten können und die uns unbeachtet Schaden zufügen.

Wäre es nicht schön, wären Beerdigungen für uns so etwas wie eine »emotionale Waschmaschine«? Sie würden einmal so richtig aufwühlen, was in uns ist, würden allen Ballast zum Vorschein bringen und uns helfen, uns davon zu befreien.

Dies soll beileibe nicht bedeuten, dass wir unsere Verstorbenen vergessen sollten. Niemals. Doch halten wir ihr Leben, ihr Ansehen nicht vielmehr in Ehren, wenn wir uns der guten Momente mit ihnen erinnern? Wenn wir, ohne verbittert oder wütend zu sein, fröhlich an sie zurückdenken? Frei von negativen Emotionen, dafür voller Liebe?

Sehen wir es als unsere Aufgabe, zum Erinnerungshüter unserer geliebten Verstorbenen zu werden. Halten wir ihr Vermächtnis hoch, indem wir immer mal wieder über sie sprechen, uns unserer Gespräche und Erlebnisse mit ihnen erinnern, ihre Lebensleistungen würdigen. Indem wir über unsere Verstorbenen sprechen, halten wir die Erinnerung an sie lebendig. Erzählen wir uns und anderen von gemeinsamen Geschichten und wecken wir verloren geglaubte Gefühle wieder auf, damit sie ihre Wirkung behalten. Obwohl wir zurückbleiben, müssen wir nicht allein sein. Unsere Verstorbenen werden immer ein Teil von uns bleiben, uns Trost oder Zuversicht geben, wenn wir mit ihnen im Gespräch bleiben. So schwer es uns auch manchmal fallen mag.

Natürlich ist eine Zeit der Trauer erforderlich, die mit der Beerdigung gar nicht abgeschlossen sein kann. Aber wir könnten lernen, anders zu trauern, mit einem dankbaren Lächeln, das wir den geliebten Menschen in unserem Leben wissen durften. Wenn wir dies wollen, können wir Beerdigungen zum Anlass nehmen, immer mehr Frieden mit dem Tod zu schließen, und ihn nicht als Last und Belastung zu sehen.

Wie können wir leichter mit dem (eigenen) Tod umgehen? Es gibt Gedanken, die es schaffen, uns zu beruhigen, unsere im Kopf herumtobende Angst, die uns den Verstand zu rauben scheint, mit einem Mal zu vertreiben. Vielleicht ist für Sie einer dieser auslösenden Gedanken im Folgenden dabei.

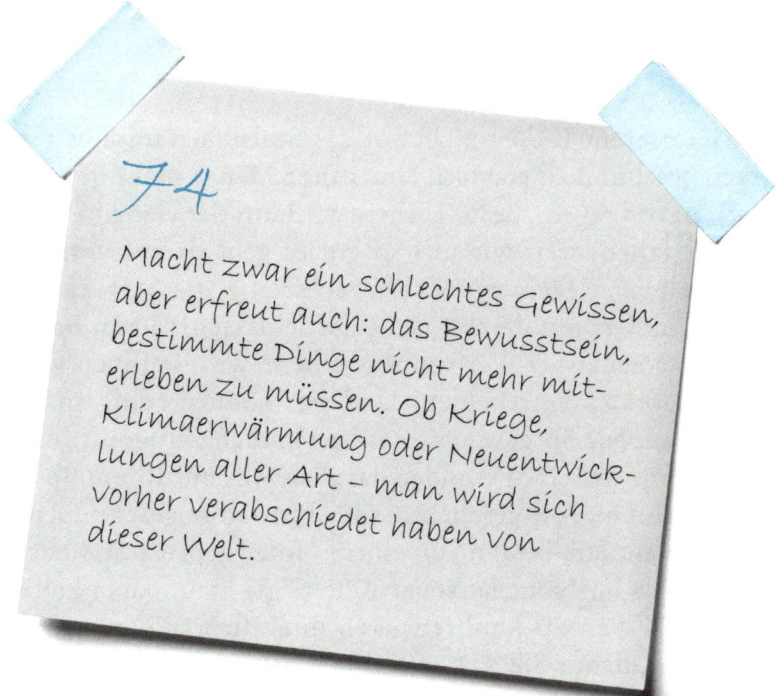

74

Macht zwar ein schlechtes Gewissen, aber erfreut auch: das Bewusstsein, bestimmte Dinge nicht mehr miterleben zu müssen. Ob Kriege, Klimaerwärmung oder Neuentwicklungen aller Art – man wird sich vorher verabschiedet haben von dieser Welt.

Sehen wir uns als Teil des Ganzen

Wir sind nicht isoliert und von der Welt um uns herum ausgegrenzt – weder zu Lebzeiten noch nach unserem Tod. Wir sind ein Teil unserer Welt und somit auch nach unserem Tod eingebunden (sogar fest eingeplant) in den Kreislauf der Natur. Dann nicht mehr in unserer jetzigen Form, sondern indem wir zu »Erde« werden und dadurch ermöglichen, dass neues Lebens entstehen kann.

Schaffen wir Klarheit für alles, was in unserer Hand liegt

Mit unserem Tod ist nicht nur das Stillstehen unseres Herzens verbunden, sondern eine ganze Menge mehr. Je mehr wir davon regeln, desto leichter wird uns der Gang bis zum Ende fallen, weil wir uns so gut es geht darauf vorbereitet haben. *Regeln Sie daher rechtzeitig die »Übergabe«.* Was passiert mit dem, was Sie zurücklassen? Ihrem Besitz, dem »Nachlass«? Wer soll was erben? Was ist Ihnen wichtig, selbst zu entscheiden? Und was können ruhig andere entscheiden? Sprechen Sie am besten rechtzeitig mit Ihren Kindern, Enkeln, Freunden darüber, was mit Ihrem Besitz nach Ihrem Tod geschehen soll. Ein selbst geschriebenes Testament (am besten von einem Notar geprüft und bestätigt oder im Notariat sogar hinterlegt) kann dabei helfen, Ihren Willen zu konkretisieren und allen transparent zu machen, damit Sie das, was Ihnen lieb und teuer ist, auch in gute Hände übergeben können.

Regeln Sie rechtzeitig das Unvorhersehbare. Was verwirrend klingen mag, ist es gar nicht. Niemand von uns weiß, was irgendwann einmal passiert. Es kann sein, dass wir durch eine unerwartete Krankheit ins Koma fallen oder ein Unfall unsere Lebenschancen radikal senkt. Für Fälle, in denen wir nicht mehr dazu in der Lage sind, selbst über uns zu entscheiden, können wir mit einer Patientenverfügung und einer Vorsorgevollmacht die gerade für Angehörige so wichtige Klarheit schaffen. Erklären wir unseren Willen zu heiklen Fragen wie der des künstlichen Komas, nehmen wir nicht nur unseren Liebsten unangenehme Entscheidungen ab, wir können auch befreiter leben, weil wir wissen, dass auch im schlimmsten Fall nichts gegen unseren Willen mit uns gemacht werden wird.

Regeln Sie Ihre Beerdigung rechtzeitig. Auch hier mögen sich manchen die Nackenhaare sträuben, doch ist dies wie kaum etwas anderes wichtig für unseren Seelenfrieden. Wo und wie möchten Sie bestattet werden? Welches Element ist das Ihre: Erde, Feuer, Wasser, Luft? Wie wünschen Sie sich Ihre letzte große Feier? Welche Lieder sollen gespielt werden? Soll jemand eine Rede halten? Was kostet das alles und wie wird es bezahlt? Worauf legen Sie wert?

Wenn Sie auf alle Fragen Ihre Antworten gefunden haben, sagen Sie es Ihren Kindern, Freunden oder anderen Ihnen nahestehenden Menschen, die beim letzten Geleit eingebunden sein sollen. Nicht nur Ihnen, auch Ihren Liebsten wird solch ein Gespräch helfen, weil es enttabuisiert und Ihnen allen das unbezahlbare Gefühl gibt, dass alles in Ihrem Sinne geregelt ist.

Und wenn alles besprochen, diskutiert und geplant ist: Vergessen Sie das Leben im Hier und Jetzt nicht. Denn bis zu Ihrem Tod ist es im besten Fall noch lange hin. Da Sie jetzt bestens darauf vorbereitet sind und alles in Ihrer Macht Stehende geregelt haben, müssen Sie auch nicht jeden Tag daran denken. Dafür ist die Zeit bis zum Tod doch viel zu kostbar, oder!?

Machen Sie reinen Tisch mit sich selbst

Wenn wir mit uns im Reinen sind, können wir irgendwann leichter mit dem Leben abschließen. Dies gelingt uns, wenn wir in uns selbst für Frieden sorgen, indem wir davon überzeugt sind, dass wir *unser* Leben gelebt haben, dass wir alles, was uns wichtig und möglich war, auch getan haben. Wenn wir nichts Entscheidendes unerledigt zurücklassen. Wenn wir weder mit verpassten Chancen noch falschen Entscheidungen hadern. Wenn wir uns nichts vorwerfen und akzeptieren, was war und ist. Außerdem gilt es zu akzeptieren – das ist oft das Schwierigste –, dass wir nicht nur unser Leben nicht ewig live miterleben können, sondern auch das unserer geliebten Menschen nicht. Dies wiegt besonders schwer, wenn wir Kinder und Enkelkinder haben.

Finden Sie Ihren äußeren Frieden

Haben wir den Menschen, die uns wichtig, mit uns emotional verbunden sind, alles Wichtige gesagt? Haben wir mit ihnen alles, was noch zwischen uns steht, geklärt oder gibt es noch offene Rechnungen, die zu begleichen sind, stehen noch Entschuldigungen aus, gibt es noch Streitigkeiten, die wir beenden sollten? Alles, was wir hierbei selbst initiieren und unternehmen können, sollten wir tun, damit wir unser Herzumfeld irgendwann im Guten verlassen können. Und auch bei den Hinterbliebenen dafür sorgen, dass sie alles, was sie auf dem Herzen haben, noch loswerden können, um sich später keine Vorwürfe machen zu müssen, weil es auch für das Wichtige irgendwann zu spät ist.

Reden Sie über das, was Sie bewegt

Wenn wir uns dem Tod stellen und mit anderen darüber reden, verliert selbst er irgendwann seinen einstigen Schrecken. Alles ist und bleibt schrecklich, wenn wir es in die dunkelste hinterste Ecke unseres Geistes und unserer Gefühlswelt verbannen. Denn aus der Dunkelheit starrt es uns trotzdem an und fühlt sich dadurch nicht selten noch viel angsteinflößender an, als wenn wir uns damit auseinandersetzen, den Tod selbst in seine Einzelteile zerlegen, bevor er es lange vor unserer Begegnung innerlich mit uns macht.

Ein wundervolles Beispiel, wie es anders gehen kann, finden Sie im Buch »Dienstags bei Morrie«. Mitch Albom erzählt hier die Geschichte eines ehemaligen Studenten, der erfährt, dass sein früherer Professor im Sterben liegt. Um ihm Kraft und Trost zu spenden, besucht der frühere Schüler seinen Lehrer und erfährt dabei auf berührende Weise einen Umgang mit dem Tod, wie er schöner wohl kaum sein kann.

Zu viel sei nicht verraten, nur so viel: Mitch Albom kreiert die faszinierende Vorstellung, dass jedem Menschen, der uns wichtig ist, ein Raum in unserem »Lebenshaus« gehört. Und jeder dieser Räume sei voll mit Bildern, auf denen die Momente abgebildet sind, die wir zusammen erlebt haben. Stirbt ein Mensch, fühlt es sich für uns so an, als wäre dieser Raum mit einem Mal leer, nichts wäre mehr da, was uns fassungslos dastehen lässt.

Der sterbende Professor empfiehlt seinem ehemaligen Studenten daher, jedes einzelne Bild von der Wand zu nehmen, es abzustauben, intensiv anzusehen, sich der gemeinsamen Momente zu erinnern und es dann in einer Kiste zu verstauen. Hierdurch, so sein Credo, könnte man seine Fassungslosigkeit und Traurigkeit in Bahnen lenken, sie Stück für Stück besser verarbeiten und begreifen. Man nimmt mit einem weinenden und einem lachenden Auge Abschied. Ein schöner Gedanke, nicht wahr!?

Sorgen Sie dafür, dass Sie über Ihren Tod hinaus noch lange weiterleben

Auch, wenn wir irgendwann körperlich nicht mehr auf dieser Welt weilen, können wir doch ein Teil von ihr bleiben. Wir können weiter wirken – auch weit über unseren Tod hinaus – wenn wir in den Köpfen und Herzen der Menschen bleiben, denen wir heute etwas bedeuten. Erinnerungen überdauern jegliche Zeit. Erinnerungen an gemeinsame Momente, die wir unseren Liebsten und guten Freunden geschenkt haben.

Es sind die Erlebnisse, die man zusammen teilt, die ewig bleiben können. Aber auch unser Wissen können wir konservieren, indem wir es materialisieren und unseren Lieben somit etwas ganz Persönliches hinterlassen. Das Kochbuch mit den Lieblingsessen, die wir immer so gern gekocht haben. Erinnerungen an das eigene Leben, an besondere Momente. Eine Liste mit den wichtigsten Lehren/Erkenntnissen des Lebens. Ein Wunschzettel, wie man gern in Erinnerung bleiben möchte. Ein mit Kommentaren versehenes Fotoalbum, individuelle Briefe, Selbstgestaltetes, Bilder, Zeichnungen …

Das Gefühl, dass wir niemals ganz sterben, weil Teile von uns in anderen Menschen weiterleben, von ihnen bewahrt und beschützt werden, kann eine unglaubliche Hilfe sein bei der Verabschiedung von sich selbst.

Konzentrieren Sie sich auf das Wichtige

Spricht man mit Menschen, die in einem Hospiz arbeiten, die also Sterbenskranke auf ihrem letzten schweren Weg begleiten, hört man häufig Ähnliches:

»Mit ihnen kann man die besten Gespräche führen. Menschen, die wissen, dass sie bald sterben werden, interessieren sich nicht für Unwichtiges wie Besitz, Konsum, Status oder Selbstdarstellung. Todkranke reden über Sinn, Liebe, Familie. Ohne es selbst auszudrücken, wissen sie, was wichtig ist, was das Leben ausmacht. Traurig, dass man anscheinend erst dem Tod geweiht sein muss, um zu erkennen, was wirklich zählt.«

Gehen Sie vom Guten aus

Der Tod an sich ist für viele Menschen schon schlimm genug, lassen Sie ihn uns nicht mit zusätzlichen unnötigen Ängsten aufladen. Gehen wir doch einfach ganz fest davon aus, dass wir irgendwann in weiter Ferne friedvoll und schmerzfrei einschlafen und danach in gute Hände kommen werden. Finden wir ein eigenes Bild für den direkten »Moment danach«. Vielleicht sitzen wir auf einem Berg unter einem schützenden Baum, schauen ins Tal und genießen die untergehende Sonne. Oder denken Sie sich an den Rand einer Klippe, über die Ihre Beine baumeln (ohne Angst hinunterzufallen) und von der Sie weit bis zum Horizont sehen können. Selbstverständlich dürfen Sie auch auf einer Wolke Platz nehmen, wenn Sie dies wünschen.

Wo auch immer Sie gedanklich sind: Gehen Sie davon aus, dass Sie niemals ganz gehen, weil Erinnerungen bleiben, Sie im Herzen Ihrer Liebsten ein Stück weit weiterleben und niemals ganz verschwinden. Denn wir alle sind Energie, und diese kann – schon rein physikalisch – niemals verschwinden.

Bei aller sinnvollen Beschäftigung und allen hilfreichen Vorbereitungen: Vergessen wir das Leben davor nicht. Nutzen Sie Ihre Zeit und verbringen Sie sie mit dem, was Sie lieben, und mit denen, die Sie lieben.

KAPITEL 21

Mit Humor lacht das Leben

Wer von uns lacht nicht gerne? Wie wunderbar, dass Humor mit dem Älterwerden immer wichtiger wird. Bereichert er doch unseren Alltag mit Emotionen, die uns helfen, selbst Schweres mit Leichtigkeit zu nehmen.

Heiterkeit, Frohsinn, gute Laune. Was gibt es Schöneres als ein ansteckendes Lachen, das direkt aus dem Herzen kommt. Wenn wir lachen, verdrängen wir für einige Momente selbst düsterste Gedanken aus unserem Sichtfeld. Es lenkt uns nicht nur ab, wenn uns etwas in die Tiefe zu reißen droht. Lachen bringt unsere Gefühlswelt wieder auf Kurs, indem es für eine einmalige Endorphin-Explosion sorgt und unsere Aufmerksamkeit somit untrennbar ans Glück heftet.

Lachen und Humor gelten nicht grundlos als heilsame Medizin ohne Nebenwirkungen, außer einem Lachmuskelkater vielleicht. Humor ist die Initialzündung für eine Reihe gesundheitlicher Vorteile, die für ein echtes »Herz-Lachen« sorgen können.

Denn Lachen bringt nicht nur das Zwerchfell in Bewegung, es knetet sogar Leber, Galle, Milz und den Magen-Darm-Bereich kräftig durch, was unsere Verdauung fördert. Lachen beschleunigt zudem unseren Puls und kurbelt unseren Kreislauf an, wodurch die Haut besser durchblutet wird und wir somit ein kostenloses Anti-Aging erhalten, weil die sauerstoffdurchflutete Haut gestrafft wird. Sogar

die Produktion von schmerzstillenden und entzündungs-
hemmenden Stoffen im Blut wird angekurbelt, und Kopf-,
Zahn-, Muskelschmerzen können gelindert werden. Auch,
weil Lachen verkrampfte Muskeln löst, zum Beispiel in
Schultern und im Nacken, und die Durchblutung fördert,
was wiederum Herz- und Kreislaufbeschwerden vorbeu-
gen kann.

Lachen als kostenloses Wundermittel. Und als doppelter Glücksbringer, denn weil Lachen auch den Choleste-
rinspiegel verbessert, ebenso die Blutfettwerte, ist man
fast geneigt, beim Lachen gleichzeitig Chips zu essen, um
diesen Effekt direkt auszunutzen. In jedem Fall stärkt Lachen auch unsere Abwehrkräfte und aktiviert die Immun-
abwehr. Manche meinen sogar, eine Minute Lachen wäre
so erfrischend und beruhigend wie ein fünfundvierzigmi-
nütiges Entspannungstraining.

Aus der Psychologie und der praktischen Erfahrung
weiß man sogar, dass der Einsatz von Klinikclowns nicht
nur Kindern hilft, schneller gesund zu werden. Wer sich
seinen Humor und eine heitere Gelassenheit bis ins hohe
Alter bewahren kann, wird auch die Zipperlein des Älterwerdens und stressige Situationen leichter ertragen.

*Ein junger Mann geht spazieren und sieht eine kleine,
verschrumpelte Frau, die glücklich in ihrem Schaukelstuhl
auf der Veranda sitzt. Er spricht sie vorsichtig an.*

*»Entschuldigen Sie, aber Sie sehen so zufrieden aus. Darf
ich Sie fragen, was das Geheimnis Ihres Lebens ist?«*

*Die Frau antwortet krächzend: »Jeden Tag sechzig bis
achtzig Zigaretten, mindestens eine Flasche Schnaps, keinen Sport und jede Menge junger Männer!«*

*»Unglaublich«, staunt der Mann. »Darf ich fragen, wie
alt Sie sind?«*

»Neununddreißig.«

Und, weil's hoffentlich schön war, noch einer hinterher.

Ein Mann beim Arzt: »Herr Doktor, wie kann ich hundert Jahre alt werden?«
Arzt: »Rauchen Sie?«
Patient: »Nein.«
Arzt: »Essen Sie zu viel oder ungesund?«
Patient: »Nein.«
Arzt: »Gehen Sie spät ins Bett?«
Patient: »Nein.«
Arzt: »Haben Sie Frauengeschichten?«
Patient: »Nein.«
Arzt: »Wieso wollen Sie dann überhaupt so alt werden?«

Zwei Witze, die mit Alter zu tun haben, über die man beide lachen kann, die in ihren Botschaften aber unterschiedlicher nicht sein könnten. Genau das ist das Wundervolle am Humor: Alles ist erlaubt, es gibt kein »Richtig« oder »Falsch«. Humor teilt die Welt, ihre Themen und uns Menschen nicht ein, versieht sie nicht mit einem allgemeingültigen Stempel. Humor gewinnt den Dingen neue Seiten ab, was eine unheimliche Kraft entfalten kann, weil nicht nur unsere Lach-, sondern auch unsere Denkmuskeln angeregt und aktiv werden.

So wirft Humor im Beispiel des ersten Witzes auf eine scheinbare Tatsache (glückliche alte Frau) ein überraschendes Licht (ihr wahres Alter). Oder er stellt wie in Witz Nummer zwei das scheinbar richtige Verhalten mit nur einer einzigen Frage komplett auf den Kopf. Guter Humor bewahrt nicht den Schein der Dinge, er entzaubert sie. Er bietet uns spannende Richtungen an, die wir gedanklich (mit-)gehen können, um im besten Fall unsere ganz eigenen Schlüsse daraus zu ziehen.

Humor sorgt daher gerade beim Älterwerden nicht nur dafür, dass wir befreit lachen können. Er hilft uns ebenfalls dabei, im Lustigen das Lehrende zu entdecken, über das wir nachdenken, das wir reflektieren können. Übrigens: Die Aufgabe von Humor ist es nicht, jeden Geschmacksnerv zu treffen. Seine einzige Aufgabe ist es, Bekanntem eine andere Note zu verleihen und uns einen neuen Blick darauf zu bieten.

Damit wir von der Wirkung des Humors profitieren können, müssen wir uns bewusst für ihn entscheiden. Mehr noch. Ihn sogar aktiv in unser Leben holen. Natürlich können wir warten, bis etwas Unterhaltsames um die Ecke kommt. Der Witz in der Zeitung, ein lustiges Video im Internet. Wenn wir Humor jedoch nur im Offensichtlichen suchen, werden wir mit wenig Lachen leben.

Humor ist viel mehr als ein »Brüllerwitz« oder ein Stolpervideo. Wahrer Humor entsteht durch uns selbst, wenn wir lernen, unser Leben, uns selbst anders zu betrachten. Machen wir gleich die Probe aufs Exempel.

Können Sie über sich selbst lachen?

Wenn Ihnen etwas misslingt: Ärgern Sie sich darüber oder können Sie die Rolle eines anderen annehmen, der bei Ihrem Fehltritt neben Ihnen steht und sich köstlich darüber amüsiert, ohne Sie auszulachen? Das Lachen über uns selbst ist das wohl wichtigste Lachen überhaupt, offenbart es doch, wie wir über uns selbst denken und wie wir öffentlich wirken wollen. Wollen wir immer stark und perfekt sein, ist ein Missgeschick ein Makel, den wir eher verstecken wollen, als ihn zu zeigen. Und über sich selbst zu lachen macht genau das: Es kaschiert keine Fehler, es hält mit ausgestrecktem Finger voll darauf zu und ruft mit seiner lauten Alarmsirene sogar noch alle Umstehenden herbei, als wolle es ihnen etwas Wunderbares zeigen.

Und genau das ist es ja auch. Weniger das Missgeschick, vielmehr das Eingeständnis, sich selbst nicht so wichtig zu nehmen, sich nicht verbissen immer von seiner Schokoladenseite zeigen zu müssen, sondern auch das Malheur als Teil des Ichs anzunehmen, sein Selbst nicht zu verstecken. Überlegen Sie einmal: Welche (prominenten) Menschen mögen Sie wirklich von Herzen? Sind es nicht meistens die, von denen Sie das Gefühl haben, dass auch sie Menschen mit Fehlern und Schwächen sind? Die Zeiten, in denen wir den (Schein-)Perfekten in Film, Sport oder Musik nachjagten, sind im Alter zum Glück vorbei. Was wir an anderen lieben, ihre Normalität, können wir doch auch an uns lieben, oder?

75

Je schwerer das Leben wird, desto mehr braucht es Humor. Lachen entlastet, erleichtert und entspannt. Am meisten, wenn man auch über sich selbst lachen kann. Kinder lachen vierhundertmal pro Tag, Erwachsene zwanzigmal, Tote gar nicht. Es hat Größe, sich ausschütten zu können vor Lachen, wenn alles nur noch schiefgeht. Lachen ist die wohl sympathischste Art, Kontrolle über sich zu verlieren und kurz mal schwerelos zu werden.

Das Älterwerden hilft uns auch hierbei, indem es uns mehr Leichtigkeit schenkt beim Blick auf Vergangenes. Über Dinge, die uns früher vielleicht peinlich waren, für die wir uns schämten oder wegen denen wir am liebsten im Boden versunken wären, können wir im Alter wunderbar lachen. Wir gewinnen rückblickend an Objektivität, weil wir erkennen, dass wir weder der Nabel der Welt noch unfehlbar waren und sind. Eine schönere Befreiung von früheren Schamgefühlen und negativen Erinnerungen kann es kaum geben.

Das Beste daran: Das Lachen über sich selbst befreit schneller als manche Psychotherapie-Stunde. Weil dadurch jegliche Masken fallen, wir keine (Schein-)Welt aufrechterhalten müssen und wir uns anderen (und uns selbst) so zeigen, wie wir sind: perfekt unperfekt.

»Ein Tag ohne Lachen ist ein verlorener Tag.«

Charlie Chaplin hat mit dieser Erkenntnis vollkommen recht. Es gibt auch gar keinen Grund, nicht zu lachen. Denn Humorfähigkeit ist uns allen angeboren (auch, wenn man es bei manchen griesgrämigen Menschen nicht sieht). Und sie ist mit zunehmendem Alter sogar immer weiter ausbaufähig, wie man wunderschön bei den Alten sehen kann, die in heiterer Runde liebend gern »Tränen lachen«.

Wissen Sie noch, wann Sie das letzte Mal gelacht haben? Kein Anstandslachen, sondern ein Herzlachen, das sie weder halten noch stoppen können oder wollen, weil es so schön ist. Das plötzlich aus Ihnen herausbricht, sie gar zu Tränen rührt und bei dem Sie sich gar nicht mehr einkriegen. Wann haben Sie so ein Lachen das letzte Mal bei sich erlebt? Bei zu vielen ist dies schon viel zu lange her. Schade. Wer lacht nicht gern herzhaft, sodass es schon fast wehtut!?

Als Kinder lachen wir übrigens etwa vierhundertmal am Tag. Als Erwachsene »etwas« weniger. Ungefähr zwanzigmal. Unglaublich, aber leider wahr. Eines der wirkungs-vollsten »Glücks- und Heilmittel«, das nichts kostet, noch nicht mal Anstrengung, lassen wir irgendwo im Lauf des Lebensweges links liegen. Woran liegt das? Haben wir im Älterwerden immer weniger zu lachen? Werden unsere Tage trostloser? Oder sind wir einfach nicht auf der Suche nach etwas, das uns zum Lachen bringt, sondern lachen eher mal müde mit, wenn was halbwegs Lustiges passiert?

Humor wartet nicht am Bahnhof mit einer blinkenden Leuchtreklame, auf der in großen Buchstaben geschrieben steht: »Ich bin lustig! Lach' über mich! Jetzt!« Humor ist überall, selbst jetzt in dem Moment, in dem Sie diese Zeilen hier lesen. Schauen Sie sich einfach einmal um: Was sehen Sie? Wo könnte sich etwas Humorvolles verbergen? Wenn Sie auf einem Sessel sitzen: Was wäre, wenn er plötzlich be-ginnen würde zu schweben und mit Ihnen wegfliegt? Oder wenn Sie auf Erbsengröße schrumpfen würden und Ihre Umgebung neu entdecken dürften?

Humor macht uns nicht nur lustiger, sondern nebenbei auch noch kreativer. Wenn wir es wollen, können wir im Normalen das Besondere, Absonderliche sehen. Natürlich kann das albern sein. Aber darum geht's ja. Humor ist gera-de nicht sachlich und vernünftig. Humor ist unvernünftig, »ver-rückt« von der Realität und folgt dem Motto: Normal gibt's schon. Humor ist alles außer gewöhnlich und gerade dadurch außergewöhnlich. Mal sorgt er bei uns für Lach-anfälle, mal schenkt er uns ein breites Grinsen. In jedem Fall hebt er unsere Mundwinkel und Stimmung.

Worüber lachen Sie?

Wenn wir wissen, worüber wir uns köstlich amüsieren können, was unser Lachzentrum zum Beben bringt, dann können wir aktiv auf die Suche danach gehen. Schließlich müssen wir auch erst einkaufen gehen, um unseren Körper mit Nahrung zu versorgen. Warum sollte das beim Humor anders sein?

Wagen wir doch einfach einen kleinen humorvollen Blick auf das Alter und das Älterwerden. Besonders auf die scheinbar schweren Dinge. Die Fähigkeit, über sich selbst und seine Unfähigkeiten lachen zu können, steigt im Alter. Warum? Weil man nichts mehr zu verlieren hat, weil man niemandem mehr etwas beweisen muss, weil man sich traut, zu sein, wer man ist?

Egal was und egal wie's kommt: Wir müssen es sowieso hinnehmen. Ob wir wollen oder nicht. Und am besten nehmen wir's mit Humor. Vielleicht sorgen die folgenden anderen Blickwinkel ja für den einen oder anderen Schmunzler bei Ihnen.

76

All das Schreckliche und Traurige am Alter ist wahr – und mit aller Kraft ins Visier zu nehmen. Ihm ist dann aber ein klar definierter Platz zuzuweisen, sodass man sich in den anderen Hirn- und Herzregionen erfreuen kann an allem, was noch möglich ist und uns ein Lächeln ins Gesicht zaubert.

Einige Vorteile des Alters aus humorvoller Sicht:

Sie leben immer sicherer, weil die Wahrscheinlichkeit, dass Sie entführt werden, weil jemand Lösegeld für Sie fordern möchte, enorm sinkt, je älter Sie werden.

Als Alte/r werden Sie bei der Alkoholkontrolle nicht mehr herausgezogen, am Flughafen nicht als Drogenkurier oder Terrorist eingestuft und sparen sich hierdurch viele Stunden unnötiger Wartezeit.

Als Alte/r können Sie jedem Ihre wirkliche Meinung knallhart ins Gesicht sagen, weil sie ihn wahrscheinlich zum letzten Mal getroffen haben.

Wenn Sie nachts häufiger »raus« müssen, haben Sie endlich Ihre Ruhe, die Welt ganz für sich allein und können machen, was Sie wollen (selbst in Nachbars Garten bei Mondschein).

Je älter wir werden, desto mehr Elend geht an uns vorbei, weil wir es mit unseren schlechten Augen einfach nicht mehr sehen.

Als Alte können wir günstigeres Essen kaufen, weil wir einen schlechteren Geschmackssinn haben. Auch Bio-Produkte können wir uns sparen, weil wir als alte Menschen auf jedes Konservierungsmittel angewiesen sind.

Als Alte können wir woanders solange wir wollen kostenlos Zeitungen und Zeitschriften lesen und sparen eine Menge Geld, weil man uns aus dem Wartezimmer beim Arzt nicht so leicht vertreiben kann.

Als Alte erfahren wir die intimsten Geheimnisse anderer Menschen, die sie uns gern anvertrauen, weil wir sie spätestens morgen eh schon wieder vergessen haben.

Als Alte wissen wir, dass es Schlimmeres gibt als den Tod: den Besuch eines Versicherungsvertreters zum Beispiel.

Vielleicht dachten Sie an der ein oder anderen Stelle »Das ist aber gemein«, waren vielleicht sogar pikiert. Das Faszinierende am Humor ist nicht nur seine Vielschichtigkeit, sondern auch seine Fähigkeit zu verbinden. Der englische Psychologieprofessor Richard Wisemann ermittelte mit seinem Team den lustigsten Witz der Welt, also den Witz, über den man kulturübergreifend am meisten lacht. Rund eine halbe Million Menschen aus insgesamt siebzig Ländern haben an seiner Befragung teilgenommen und folgenden Witz als ihren Lieblingswitz gewählt.

Zwei Jäger gehen auf die Jagd und wandern durch den Wald. Plötzlich greift sich der eine an die Kehle und stürzt zu Boden. Der andere Jäger gerät in Panik und ruft den Notarzt an.

»Ich glaube, mein Freund ist tot, was jetzt?«

Der Arzt sagt: »Beruhigen Sie sich! Zunächst einmal müssen Sie sichergehen, dass Ihr Freund wirklich tot ist.«

Pause. Ein Schuss. Dann kommt er wieder ans Telefon.

»Okay, erledigt. Und was jetzt?«

Wenn Sie jetzt lachen, wunderbar. Wenn Sie diesen Witz einem anderen erzählen, der dann auch darüber lacht, mit ihnen lacht: noch besser. Humor hat, wie wenig anderes sonst auf unserer Welt, die Macht, Menschen zu verbinden. Vielleicht kennen Sie auch Situationen auf Feiern, in denen man in der Gruppe zusammensteht und auf einmal alle anfangen zu lachen. Dieses Gruppenlachen ist deshalb so besonders, weil es uns sofort miteinander verbindet, aus einzelnen Menschen eine Gemeinschaft formt. Wir schwimmen zusammen auf einer Welle und geben uns dadurch gegenseitig Kraft und Anschwung.

Dieses Phänomen bleibt vom jungen bis ins hohe Alter gleich. Ebenso, dass wir immer nur zehn Gesichtsmuskeln anstrengen müssen, um zu lächeln, und etwa fünfundsechzig, um ein böses Gesicht zu machen. Was sich jedoch

ändert, ist das, worüber wir lachen können. Und jetzt
wird's für die Alten erfreulich, denn lachen wir in jungen
Jahren eher über Pietätloses, Gemeines, die Misserfolge an-
derer, haben wir im Alter eine Vorliebe für Witze, die die
Schwächen des Älterwerdens thematisieren. Aus früherer
Schadenfreude wird somit Lebensfreude, weil wir nicht
über andere, sondern über uns selbst lachen und unsere
Probleme auf die Schippe nehmen können.

Und das hat einen Grund. Humor hilft uns nämlich, uns
von Angstbesetztem zu distanzieren. Im Lauf unseres Lebens werden wir geprägt von emotionalen Rückschlägen
und erleben mit dem Alter zudem eine Verschlechterung
unserer körperlichen Fähigkeiten. Humor unterstützt uns,
diese Veränderungen leichter hinzunehmen. Deswegen lachen ältere Menschen auch vermehrt über das, was sie persönlich betrifft. Manchmal gleitet dies sogar ins richtig Def-
tige ab – Witze über Impotenz oder sexuelle Unattraktivität
sind bei älteren Menschen beliebter, als manch junge ahnen.

Vielleicht ja auch, weil sie wissen, dass Humor und sich selbst nicht so ernst zu nehmen durchaus attraktiv machen.

Wir nutzen Humor im Alter somit auch als Perspektivenwechsel, der für Abstand zwischen uns und bestehenden (oder gefürchteten) Problemen sorgt und uns dadurch entspannt. Weil das Unangenehme – zumindest für einen Moment – nicht zum Greifen nahe ist, sondern dadurch, dass Humor es manchmal sogar lächerlich macht, seine negative Wucht und seinen Schrecken verliert.

Also: Bringen wir doch schon heute mehr Humor in unseren Alltag. Gönnen wir uns eine andere Sicht auf die Dinge, und sorgen wir dadurch für Abstand zum Negativen. Den dadurch entstehenden Freiraum können wir wiederum gut für anderes nutzen – zum befreiten Leben. Wenn in Ihrem Alltag also kritische Situationen auftreten, könnten wir diesen humorvoll begegnen (und sie dadurch viel leichter bewältigen), wenn wir uns zum Beispiel fragen, wie ein übertrieben agierender Clown an unserer Stelle in dieser Situation reagieren würde.

Trainieren Sie Ihre Lachmuskeln auch, indem Sie andere Menschen beobachten. Wenn Sie im Stadtcafé draußen in der Sonne sitzen und Ihren Cappuccino genießen, schauen Sie sich die hektisch vorbeieilenden Menschen an und fragen Sie sich, von welchen wilden Tieren die gerade verfolgt werden oder was es in der Ein-Euro-Abteilung im Geschäft um die Ecke geschenkt gibt.

Gewinnen Sie mit den Jahren immer mehr an Humor, und erwischen Sie sich selbst immer öfter beim Lachen! Wer mag, darf auch gern andere zum Lachen bringen. Dies sorgt nicht nur bei unserem Partner, Freunden, Nachbarn oder den Kindern für gute Laune, sondern ebenso bei uns selbst.

Alles Humoristische ist gut für unsere Gesundheit. So klein es auch sein möge. Vielleicht auch der abschließende Witz:

Der Hausarzt besucht seinen hundertsechsjährigen Patienten, um ihm zum Geburtstag zu gratulieren. Begeistert über seine Konstitution fragt er ihn: »Sagen Sie mal, warum sind Sie in Ihrem Alter eigentlich so gut drauf?« Darauf antwortet der Hundertsechsjährige: »Ach, ich hab jetzt keine Probleme mehr und nur noch Zeit für mich. Ich hab jetzt beide Kinder im Altersheim.«

KAPITEL 22

Sein eigener Fels in der Brandung

Das Alter macht uns zu Krisenmeistern, zu menschlichen Felsen, die selbst in stürmischer Brandung ihren Mann oder ihre Frau stehen. Und das sogar fast »vollautomatisch«, denn je mehr Krisen wir zu bewältigen hatten, desto mehr profitieren wir davon im Alter. Misserfolge, Trennungen, Rückschläge, Konflikte, Leid, Verluste. Glücklicherweise dürfen wir alle Zeit unseres Lebens unzählige Krisen meistern. Mehr noch: Für jede neue Krise, die uns ereilt, dürfen wir dankbar sein.

Falls die letzten beiden Sätze merkwürdig euphorisch auf Sie wirken, Sie gar leichte Ironie wittern, sei schnell gesagt, dass Krisen tatsächlich von unermesslichem Wert für uns sind. Vor allem, weil wir selbst mit unserer Einstellung dafür sorgen. Wir sehen in Krisen nämlich fast immer nur das Negative, da schon das Wort »Krise« nichts Gutes erahnen lässt, sondern vielmehr hohe Wellen überschäumenden Unglücks ankündigt. Mittendrin in der Krise können wir die Beweise für das Schlechte an ihr oftmals sogar mit Händen greifen.

Es kann also gar nicht anders sein, dass Krisen schlecht sind und wir uns vor ihnen hüten sollten (wenn dies überhaupt geht). Und es stimmt: Im Chinesischen besteht das Schriftzeichen für Krise aus dem Symbol für »Gefahr«, aber eben auch aus dem für »Gelegenheit«. Die Chinesen haben beide Seiten der Krise erkannt und schenken dem Negativen wie dem Positiven seinen Raum.

Wenn es uns im Älterwerden gelingt, nicht nur das Furchtbare in der Krise zu sehen, sondern zumindest nach dem Helfenden Ausschau zu halten, werden wir nicht nur aktuelle kritische Situationen besser durchstehen, sondern uns auch vor zukünftigen nicht fürchten.

Diese in uns immer weiter wachsende Fähigkeit, Krisen zu meistern, wird Resilienz genannt. Bezeichnen wir sie einfach als Immunsystem unserer Seele, das uns dabei hilft, schwierige Lebenssituationen oder -phasen durchzustehen und sogar gestärkt daraus hervorzugehen. Die Resilienz ist leider keine Ressource, die uns bewusst ist, die wir sehen und durch gezielte Beanspruchung wie einen Muskel trainieren können. Resilienz tickt sinnbildlich lautlos und unsichtbar, dafür aber rund um die Uhr und vollkommen selbstständig.

Wenn uns eine Krise ereilt, sich unverrückbar in den Vordergrund schiebt, uns in ihren Mittelpunkt zieht, können wir dank unserer übers Leben erarbeiteten Resilienz die richtigen Schlüsse ziehen. Selbst, wenn das Geschehen so turbulent ist, dass wir (fast) den Überblick verlieren, behalten wir ihn und suchen gezielt nach dem gordischen Knoten, den es fast immer gibt und den es nur zu zerschlagen gilt, um die Krise zu bezwingen. Durch die dank unserer Resilienz unaufgeregte Arbeit lernen wir unbewusst sogar fürs nächste Mal, wenn wir mit etwas konfrontiert werden, das uns aus dem Gleichgewicht reißt.

Vielleicht hatte auch Max Frisch die Resilienz für sich entdeckt, als er Folgendes niederschrieb:

»Krise ist ein produktiver Zustand. Man muss ihm nur den Beigeschmack der Katastrophe nehmen.«

Ohne Krise keine Resilienz. Ohne Licht kein Schatten. Ohne Hunger kein Sättigungsgefühl. Alles im Leben hat seine zwei Seiten. Nichts steht für sich allein. Ist es nicht ermutigend, dass dies auch für Situationen und Momente im Leben gilt, die auf uns nur düster, schrecklich, manchmal gar hoffnungslos wirken!?

78

Jede und jeder, der über sechzig Jahre auf dieser schönen Welt gelebt hat, ist höchstwahrscheinlich durch große Krisen gegangen, hat Meisterliches geschaffen, wusste oft nicht mehr weiter, hat vielleicht Kinder in die Welt gesetzt, an ihrem Bett gesessen und ihnen ein Trampolin in ein selbstbestimmtes und glückliches Leben gebaut, hat kranke Angehörige gepflegt und zu Grabe getragen, hat geholfen, wo es nur ging, und versucht, die Welt ein wenig besser zu machen. Das Leben hat ihn oder sie gefordert und immer wieder zu Höchstleistungen inspiriert. Wir sollten all dem Respekt zollen, sollten unseren Hut vor Älteren ziehen und unseren Sitz für sie räumen. Jedes weiße Haar nicht als Anzeichen für Schwäche und nahendes Ende sehen, sondern für Weisheit, Erfahrung und Bemühen. Seien wir dankbar für jede und jeden, der oder die uns teilhaben lassen kann an diesem Schatz. Eine Gesellschaft, die ihre Alten ehrt, ist besser und menschlicher als eine, die nur die strahlende Schönheit der Jugend bewundert.

Mit jeder neuen Krise können wir krisenfester werden und dadurch psychisch widerstandsfähiger. Wir können Krisen im Alter immer besser meistern, einfach, weil wir erfahrener darin geworden sind, weil unser Krisenmanagement im Hintergrund seinen Job über die Jahre perfektioniert, die für uns richtigen Schlüsse gezogen hat.

Je älter wir werden dürfen, desto eher bewahren wir so die Haltung und bleiben auch in belastenden Augenblicken stabil, verlieren uns nicht im Auge des Orkans, der um uns herum tobt. Sicher kennen Sie ältere Menschen, die die Ruhe bewahren. Die auch dann, wenn's stressig wird, wenn's nicht klappt, wie es klappen sollte, gelassen bleiben, nicht in Hektik verfallen.

Jede gemeisterte Krise wird für uns im Alter zu einer Treppenstufe, die uns der eigenen Sicherheit näher bringt. Schon wenn wir nur einige Stufen erklommen haben, machen uns bereits leichte Lüftchen nichts mehr aus. Im Gegenteil. Wir nehmen sie als erfrischenden Windzug, aus dem wir neue Kraft schöpfen können. Was meinen Sie, wie hoch Ihre krisenfeste Alterstreppe erst sein wird, wenn Sie richtig alt sind? Ab einer gewissen Stufe bringt Sie nichts und niemand mehr aus dem seelischen Gleichgewicht. Auch, weil Sie schon so vieles erlebt, mitbekommen und durchgestanden haben und damit umgehen können, auf vieles vorbereitet sind.

Manche sprechen auch von einem »dicken Fell«, das sie sich mit den Jahren angelegt haben, eine eigene Schutzschicht, die sie abhärtet, gegen Angriffe von außen immun macht. Dies hat mit Resilienz jedoch wenig zu tun, weil es hierbei oft mehr um Abschottung geht, um das Vermeiden unnötiger Verletzungen, was meist gar nicht geht, weil wir selten unbeschadet aus Krisen herauskommen. Selten sind wir nach der Krise so, wie wir vorher waren.

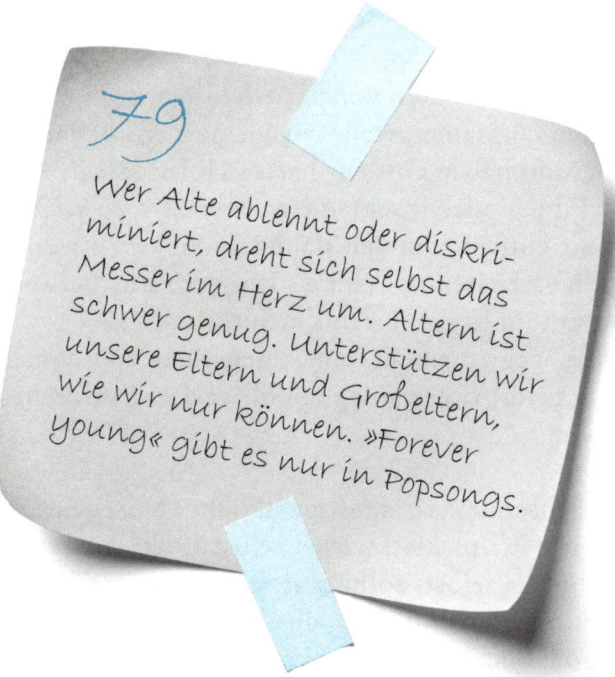

79

Wer Alte ablehnt oder diskri-
miniert, dreht sich selbst das
Messer im Herz um. Altern ist
schwer genug. Unterstützen wir
unsere Eltern und Großeltern,
wie wir nur können. »Forever
young« gibt es nur in Popsongs.

Insbesondere große Lebenskrisen wie schwere Krankheiten, lange Arbeitslosigkeit, der Verlust nahestehender
Menschen oder ähnlich Schlimmes gehen niemals ohne –
zumindest emotional – Narben an uns vorüber. Und das
sollte auch gar nicht das Ziel sein, weil dies alles zum Leben dazugehört und erst den Menschen aus uns macht, der
wir sind und sein werden. Grundsätzlich vermeiden können wir Krisen ebenso wenig wie die Verletzungen, die dadurch entstehen. Was wir aber entscheiden können, ist, ob
wir diese offenen Wunden ein Leben lang mit uns herum-
tragen wollen, oder ob wir sie heilen lassen, weil wir sie
annehmen und aus ihnen lernen.

Was für uns Menschen meist etwas komplett Neues ist,
wie die beschriebene wachsende Krisenfestigkeit, ist für
andere Lebewesen vollkommen selbstverständlich. Von
Bäumen wissen wir zum Beispiel, dass besonders solche

uralt werden, die unter widrigen Bedingungen wachsen. Sie wachsen langsamer, weil sie enge und dünne Jahresringe bilden, und haben ein sehr hartes Holz, dass es Angreifern wie Pilzen oder Insekten erschwert, sie zu schädigen. Lernen wir einfach von den Bäumen und sehen jede neue vermeintliche Krise als weiteren Ring um uns herum, der uns schützt und es gut mit uns meint.

Auf dem Weg zu einem immer sichereren Krisenmeister helfen uns beim Älterwerden vor allem drei Faktoren:

1. Die positive Selbstwahrnehmung

Unsere wachsende Krisenfestigkeit hängt entscheidend davon ab, ob wir uns als Mensch selbst wertschätzen. Wer, wenn nicht wir selbst, sollte uns wertschätzen? Jeder von uns besitzt Angewohnheiten, die zumindest die Annahme zulassen, dass man dafür eher kritisiert wird, als Anerkennung zu erhalten.

Kennen Sie Menschen, die geizig sind? Oder die einen Sauberkeitsfimmel haben? Es gibt unzählige Eigenschaften, die man uns Menschen als negativ auslegen könnte, wenn man es denn möchte. Per se sind Geiz und Sauberkeitsfimmel weder schlecht noch gut. Einen Menschen, der gut auf sein Geld aufpasst, können wir natürlich als geizig bezeichnen. Aber auch als sparsam. Jemandem, der es zu Hause gern sauber hat, dürfen wir natürlich einen Putzzwang unterstellen, ihn aber ebenso als reinlich bezeichnen. Zwei Positionen für ein und dasselbe.

Wie hilft uns dieses Deutungswissen dabei, uns selbst positiv/er wahrzunehmen? Wenn wir unsere »schlechten« Eigenschaften, Macken, Neurosen, mit denen man uns manchmal aufzieht oder die andere an uns nerven, ganz neutral betrachten als das, was sie sind, bekommen wir einen klareren Blick auf uns. Alles Offensichtliche sind die Beulen unserer Persönlichkeit. Sie zeichnen uns aus, machen uns unverwechselbar. Wenn es uns gelingt, ihnen zumindest eine neutrale Bedeutung zu geben, noch besser, sie positiv anzusehen, werden wir dadurch auch in Krisenzeiten profitieren. Weil wir im vermeintlich nur Schlechten den wahren Kern erkennen können, manchmal sogar bereits das Gute. Und je mehr Gutes wir in uns sehen, je besser wir uns selbst finden und desto mehr Stärke wir uns selbst zuschreiben, desto mehr davon steht uns bei der nächsten Krise zur Bewältigung zur Verfügung.

2. Der bejahende Optimismus

»Ein Optimist denkt zwar ebenso einseitig wie ein Pessimist. Nur er lebt froher.« Ein schöne Sichtweise, die der spanische Clown Charlie Rivel hier annimmt, weil er es auf das Wesentliche reduziert. Es steht uns jederzeit frei, im Alter erst recht, in Dingen und Menschen das Negative oder das Positive zu sehen. Beides wohnt in allem inne. Die Betrachtung des Negativen kann uns helfen, Gefahren zu vermeiden, Risiken einzuschätzen, uns zu schützen. Sie wird uns aber niemals den Antrieb verleihen, auf etwas zuzugehen, sondern uns im besten Fall dazu führen, von Schlechtem Abstand zu nehmen, oder stehen zu bleiben und abzuwarten.

Nehmen wir das Positive ins Auge, kann es sein, dass wir dadurch blind ins Verderben rennen, uns verletzen, enttäuscht werden. Dieses Risiko kann uns niemand nehmen. Aber es führt uns eben auch dazu, dass wir uns bewegen, nach vorne Richtung Zukunft und Glück. Vielleicht können wir mit uns auch einen Kompromiss schließen, indem wir nicht automatisch alles nur positiv betrachten, uns die Fähigkeit des kritischen Blickes bewahren, aber dafür zweierlei niemals infrage stellen:

- unsere Lebensfreude und das tief verwurzelte Gefühl, dass das Leben grundsätzlich schön und lebenswert ist,
- unseren Optimismus zum Ich und den tief verwurzelten Glauben, dass wir unser Leben meistern werden.

Indem wir »Ja« zum Leben und »Ja« zu uns sagen, legen wir die Basis, schwierige Situationen durchzustehen, weil wir es erstens irgendwie hinbekommen werden und zweitens alle Anstrengungen ihrer Mühen wert sind, weil wir (weiter-)leben wollen. Mit dieser Grundhaltung kommen wir gut durch alle Krisen und schaffen unsere eigenen sich selbst erfüllenden Prophezeiungen, die irgendwann zu einer Positivspirale werden, weil jedem (Krisen-)Erfolg ein weiterer folgen wird.

Dieses Wissen, dass uns Hartes härter und Schwieriges besser macht, macht uns immer noch fähiger im Lösen von Problemen. Vor allem, weil wir wissen, dass es (fast) immer eine Lösung gibt, auch, wenn wir sie nicht immer sofort sehen. Diese Haltung, dass alles ein gutes Ende findet, oder zumindest eines, mit dem wir weiterleben können, gibt uns Kraft und Mut und stärkt auch unsere Schulter, an der sich Jüngere anlehnen und Rat holen können.

Trotz aller Krisenfestigkeit, der Fähigkeit, unsere Emotionen und Handlungen auch in unkontrollierbaren Zeiten zu kontrollieren: unser wachsendes Lebensverständnis lehrt uns auch das Wissen, was nicht geht, was wir aber akzeptieren müssen. Auch in Krisen gibt es Phasen, in denen jede Form des Kampfes nichts bringt außer Erschöpfung und Verzweiflung. Doch, wie sagt eine Kinderweisheit so schön: »Gibt dir das Leben Zitronen, mach Limonade daraus.«

Damit wir auf dem weiteren Weg ins Alter unseren Optimismus bewahren oder ihn neu entdecken, können wir beispielsweise hinderliche Glaubenssätze umformulieren. Glaubenssätze sind Überzeugungen, Einstellungen, die meist in uns so fest verankert sind, dass wir uns gar nicht mehr darüber klar sind, dass sie niemand in Stein gemeißelt hat. Und gerade dennoch sind sie so wichtig, weil sie unser Handeln maßgeblich beeinflussen, und damit auch die Frage, ob und wenn ja, wie glücklich wir altern werden.

Die meisten Glaubenssätze haben wir nicht selbst erdacht oder aus unserer eigenen Erfahrung als richtig abgespeichert, sondern (unbewusst) von anderen übernommen. Leider sind diese Glaubenssätze meist negativ belastet, wie man am Beispiel des Alters oder des Älterwerdens schön sehen kann, wenn Sie noch einmal kurz an die erste Station unserer Erkundungsreise denken, an der wir uns die Welt der Vorurteile angeschaut haben.

»Im Alter kann man weniger.«

»Im Alter lebt man ja nicht, da vegetiert man vor sich hin.«

»Alte sind anders, krank, müde und zu nichts zu gebrauchen.«

Diese unbewussten negativen Glaubenssätze haben Einfluss auf uns, weil sie unser Bild vom Alter prägen. Wenn wir herausfinden, was wir übers Alter und das Älterwerden denken, und die negativen Glaubenssätze durch positive ersetzen, erweitern wir unseren Handlungsspielraum und freuen uns vor allen Dingen mehr auf das, was noch kommen mag. Auch auf neue Krisen.

3. Die Macht der Selbstbestimmung

Krisenfeste Menschen eint ein weiterer Aspekt. Sie alle haben gelernt, dass sie selbst es sind, die über ihr eigenes Schicksal entscheiden. Sie verlassen sich nicht auf Glück oder Zufälle, sondern nehmen die Dinge selbst in die Hand,

80

Trotz allem Inseln des Glücks finden. Auf das Positive fokussieren. Wissen, dass die kleinen Momente oft die großen sind. Das Glück im Jetzt finden und sich trotzdem Ziele setzen. Realistisch mit Erwartungen umgehen. Sich entschuldigen und verzeihen können. All solche wichtigen Schritte in Richtung Glück sollten wir lebenslang trainieren – denn im Alter brauchen wir sie zum überleben.

wobei sie ein durchaus realistisches Bild von ihren Fertig- und Fähigkeiten haben. Sie sind keine Tagträumer, fühlen sich nicht wie Superhelden, die selbst Mauern, die sich in ihren Weg stellen, mit den Händen abreißen können.

Sie verstehen sich vielmehr als Schöpfer ihres Lebens, der aus dem Vollen schöpfen und dadurch maßgeblich beeinflussen kann, wo er morgen, oder später im Alter, sein wird. Nicht zu hundert Prozent, aber doch ist sichtbar, dass erreichte Ergebnisse mit dem eigenen Handeln zu tun haben, nichts »von allein« passiert. Gerade im Alter wird dies vielen Menschen bewusst, weil sie sehen, was sie bereits alles in ihrem Leben geschafft und erschaffen haben.

Unsere eigenen Einflussmöglichkeiten können wir im Älterwerden sogar noch erweitern, indem wir sie zuerst einmal erkennen. Nehmen wir uns hierzu beispielsweise erfolglose Ereignisse, Situationen mit negativem Ausgang aus unserer Vergangenheit als »Anschauungsobjekt« und fragen uns:

Was wäre nötig gewesen, um ein anderes, besseres Ergebnis zu erzielen? Wodurch hätte man die Sache retten können? Wie hätte man folgenreiche Auswirkungen verhindern, begrenzen oder abschwächen können?

Andersherum können wir gerade nach den Dingen in unserem Gestern suchen, die uns gelungen sind. Auch sie sollten wir uns vor Augen führen und uns fragen, was wir zu ihrem Gelingen beigetragen haben.

Es gibt nur wenige Bereiche wie den Tod, in denen keine Kontrollmöglichkeit mehr existiert, wo unser Einfluss gleich null ist. Was wir immer haben, ist die Kontrolle über die Bedeutung, die wir den Dingen geben. Und darüber, welche Schritte wir wählen, um aus der Krise zu steigen wie der Phönix aus der Asche.

Welche Krisen haben Sie schon gemeistert? Welche schweren Zeiten haben Sie durchgestanden? Was können Sie aus Ihrem bisherigen Leben mitnehmen an Stärkendem, das Sie für Ihre Zukunft nutzen können?

Selbst, wenn Ihnen nur eine Handvoll Krisen oder schwierige Situationen einfallen mögen: In Wahrheit sind es viel, viel mehr. Dass wir uns ihrer nicht in ihrer Gänze erinnern, verdanken wir unserem Gehirn, das – übrigens im Alter noch stärker – unangenehme Erfahrungen isoliert, sie uns nicht sofort zugänglich macht. Es möchte uns damit schützen, nicht belasten, weil es oft nicht gelernt hat, dass wir diese Erfahrungen nicht verstecken müssen. Dies müssten wir nur dann, wenn wir einfach nur froh sind, dass sie vorbei sind.

Ansonsten finden sich auch in Ihrem Leben sicherlich zahlreiche kleine, mittlere wie große Krisen. Ob am Arbeitsplatz, in Partnerschaften, im Familienleben, in Freundschaften, in der Nachbarschaft. Ob bei rechtlichen, finanziellen, steuerlichen oder gesundheitlichen Angelegenheiten. Krisensituationen durchleben wir häufiger, als wir bewusst wahrnehmen.

Natürlich hinterlassen manche (traumatischen) Erlebnisse auch Narben, die vielleicht nie verheilen werden. Zumindest fühlt es sich für uns so an. Doch auch sie gehören zu uns. Sind es sogar, die uns stärker machen, weil sie eben nicht verschwinden, wir sie nicht verdrängen, sondern als das akzeptieren, was sie sind: ein Beleg dafür, dass wir schon so manche Krise überstanden haben.

Und eines ist sicher: Neue Krisen werden kommen – ob in federleichter Gestalt oder getarnt als große Katastrophe. Ängstigen wir uns nicht vor ihnen. Bleiben wir neugierig auf das, was da in naher und ferner Zukunft auf uns wartet. Wenn die Sorge vor dem Morgen das Heute bestimmt, wenn uns die Neugierde abhandenkommt, wir nur noch das altbekannte Sichere dem unsicheren Neuen vorziehen, dann sind wir wirklich das, was niemand von uns sein will: alt im schlimmsten Wortsinn.

Nehmen wir lieber das Bewusstsein mit auf unseren weiteren Weg ins Alter, dass uns nichts umhauen und aus der Bahn werfen kann. Was auch immer kommen mag:

Wir selbst sind unser bester Krisenschutz.

KAPITEL 23

Die Welt mit anderen Augen sehen

Wir sind nicht allein auf dieser Welt.
Dies ist natürlich keine Erkenntnis, die uns erst im Alter ereilt. Aber sie wird bedeutungsvoller für uns, je älter wir werden. Ob wir es zugeben wollen oder nicht: In jungen Jahren dreht sich die Welt doch häufiger um uns als wir uns um sie. Und das ist auch vollkommen verständlich. Bauen wir doch gerade, wenn wir jung sind, unser Leben erst auf, müssen uns überhaupt erst klar werden, wer wir sind, was wir wann wollen, und müssen dann sogar auch noch herausfinden, wie wir dort hingelangen.

Mit zunehmendem Alter sind wir in der Lage, immer mehr von dem wahrzunehmen, was uns umgibt. So können wir selbst Dinge, die uns schon Jahre oder Jahrzehnte umgeben, auf einmal wertschätzen, obwohl sie schon früher da waren, aber eben von uns unbeachtet oder ungeschätzt.

Das Älterwerden sorgt für ein Mehr an Welt- und Weitblick, und wir fühlen uns – Sie erinnern sich an die kristalline Intelligenz – immer häufiger mit anderen und anderem verbunden. Auch weil wir nicht mehr, wie in jüngeren Jahren, um uns selbst kreisen. Vor allem unsere Gedanken kreisen immer mehr um andere und anderes. Vielleicht auch, weil wir uns schon oft und lange genug um uns selbst gedreht haben. Oder einfach, weil wir den Großteil des Lebens bereits hinter uns und die großen Aufgaben für uns bereits »erledigt« haben.

Wir erkennen immer mehr, dass wir zwar der Kern unseres Lebens sind, um zur besseren Vorstellung ein Bild zu finden, im Mittelpunkt einer großen Baumscheibe stehen. Aber wir sehen auch zunehmend die einzelnen Jahresringe und menschlichen Kreise, die sich im Laufe des Lebens um uns herum gebildet haben und uns umgeben, uns schützend einrahmen.

Die Menschen bestimmen unser Leben

Die ersten Kreise, die uns von allen folgenden am nächsten sind, stehen sinnbildlich für unsere Liebsten. Unser/e Partner/In, Eltern, Geschwister, Verwandte, Kinder, Enkel, Freunde … Alle Menschen, die uns sehr wichtig sind und denen wir uns verbunden fühlen, befinden sich in unserem Herzumfeld.

Tief in uns fühlen wir, dass kein Mensch dafür gemacht ist, ganz allein zu leben ohne jeglichen Kontakt oder Menschen, die man mag und liebt. Der Mensch ist seit jeher ein »Gemeinschaftstier«. Dies merken wir spätestens dann, wenn unser/e Partner/In stirbt und deutlich wird, dass wir nicht nur zum Glücklichsein, sondern oft schon zum reinen Sein mehr brauchen als uns selbst. Schon die Urmenschen lebten daher aus gutem Grund in Gemeinschaften: Ohne ein Gegenüber wüssten wir genau genommen gar nicht, dass wir existieren (früher gab es weder Smartphone-Selfies noch Spiegel).

Menschen brauchen Menschen zum Austausch, zum Teilen von Freude, Leid, Leben, zur gegenseitigen Unterstützung, weil wir nicht alles allein schaffen können, zusammen hingegen schon. Geliebte Menschen liefern uns zudem unzählige Gründe, warum es sich lohnt zu leben. Und zwar nicht nur für uns selbst, sondern auch für andere, weil wir unsere ganze Kraft erst dann entfalten können, wenn wir sie auch anderen zugutekommen lassen.

Die Palliativpflegerin Bronnie Ware beleuchtete in ihrem emotionalen Buch »Top Five Regrets of the Dying« fünf Dinge, die Sterbende rückblickend am meisten in ihrem Leben bereuen. Es war weder der nicht gekaufte Porsche noch der verpasste Karrieresprung, und auch das nicht realisierte eigene Ankleidezimmer kommt nicht vor.

Das, was die Sterbenden unisono am meisten bereuten, war, dass sie nicht *ihr* Leben gelebt und zu wenig Zeit mit den Menschen verbracht hatten, die ihnen wirklich am Herzen lagen.

Es liest sich so schön schnell weg, doch besitzt es eine emotionale Tiefe, die sich erst dann wirklich erschließt,

81

Natürlich bedeutet Altern Niedergang, Traurigkeit, Verlust und Abschied. Umso mehr Grund, das Leben zu feiern, wann immer das geht und uns unser geistiger, seelischer und körperlicher Zustand das erlaubt. Also scharen wir zum sechzigsten, siebzigsten, achtzigsten und neunzigsten Geburtstag alle, die uns viel bedeuten und die wir lieben, um uns und feiern ein weiteres Jahrzehnt des Lebens und Füreinander-da-Seins!

wenn wir sie mit Leben füllen. Stellen Sie sich vor, Sie dürften ein Jahr lang keinen Kontakt zu den Menschen pflegen, die Sie lieben. Würden Sie es überhaupt aushalten? Was wären Sie bereit dafür zu geben, sie alle wiederzusehen, sie in den Arm zu schließen?

Wenn das Wichtigste im Leben (neben der Gesundheit) die Familie ist und wenn gute Freunde die beste Altersvorsorge sind, wie man sagt: Leben wir dieses Wissen denn auch?

Wie viel Zeit verbringen Sie mit Ihren Liebsten?

Würden Sie Ihre Herzmenschen am liebsten öfter sehen, mit ihnen in Kontakt sein? Wenn ja, gäbe es die Möglichkeit dazu? Wenn noch mal ja: Warum ergreifen Sie sie nicht?

Ganz gleich, wie alt Sie heute sind: Mit zunehmendem Alter werden Menschen für Sie mit großer Wahrscheinlichkeit noch wichtiger werden. Wir alle sollten unser Möglichstes tun, um unsere bestehenden Kontakte festzuhalten, sie nicht zu verlieren. Auch, weil wir uns ihrer Bedeutung für unser Leben bewusster werden. Und nicht nur unser Bedürfnis wird zunehmen, unsere Liebsten und unser »Notizbuch« zu pflegen. Auch unsere Rücksichtnahme wird zunehmen, weil wir es uns mit ihnen nicht »verscherzen« wollen. Wir können uns im Alter selbst immer mehr zurücknehmen, weil wir das »große Ganze«, unsere menschlichen Verbindungen, nicht gefährden oder gar zulassen wollen, dass sie gekappt werden.

Mehr noch. Im Alter sind wir häufig viel eher bereit, unsere Nachbarschaften aktiv zu pflegen, um die wir uns früher vielleicht gar nicht gekümmert haben. Manche Alte organisieren sogar Straßen- oder Vereinsfeste, um die Nachbarn oder Vereinsmitglieder zusammenzubringen und zusammenzuhalten. Auch ist es kein Zufall, dass größere Familienfeste oft bei den »Stammesältesten« stattfinden.

Im Alter machen wir uns oftmals selbst zum Familien-(Fest-)Mittelpunkt, werden zur Anlaufstelle Nummer eins und zum Kümmerer, der alles zusammenhält.

Ebenso, wie wir uns um unser bestehendes menschliches Netzwerk bemühen, sind wir im Alter dabei, neue Kontakte zu knüpfen. Liebend gern lernen wir fremde Menschen kennen, hören ihre »Geschichten« und erhalten dadurch einen Zugang zu ganz neuen (Lebens-)Welten, über die wir nachdenken und mit anderen diskutieren können, weil wir wieder etwas Neues zu erzählen haben.

Haben wir bei aller menschlichen Kontaktfreude aber auch den Mut, uns von den Nölern und Nörglern fernzuhalten, die es zweifelsohne auch im Alter gibt. Wenn wir es schaffen, die Kontakte zu verringern, die uns herunterziehen, uns negativ belasten, und im Gegenzug für neue positive Begegnungen zu sorgen, ist schon viel gewonnen. Dann entgehen wir zumindest schon einmal dem Phänomen des »Fremdalterns«, was besonders dann eintritt, wenn man sich häufiger mit Menschen umgibt, die das Sinnbild des negativen Alten in vielen Punkten erfüllen. Was wir sehen, hören, mitfühlen, prägt auch uns. Je länger, je intensiver. Und da wir selbst schon ganz von allein altern, müssen wir über das Fremdaltern ja nicht unbedingt auch noch mit anderen mitaltern.

Möglichkeiten für die Begegnung mit positiven Menschen oder solchen, die wir mit unserem Tun positiv bewegen können, gibt es genügend – vor allem im Alter. Sei es eine aktive Nachbarschaft, ein Engagement als »Grüne Dame« oder »Grüner Herr« im Krankenhaus oder als Leih-Opa für Kinder, denen ein Großvater fehlt. Suchen wir die Dinge, die uns anziehen, und nutzen wir die Gelegenheiten, die uns umgeben.

82

Neunzigster Geburtstag der Mutter oder Großmutter. Sie überraschen durch neunzig heliumgefüllte Herzballons, welche die Decke ihrer ganzen Wohnung ausfüllen (und sie in ihrem Rollstuhl halb ernst, halb scherzhaft sagen lassen, die könnten sie doch gleich in den Himmel tragen ...). Beim Mittagessen dann ein Tablett mit neunzig kleinen Herzen drauf vor sie stellen und sie bitten, jedem Herz einen Menschen, ein Tier oder ein Erlebnis zuzuordnen, den oder das sie besonders liebt(e). Und mit Tränen in den Augen beobachten, wie das Erinnern und ihre Gefühle sie trotz kleiner Demenzansätze übermannen.

Die Umwelt wird zur Mitwelt

Neben den Menschen spielt natürlich auch unser Umfeld eine wichtige Rolle für uns beim Älterwerden. Das eigene Zuhause gewinnt immer mehr an Wert, auch, weil wir hier mehr Zeit verbringen als früher. Wir wollen, dass wir es schön haben zu Hause, dass wir uns und andere sich bei uns wohlfühlen. Wir unternehmen vor allem im Alter einiges dafür, dass unser Heim nicht nur unsere Heimat wird, sondern auch – zumindest phasenweise – die Heimat anderer uns lieb gewonnener Menschen.

Aber auch das Leben außerhalb unseres Zuhauses gewinnt zunehmend an Bedeutung für uns. Allen voran die Natur, deren Wert uns mit den Jahren immer deutlicher wird. Wir sehen nicht nur, wir verstehen auch, dass es in Wahrheit keine Umwelt gibt, also etwas, das uns umgibt, weil wir der Kern von allem sind. Wir wissen, dass wir nicht getrennt in unserer eigenen Welt leben, sondern dass wir ein minimaler Teil des Ganzen sind, dessen Handeln, so klein es auch sein mag, aber trotzdem Einfluss und Auswirkungen auf die Welt hat.

Dass wir einen ökologischen Fußabdruck hinterlassen, wussten wir natürlich auch schon früher. Im Alter nehmen wir dieses Wissen aber oftmals noch ernster und lassen den guten Vorsätzen und Worten auch immer mehr Taten folgen.

Beispielsweise, indem wir uns im Alter immer schlechter von Dingen trennen können. Man könnte unken, dass wir dies nicht aus Umweltbewusstsein tun, sondern eher, weil es alles einmal Geld gekostet hat oder es Teil unseres Lebens ist, den wir nicht einfach so wegwerfen. Fakt ist jedoch, dass wir meist nur das entsorgen, was auch wirklich kaputt und nicht mehr nutzbar ist.

Was noch geht oder einigermaßen in Ordnung aussieht, behalten wir solange es geht. Gleiches gilt für unsere Nahrung, die wir meist sorgsamer behandeln als in jungen Jahren. Wir kratzen selbst das kleinste Stück Erdbeere aus dem Marmeladenglas, reißen die Milchpackungen auf, um nicht einen Tropfen zu vergessen, und achten penibel auf die Mülltrennung. Selbst im Wald werden wir nicht selten zu Müllsammlern, die es nicht ertragen können, wenn *unsere* Natur verschmutzt wird.

Auch unnötige Verschmutzungen vermeiden wir zunehmend, waschen unser Auto nicht mehr auf dem Hof, sondern in der Waschanlage, damit nichts Giftiges ins Grundwasser geht. Wir versuchen, Energie zu sparen und den Einsatz von Einmalverpackungen zu vermeiden. Nicht selten kaufen wir im Alter verstärkt Fair-Trade-Produkte, die den vorrangig ausländischen Arbeiterinnen und Arbeitern einen fairen Lohn versprechen und die aus Quellen kommen, die der Erde keinen Schaden zufügen.

Unser wachsendes Bewusstsein wirkt sich auch positiv auf andere Lebewesen aus. Wir bringen Vogelhäuser im Garten oder auf dem Balkon an, füttern Vögel, erschaffen für Bienen eine neue Heimat, indem wir extra für sie Blumen pflanzen, die sie zum Überleben brauchen. Sogar Igeln oder Hummeln bieten wir manchmal einen Platz zum Überwintern. Unsere Achtsamkeit für Pflanzen nimmt ebenso zu, weil wir vorsichtiger mit ihnen umgehen, sie nicht ungepflegt sterben lassen, uns mehr mit ihnen beschäftigen als früher, manchmal sogar mit ihnen reden.

Der Gesamtzustand unserer Welt wird wichtiger

Haben Sie auch schon einmal festgestellt, dass sich ältere Menschen des Öfteren mit politischen Themen beschäftigen? Und zwar nicht nur solchen, die das eigene Land betreffen, sondern auch denen, die weltweit bewegen und bewegend sind. Dieses Interesse an der Welt verwundert nicht, steht es doch für den immer wichtiger werdenden Wunsch, die Welt gut zu ver- und hinterlassen. Gekoppelt an das Wissen, nicht allein auf der Welt zu sein, zieht es au-

83

Ältere Menschen helfen Flüchtlingen und Obdachlosen, sie geben Nachhilfe und hüten Vierbeiner, kümmern sich um ihre noch älteren Eltern ebenso wie um Enkel und Enkelinnen. Ohne sie würde vieles zusammenbrechen. Sie werden gebraucht – und wie! Auch wenn das Gefühl, wichtig zu sein für andere, per se schon Glück ins Leben bringt – geben wir ihnen immer wieder symbolisch Orden am langen Bande oder umarmen sie einfach spontan voll Dankbarkeit.

tomatisch die Frage nach sich, ob auch andere so achtsam wie nötig mit ihr umgehen, damit sie nachfolgenden Generationen irgendwann in einem bestmöglichen Zustand »übergeben« werden kann, wenn man selbst nicht mehr ist.

Im Alter gucken wir häufiger und intensiver hin, beschäftigen uns gar mit manchen Dingen sehr akribisch. Vor allem mit den Zu- und Missständen in unterschiedlichen Ländern und (politischen) Entscheidungen, die Auswirkungen haben auf unsere Gesellschaft, unser Land und die Welt. Bei diesen Beobachtungen müssen wir auch immer wieder wahrnehmen, dass sich Naturkatastrophen ereignen, dass Menschenrechte verletzt werden, dass Kriege das Zusammenleben der Menschheit zunehmend gefährden. Zu Trauer und Wut gesellt sich der unbedingte Willen um

Frieden, weil wir wissen, dass Krieg immer etwas mit uns zu tun hat, auch zu uns kommen kann.

Die Verantwortung für andere

Aus diesem Rundum-Blick erwächst in jedem Fall eine stärker werdende gefühlte Verantwortung. Nicht selten erweitert sie sich im Alter, wenn wir Verantwortung übernehmen, die über unsere reinen Eigeninteressen hinausgeht, wir also etwas für andere tun. Wir wollen unseren Beitrag dazu leisten, dass es der kleinen Welt um uns herum oder auch der großen weiten Welt besser geht. Alles, was wir für andere unternehmen, ohne dafür eine Gegenleistung zu erbringen, wird uns emotional reicher machen, als Geld es jemals machen kann. Denn wir bekommen automatisch etwas zurück, das man nicht kaufen kann, weil es unbezahlbar ist.

Jeder Beitrag zur Welt, und sei er auch noch so klein, hilft anderen und unserer Welt. Wenn wir *die Um*welt zu *unserer Mit*welt machen, sie aktiv mitgestalten, dann tun wir auch etwas für uns, weil wir dadurch noch glücklicher altern (und zwar, ohne es zu merken). Nutzen wir die vielen Freiheiten des Alters und werden wir ein Teil der vielen Kreisläufe, die sich uns bieten, wie unser Freundeskreis, das Familiennetzwerk, die Nachbarschaft, Vereine und Organisationen, die Mensch, Tier, Umwelt Gutes tun. Verbinden wir uns mit den Hoffnungen und Sorgen anderer, ihrem Freud und Leid, ihren Erfolgen und Herausforderungen. Beteiligen wir uns und bereichern wir damit auch unser Leben, indem wir in Resonanz gehen und zum wertvollen Bestandteil des großen Ganzen werden.

KAPITEL 24

Neugierig aufs Morgen

Tun wir einmal so, als gäbe es die berühmte Zeitmaschine von H. G. Wells wirklich und sie befände sich in diesem Moment genau neben Ihnen. Steigen Sie gedanklich ein, schnallen Sie sich an und besuchen Sie sich selbst in der Vergangenheit. Reisen Sie durch die Welt Ihrer Erinnerungen, besuchen Sie Ihre schönsten Lebensmomente. Betrachten Sie Ihre größten Erfolge, wichtige Meilensteine, Augenblicke, die weder Ihr Kopf noch Ihr Herz jemals vergessen werden. Sammeln Sie alles ein, was Ihnen wirklich wichtig ist aus Ihrem »Gestern« und »Vorgestern«, und landen Sie dann wieder im Hier und Jetzt.

Sind Sie stolz auf Ihre »Lebensausbeute«? Worauf am meisten?

Nehmen Sie sich gern einen Moment, um die Highlights Ihres Lebens zu notieren. Sie werden danach garantiert (noch) glücklicher sein als zuvor. Probieren Sie es einfach aus.

_____

_____

_____

_____

84

1N73LL1G3NC3 15 7H3
4B1L17Y 70 4D4P7 70 CH4NG3.
Sprüche auf T-Shirts sind nicht
immer wahr. Der aber ist es. Umarmen wir die Veränderung. Wir
können sie ohnehin nicht vermeiden. Sehnsucht nach besseren
Zeiten bringt diese nicht zurück.
Versuchen wir lieber, das Hier und
Jetzt optimal zu gestalten.

Was wäre, wenn es ein Lebensmuseum gäbe, in dem Sie die mitgebrachten »Best ofs« Ihres Lebens ausstellen würden? Können Sie sich vorstellen, wie Sie ganz langsam durch Ihr persönliches Lebensmuseum schreiten, staunend und mit einem breiten Lächeln im Gesicht vor jedem Ausstellungsstück stehen bleiben und es genussvoll betrachten?

Nehmen Sie Ihre Lebenswerte und dieses beruhigende Gefühl des Stolzes mit ins Morgen. Ihr Lebensmuseum ist und bleibt Ihr Glücksfundament. Es verleiht Ihnen die Kraft und bietet Ihnen jederzeit festen Halt, weil Ihnen das Erreichte niemand mehr jemals nehmen kann. Und das Beste kommt sogar noch. In Ihrem Lebensmuseum ist noch freier Platz, ungefüllte Ausstellungsflächen, die Sie nach Ihren Wünschen gestalten können. *Was möchten Sie hier noch ausstellen? Was wollen Sie unbedingt noch erreichen bis zu Ihrem Lebensende?*

Oder gehören Sie zu denen, die glauben, dass es sich nicht lohnt, neue Ziele ins Auge zu fassen, weil:

- früher alles besser war und die Zukunft sowieso nichts Schöneres mehr bringen würde oder
- weil die geringe verbleibende Zeit nicht ausreichen würde, um noch wirklich für Highlights zu sorgen.

Wunderbar! Sie können auf ein Leben zurückblicken, das Ihnen so viel Gutes geboten hat, das anderen Ihrer Meinung nach heute so nicht zuteilwird. Seien Sie dankbar dafür und nutzen Sie die Kraft der guten Erinnerungen. Betrachten Sie sie als Segen und Rückenwind. Aber schauen Sie nicht allzu oft nur in den Rückspiegel, denn Ihr Leben spielt sich *vor* Ihnen ab. Wer nur in der Vergangenheit lebt, wird schneller selbst zu ihr, als er denkt.

Wenn nicht gerade in diesem Moment der Tod persönlich bei Ihnen mit Vehemenz an die Tür klopft, können auch Sie nicht wissen, wann Sie für immer abgeholt werden. Sie haben recht: Unser Leben kann morgen vorbei sein, muss es aber auch nicht. Es kann noch Jahre dauern, bis wir die Welt verlassen müssen. Und gerade, weil dies niemand weiß und weil es morgen schon vorbei sein könnte, macht es doch wirklich Sinn, nichts mehr auf die lange Bank zu schieben, sondern genau heute das zu tun, was uns glücklich macht, oder? Möglichkeiten hierfür bietet das Leben – auch im Alter – für jeden von uns unzählige.

Da wir unsere große Reise durch das Alter leider gleich beenden müssen, wäre jetzt ein schöner Zeitpunkt für eine letzte kurze Rast. Nutzen wir sie, um unsere Station bei dreiundzwanzig Themen des glücklichen Alterns kurz Revue passieren zu lassen. Schließlich haben wir bis hierher vieles gemeinsam erkundet:

Weisheit. Liebe. Gelassenheit. Zeit. Freiheit. Körper. Dankbarkeit. Geist. Milde. Glauben. Respekt. Und einiges mehr.

Wie ist es Ihnen beim Erkunden der großen Themen des Alters ergangen? Ist es Ihnen hier und da gelungen, manche Ihrer bestehenden Vorurteile, Sorgen oder gar Ängste am Wegesrand zurückzulassen? Sind Sie in manchen Gedanken- oder Gefühlsbereichen jetzt ein Stück leichter und befreiter?

Haben Sie beim Spazierengehen vielleicht Dinge wiederentdeckt, die Sie nicht mehr auf dem Schirm hatten, sich aber freuten, sie wiederzusehen? Und konnten Sie auch Neues entdecken, das Sie bewegt und inspiriert hat?

Wenn Sie mögen, notieren Sie gern die für Sie wichtigsten drei Gaben, die Sie an unseren dreiundzwanzig Stationen für Sie gefunden haben und aus dem Buch in Ihr Leben mitnehmen.

1. _____

2. _____

3. _____

Was möchten Sie noch erleben? Für welche Ziele und Wünsche lohnt es sich, noch möglichst lange zu leben?

Von kleinen Kindern können wir wohl am meisten lernen, wenn wir uns auf den weiteren Weg ins Alter begeben. Schaffen sie es doch wie sonst niemand anderes, jeden neuen Tag mit Freude anzugehen, ihn auszupacken wie ein Geschenk an Weihnachten. Offen für das Unerwartete, interessiert an dem, was da kommen mag, und glücklich, das im Leben zu tun, was man möchte. Das Leben zu spielen. Victor Hugo sagte:

»Die Zukunft hat viele Namen: Für Schwache ist sie das Unerreichbare, für die Furchtsamen das Unbekannte, für die Mutigen die Chance.«

Betrachten wir zum Abschluss die magischsten drei Worte unseres Lebens, die neben »Ich liebe dich« und »Ich liebe mich« die wohl größte Auswirkung auf unser Glück haben: *Was will ich?*

Welchen Hobbys möchten Sie in Zukunft intensiver nachgehen? Haben Sie Lust auf neue Sportarten? Gibt es Sprachen, die Sie gern sprechen, Musikinstrumente, die Sie spielen können würden? Welche KünstlerInnen unserer Zeit möchten Sie unbedingt noch live erleben?

Und wie sieht es mit Ihrer Partnerin/Ihrem Partner aus: Was möchten Sie mit ihr/ihm noch zusammen erreichen? Was würden Sie mit Ihren Eltern, Kindern, Enkeln, Geschwistern, Freunden noch liebend gern erleben wollen, wenn Sie es bestimmen könnten?

Vielleicht ist es Ihnen auch wichtig, Ihr Wissen an andere weiterzugeben? Was davon möchten Sie wem überlassen?

Gibt es Dinge, die Sie früher immer auf später verschoben haben und bei denen es langsam an der Zeit ist, sie anzugehen?

Hatten Sie als junger Mensch Lebensträume? Haben sie sich erfüllt, sind im Zeitverlauf neue dazugekommen? Was ist mit dem Tattoo, das Sie sich früher vielleicht einmal »gönnen« wollten? Oder wollen Sie den Jakobsweg noch begehen wie damals?

Und wie sieht es mit Reisen aus? Haben Sie den ausgeprägten Wunsch, die Welt zu entdecken? Welche Länder reizen Sie besonders? Welche Kontinente, Kulturen würden Sie gern kennenlernen? Gibt es ausländische Gerichte, die Sie gern vor Ort probieren würden? Der englische Gelehrte und Schriftsteller Samuel Johnson sagte einmal so schön, dass der Sinn des Reisens darin besteht, die Vorstellungen mit der Wirklichkeit auszugleichen, und anstatt zu denken, wie die Dinge sein könnten, sie zu sehen, wie sie sind. Welche Ecken unserer wunderschönen Welt möchten Sie noch mit eigenen Augen entdecken? Und welche spannenden Kulturen, Ansichten, Vorbilder könnten Sie sogar in Ihrer Heimat finden, vielleicht sogar nebenan oder direkt um die Ecke?

Gibt es vielleicht auch verrückte Dinge, die Sie sich trauen möchten? Adrenalinhaltiges wie Fallschirmspringen? Reduziertes wie Backpacking? Was würden Sie am Lebensende bereuen, wenn Sie es nicht gemacht hätten? Oder was bewundern Sie an anderen, zum Beispiel Aussteigern oder Weltenbummlern?

Vielleicht wollen Sie auch Ihre Autobiografie schreiben, Ihren Nachfahren Ihr Lebensmuseum hinterlassen, damit sie aus Ihren Erfahrungen lernen können, sie noch besser

85

Schön, wenn Achtundneunzigjährige vom Zehnmeterturm springen und Achtundachtzigjährige Autorennen fahren – man muss es ja nicht unbedingt selbst tun. Aber ein bisschen Verrücktheit kann niemandem im Alter schaden. Man kann es sich leisten, und wer weiß, wie lang noch.

kennenlernen und nicht vergessen? Oder Sie legen für Ihre Familie einen Stammbaum an?

Wo wollen Sie im Alter eigentlich wohnen? Bis zum Lebensende in Ihrem jetzigen Zuhause, oder haben Sie Lust auf einen Neuanfang? Wenn ja, wo? Ein Drittel der Menschen will im Alter im Süden leben. Ist auswandern auch etwas für Sie? Wenn ja, welches Land reizt Sie besonders?

Oft schauen wir bewundernd auf die jungen Menschen, die ihr Leben gerade erst aufbauen. Vielleicht gründen sie eine Familie oder ihre eigene Firma. Ist Ihnen eigentlich bewusst, dass die Zeit zwischen sechzig und neunzig genauso lang ist wie die zwischen dreißig und sechzig? Und jetzt denken Sie gern einmal zurück: Was haben Sie in diesen zweiten dreißig Jahren Ihres Leben so alles gemacht (oder was machen Sie dort gerade)? Eine Menge, oder? Wer sagt denn, dass dies in den dritten dreißig Jahren nicht auch so sein kann?

Wäre es nicht eine schöne Idee, auch das Alter als Start-up zu begreifen, das wir so gestalten können, wie wir es uns vorstellen?

Der Startpunkt dafür ist spätestens unser Eintritt in die Rente, denn dies ist für die meisten Menschen der Moment, in dem *das* Alter wirklich beginnt, indem sie es spüren und als Realität ansehen. Wissen Sie eigentlich schon, ab wann Sie in Rente gehen wollen, wenn Sie es noch nicht sind? Laut einer GfK-Studie wünschen sich die meisten Menschen, vor dem offiziellen Rentenbeginn in den Ruhestand zu gehen. Ein Drittel zwischen sechzig und vierundsechzig Jahren, ein Drittel zwischen fünfundfünfzig und neunundfünfzig Jahren.

In der Philosophie des japanischen Ikigai (»wofür es sich zu leben lohnt«) gibt es vier wundervolle Fragen, die Ihnen dabei helfen können, herauszufinden, was Sie wirklich glücklich macht im Leben. Denn im Gegensatz zum Arbeitsleben, wo es der Wecker ist, der einen morgens aus dem Bett treibt, braucht es im Alter etwas anderes, das es jedoch erst zu finden gilt. Vielleicht bringt Sie eine dieser Fragen etwas näher an Ihren Grund heran, warum Sie morgen energiegeladen aufstehen und sich auf den Tag freuen.

Worin bin ich wirklich gut?

Was liebe ich?

Was braucht die Welt wirklich von mir?

Wofür könnte ich bezahlt werden?

Je besser Sie wissen, was da noch in Ihnen schlummert und nur darauf wartet, herausgelassen und mit Haut und Haaren gelebt zu werden, desto einfacher wird Ihnen das Altern fallen. Ganz einfach, weil Sie dann nicht nur wissen, wer Sie sind und was Sie ausmacht, sondern weil Sie wissen und können, was Friedrich Nietzsche so treffend beschrieben hat:

»Wer ein ›Warum‹ zum Leben hat, der kann fast jedes ›Wie‹ ertragen.«

Und: Haben Sie einen oder sogar mehrere Gedanken gefunden, was Sie noch im Leben machen oder erreichen wollen?

Gutes sollte man festhalten, damit man es nicht verliert. Warum nicht gleich hier, wo Sie schon da sind ...

Ganz gleich, was Sie sich vornehmen. Ganz gleich, was die Zukunft Ihnen überraschenderweise auch bringen mag. Wäre es nicht schön, wenn für Sie ab jetzt das Wort Altersvor*sorge* gar nicht mehr existieren würde, Sie nur noch Altersvor*freude* empfinden würden, wenn Sie an die Zukunft denken? Genügend gute Gründe dafür gibt es. Es ist sehr zu hoffen, dass Sie in diesem Buch einige davon gefunden haben.

Wer über hundert wird, scheint ein neues Plateau des Glücks zu erreichen. Augen oder Ohren – die beiden wichtigen Türen in die Wirklichkeit funktionieren zumeist noch ganz leidlich. An ein, zwei andere körperliche Leiden hat man sich gewöhnt. Die Neugier ist weiterhin lebendig und die eigene Wohnung oft noch das Zuhause.

Nehmen wir alle das Morgen so an, wie es kommen mag. Wir dürfen uns darauf freuen, wirklich. Denn Sie wissen ja: Das Beste kommt bekanntlich zum Schluss. Der Grund, dass Sie sich auf alles Kommende wirklich von Herzen freuen dürfen, nennt sich Assimilation: Anpassungsfähigkeit. Was auf den ersten Blick negativ klingen mag, ist im Alter unser größtes Pfund. Denn die Fähigkeit, sich dem, was kommen wird, anpassen zu können, ist unbezahlbar und eng mit dem Älterwerden verbunden.

Selbst im hohen Alter sind wir nämlich in der Lage, uns »den Gegebenheiten« anzupassen, uns damit zu arrangieren, unseren Frieden mit »den Umständen« zu finden. Sicher kennen auch Sie ältere Menschen, die vielleicht nicht mehr (gut) hören oder sehen können, denen es aber anscheinend nichts ausmacht. Was für uns problematisch sein mag, ist es für manche Schein-Eingeschränkte oftmals gar nicht, weil sie ihren Weg, oder gar eigene Lösungen, gefunden haben, damit bestmöglich umzugehen. Was, wenn nicht diese kleine Erkenntnis, kann uns den Gang ins Alter mehr erleichtern?

Verzichten wir also auf die Angst vor *dem* Neuen, mit dem wir angeblich nicht mehr mitkommen sollen. Bewahren wir uns dieses Sicherheit gebende Gefühl ebenso wie unsere Neugierde auf die Zukunft. Wenn wir sie nicht mehr verspüren sollten, dann sind wir wohl wirklich alt im negativen Sinne. Denn die Neugierde ist es erst, die uns die unzähligen Möglichkeiten des Lebens entdecken lässt, die uns mit Vorfreude aufs Morgen einschlafen und mit Motivation jeden Tag aufs Neue aufwachen lässt. Bleiben wir hungrig auf Leben, statt von ihm satt zu sein. Suchen wir nach den kleinen und größeren Glücksmomenten, die unser Leben zu dem machen, was es ist: einzigartig.

Es gibt noch eine wunderbare Idee, wie man sein bevorstehendes Leben bestmöglich genießen kann. Teilen Sie Ihr Leben doch einfach in mehrere auf. Wenn Sie kurz zurückblicken und sich der unterschiedlichen Phasen erinnern, die Sie bereits durchlebt haben, welche Titel würden Sie ihnen geben?

Vielleicht: Erfüllte Kindheit, nervenaufreibende Jugend, schwieriges Erwachsenwerden, eigene Familiengründung, berufliche Findungsphase … Was auch immer hinter Ihnen liegen mag: Entscheidend ist, was noch vor Ihnen liegt. Und vor allem unter welchen Titel, welches Motto Sie Ihr nächstes Leben im Leben stellen.

Was wäre für Sie ein Titel, der es lohnt, gelebt zu werden?

Der Prozess des Alterns an sich bringt, von welcher Seite wir ihn auch betrachten, eine alles vereinende Chance mit sich: Wir beschäftigen uns wieder mit uns selbst. Im besten Fall entdecken wir dabei etwas, das bei manchem Gang ins Alter verloren gegangen zu sein scheint: der innere Kern.

Manche Wege mögen uns zu aufregenden Orten und spektakulären Erlebnissen führen. Das Alter nimmt uns mit auf den wohl wichtigsten Weg unseres Lebens. Es führt uns zurück zu uns selbst. Lassen wir uns hierauf ein und nehmen wir bewusster wahr, wer wir wirklich sind. Trauen wir uns, wir selbst zu sein. Wann, wenn nicht jetzt?

Einhundert Schritte zum glücklichen Alter – ZIEL!

87

Nicht wenige von uns macht das Alter härter, unversöhnlicher und verbitterter. Versuchen wir, in das Lager derer zu wechseln, die weicher, entspannter und spielerischer werden. Leben macht dort mehr Spaß.

88

Der eine bringt es schon mit auf die Welt, der andere braucht ein ganzes Leben dazu. Egal wann – es ist schön, mit sich versöhnt zu sein. Mit seinem Aussehen und seinem Verhalten, seinen Ambitionen und seiner Art. Man sollte das pflegen und hoch achten. Und dadurch lernen, für sich zu sein. Im doppelten Sinne des Ausdruckes.

89

Bei sich ankommen.
Keine Pirouetten und An-
passungen mehr. Ganz
man selbst sein können –
mit allen Narben und
Eigenheiten.

90

Viele empfehlen das leichte Gepäck
fürs Alter. Abgeben, was immer
man nicht mehr braucht. Für manche ist das aber wie eine Amputati-
on. Denn in so vielem steckt Gefühl
und erlebte Geschichte, die wieder
lebendig werden kann. Lassen wir
uns nicht unter Druck setzen. Jeder
Mensch ist einzigartig.

91

Wer will, kann sich aus der Ruhe bringen lassen. Wie schnell dreht sich die Erde in unseren Gefilden um sich selbst, ob wir im Bett liegen oder spazieren gehen? Fast mit Schallgeschwindigkeit. Wie schnell umkreisen wir die Sonne? Mit mehr als 100.000 Kilometer die Stunde. Und wie schnell düst unser ganzes Sonnensystem um die Mitte unserer Galaxis? Mit etwa einer Million Kilometer pro Stunde. Also ruhen wir lieber in uns und machen unser Ding ...

92

Wer Enkelglück hat, erlebt einen späten Dank des Lebens für all jenes, das man seinen Kindern mitgegeben hat in den Jahren von deren Erziehung und Schulpflicht. Bei den Enkeln und Enkelinnen brauchen wir nichts mehr zu erreichen, können ihren Wünschen nachgeben und immer für sie da sein. Geduld, Zärtlichkeit, Gelassenheit und Humor treten an die Stelle von Erziehung und Leistungsprinzip. Wir nehmen die Kleinen, wie sie sind, bewerten nicht mehr und genießen, welch geheime Verbindungen die gemeinsamen Gene stricken. Der zweite Ring der Liebe schiebt lästige Verantwortung lässig von sich und lässt gemeinsam die Welt noch ein drittes Mal entdecken. Dem Himmel sei Dank!

93

Die Vergangenheit kann einem niemand nehmen außer die Demenz. Was für ein Privileg, ein pralles Leben gelebt zu haben und sich jederzeit an Elemente daraus erinnern zu können: Verliebtheit, Freundschaft, Abenteuer, Kinder, Miss- und Gelungenes. Geben wir uns dem hin, es ist eine persönliche Schatzkiste. Und nutzen wir Fotos, Musik, Gerüche und Gespräche, um uns inspirieren zu lassen.

94

Im Konzertsaal kennen und lieben wir die erklatschte Zugabe. Leben und genießen wir sie auch im normalen Leben nach Operationen und medizinischen Siegen! Jeder schöne Moment ist dann wie ein unerwartetes Geschenk und lässt sich herrlich auskosten – selbst in dem Wissen, dass es nicht zu viele mehr geben wird.

95

Er klingt gemein, hilft aber ungemein, wenn es mal wieder schlecht geht: der Abwärtsvergleich. Wir denken an andere Menschen, denen es viel »dreckiger« geht. Und schon fühlen wir uns besser. Krankenhausserien leben davon.

96

Fähigkeiten aller Art werden uns geschenkt in den ersten Jahren des Lebens. In den letzten schwinden sie. Die Treppe wird so anstrengend, wie es der Berg mal war. Das ist extrem schmerzlich. Nur hilft der Schmerz niemandem. Versuchen wir, den Kreislauf des Lebens irgendwie anzunehmen und manchmal sogar zu lieben. Nähe zur Natur hilft dabei.

97

Es mag für die ganz Armen zynisch klingen, ist aber wahr: Glück wohnt nicht im Tresor. Die wichtigsten Dinge im Leben lassen sich nicht kaufen. »Entschlacken« wir im Alter, verwenden Sachen wieder, schmeißen Unnötiges weg und merken, dass wir mit viel weniger auskommen, als wir je gedacht hätten.

98

Die Segel des Bootes
noch einmal neu
setzen ... in die
Abendsonne hinein.

99

Voll sein von Erinnerungen,
Bildern, Gerüchen, Abenteu-
ern. Und doch innerlich still
werden und sich aus dem
Gewimmel des Alltags heben.

100

Was ist Erfolg, was zählt wirklich? Was bleibt – und was soll bleiben? Das letzte Lebensdrittel gibt Gelegenheit, darüber in Ruhe nachzudenken und sich auf eine Weise von dieser Welt zu verabschieden, hinter der man mit ein wenig Stolz stehen kann. Es ist nie zu spät, daran zu arbeiten.

Nachwort

An dieser Stelle müssen wir uns leider schon von Ihnen verabschieden. Zum Abschluss möchten wir Sie bildlich gesprochen in den Arm nehmen und Ihnen danken, dass Sie mit auf die Erkundungsreise durchs Alter gegangen sind. Wir wünschen Ihnen für Ihr Alter nur das Beste und flüstern Ihnen ein wundervolles Zitat von Sir Peter Ustinov ins Ohr:

»Jetzt sind die guten alten Zeiten, nach denen wir uns in zehn Jahren zurücksehnen.«

Morgen ist nur ein neues Heute.

Die Zukunft ist jetzt, das Alter auch.

Also: Altern Sie glücklich und: Leben Sie los.

Herzlichst,

Ihre
Florian Langenscheidt und André Schulz

Ende.
Oder doch ein neuer Anfang?
Entscheiden Sie selbst!